여러분이 걸어온 길은 결코 쉽지 않았습니다.
(你们所走过的道路绝非容易.)

하루하루 쌓아 올린 노력과 땀방울이
오늘의 자신감을 만들었고,
그 마음이 바로 합격의 밑거름이 될 것입니다.
(每天一点一滴的努力和汗水,
成就了今天的自信 而这份心意正是合格的基石.)

시험은 단순히 지식을 확인하는 자리가 아니라,
여러분이 한국 사회에 한 발 더 다가가고
새로운 미래를 열어가는 출발선입니다.
긴장보다는 설렘으로,
두려움보다는 자신감으로 임하시길 바랍니다.
(考试不仅仅是检验知识的场所, 更是你们进一步融入韩国社会,
开启新未来的起点. 愿你们怀着期待而不是紧张,
以自信而不是畏惧去迎接.)

당신의 노력이 결실을 맺고,
오늘의 시험이 내일의 희망으로
이어지길 에듀윌이 응원합니다. 화이팅!
(愿你们的努力结出硕果,
eduwill 今天的考试化作明日的希望. 加油!)

사전평가

에듀윌 사회통합프로그램 사전평가 CBT 모의고사 제공!

모의고사도 실제 시험처럼!
CBT 모의고사로 미리 실전을 경험해보세요.

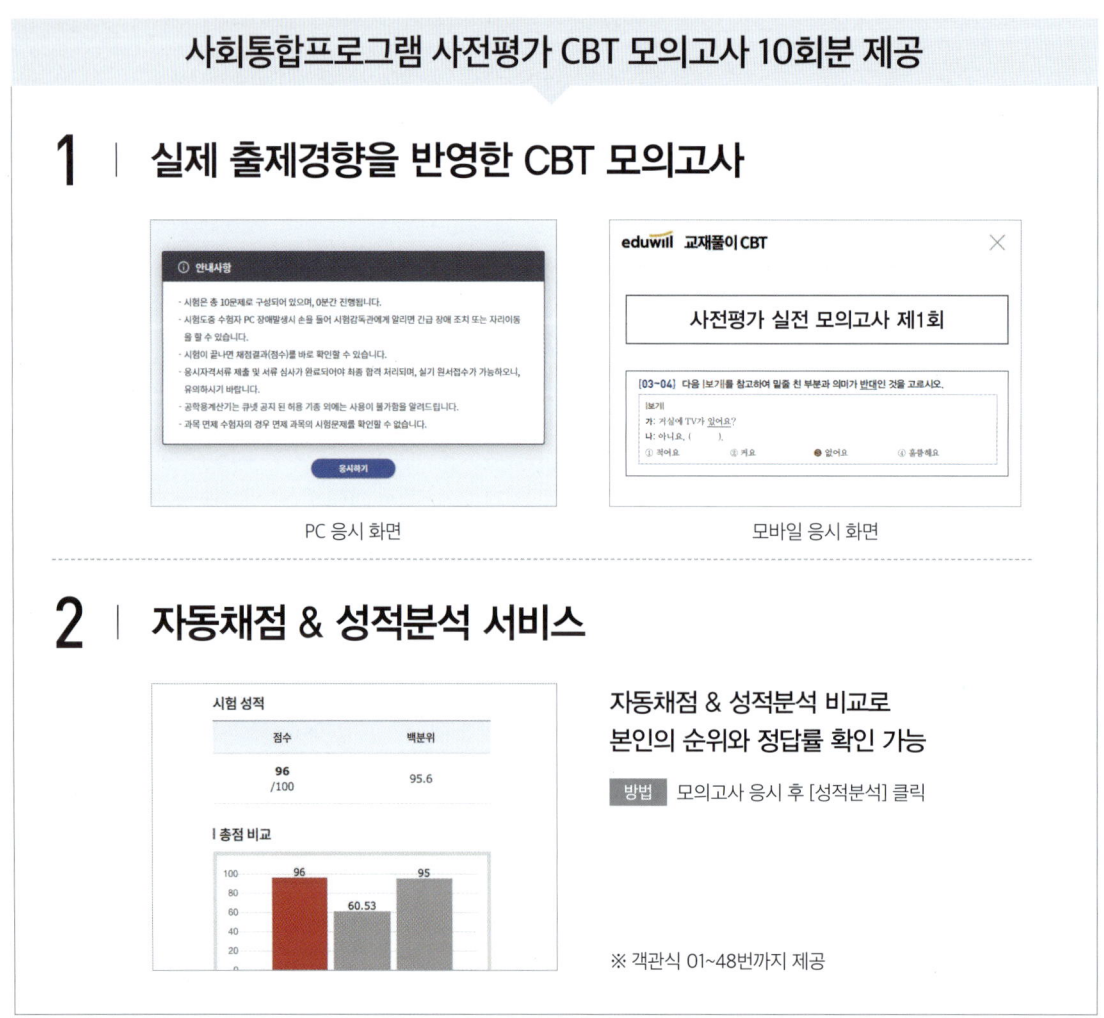

* 에듀윌 회원가입 후 이용하실 수 있는 서비스입니다.
* 풀이 횟수에는 제한이 없으나 채점 결과에는 최종 성적이 반영됩니다.
* 해당 서비스는 예고 없이 종료될 수 있습니다.

에듀윌 사회통합프로그램
사전평가 실전 모의고사 10회분
\+ 무료특강

머리말

"한국이 여러분의 두 번째 고향이 되길 진심으로 응원합니다."

사회통합프로그램은 외국인으로서 국적, 영주 등의 체류 자격을 위해 법무부에서 운영하는 한국어와 한국 사회, 한국문화의 이해 역량을 키우는 교육 프로그램입니다. 이 프로그램에서 진행하는 수업을 들었다고 해서 반드시 국적을 취득해야만 하는 것은 아니기 때문에 한국 내에 거주하는 모든 외국인이 사회통합프로그램을 수강할 수 있습니다.

사회통합프로그램 수강은 '사전평가, 단계평가, 중간평가, 종합평가, 특별배려대상평가'의 '기본소양평가'라는 단계별 평가로 구분됩니다. 이 중에서 사전평가는 매우 중요하다. 사전평가의 시험 결과로 1단계부터 5단계까지 교육과정이 배정되며, 특히 85점 이상 획득자는 5단계 수료자와 동등한 자격으로 평가되기 때문입니다. 또한 이 시험을 통과해야만 한국 사회 이해 기본과정의 참여자 및 영주자격을 신청하려는 사람을 대상으로 한 '영주용 종합평가 응시 자격'이 주어집니다.

이 수험서는 사회통합프로그램에서 요구하는 한국어와 한국문화, 한국 사회 이해 능력 등을 기초부터 심화까지 익힐 수 있도록 만들었습니다. 첫 단계는 매우 쉬울 것입니다. 하지만 중간 단계부터는 내용이 심화되면서 쉽지만은 않을 것입니다. 문제를 푼다고 생각하기보다는 문제를 중심으로 하여 한국어와 한국문화, 한국 사회를 이해한다는 자세로 접근하기를 권합니다. 그래서 이 수험서는 단순히 문제를 풀고 답을 찾는 방식이 아닌, 한국에 대한 단계별 이해를 중점으로 두고 학습자가 하나씩 찾아가며 이해할 수 있도록 만들었습니다.

스스로, 그리고 주변의 도움을 받아서 한 단계씩 성장하여 한국이 여러분의 두 번째 고향이 되길 진심으로 응원합니다.

저자 조형일

조형일

| 약력 |
교수/송곡대학교 자유전공학부장
- 한국어교육학박사/서울대학교 국어교육과
- 언어학석사/서울대학교 언어학과
- 한국국어교육학회 수석부회장, 국제한국어교육학회 이사, 한국문법교육학회 이사

| 역임 |
- 안산시 사회통합프로그램 자문위원
- 서울대 언어교육원 한국어 강사
- 서울대 한국어교육지도자 과정 실장
- Italia Ca'Foscari Unive. 동아시아문화학과 한국어 담당 Contract Professor
- 가톨릭대학교 한국어교육센터 책임강사
- 국립국어원 해외 한국어 교원 연수 강사
- 세종학당 파견 교원 실습 강사
- PSAT 입법고시 출제위원
- KBS 9시 뉴스 국어자문위원
- 2002년 한국어교원(한국어교육능력인증) 1기 취득

KIIP의 모든 것

사회통합프로그램 사전평가 실전 모의고사

1 사회통합프로그램(KIIP, Korea Immigration&Integration Program)

대한민국에 체류하는 이민자가 우리 사회의 구성원으로 적응하고 자립하는 데 필요한 기본 소양(한국어, 한국사회 이해)을 체계적으로 함양하여 지역사회에 쉽게 융화될 수 있도록 지원하는 교육 과정입니다.

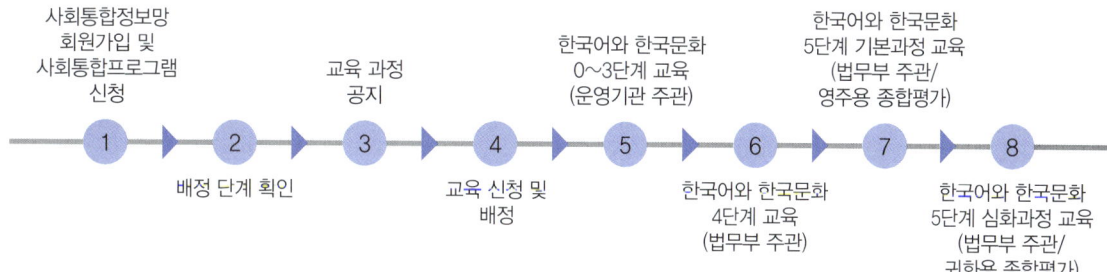

사전평가
- 평가 대상: 사회통합프로그램 참여 희망자 및 영주 신청자 대상 종합평가 응시 희망자
- 평가 내용: 한국어 능력 등 기본소양 정도
- 평가 면제 대상자
  - 0단계부터 참여 희망자
  - 유효한 한국어능력시험(TOPIK) 등급 보유자

2 교육 대상자 및 교육 신청 방법

- 대상: 모든 이민자 및 국민이 희망에 따라 자율 신청
- 사회통합정보망(www.socient.go.kr)에 접속하여 온라인으로 신청(온라인 신청만 가능)
- 체류지 관할 운영기관 중 교육받기를 원하는 운영기관에 교육과정 신청
  단, 부득이한 사정이 있을 경우 출입국·외국인관서장의 허가를 받아 체류지 관할 외 운영기관에 과정신청 가능
- 수강을 원하는 과정의 "운영기관명"을 클릭하여 수업정보(거점운영기관, 주소, 과정명, 과정 기간, 과정진행 단계 등) 확인 후 신청
  단, 과정의 정원이 초과되었을 경우 '대기 신청' 가능(각 과정당 3명으로 대기인원 제한)

3 이수 혜택

- 귀화 신청 시 혜택
  (대상: 한국이민귀화적격시험 이수 완료자)
  - 귀화용 종합평가 합격 인정
  - 귀화면접심사 면제(귀화용 종합평가 합격자만 해당)
  - 국적취득심사 대기시간 단축
- 영주자격 신청 시 혜택
  - 한국어 능력 입증 면제
  - 실태조사 면제
- 그 외 체류 자격 신청 시 혜택
  - 가점 등 점수 부여
  - 한국어 능력 입증 면제
- 사증(VISA) 신청 시 혜택
  - 한국어 능력 등 입증 면제

CBT·PBT 시험 안내

CBT(Computer Based Test)와 PBT(Paper Based Test)

- CBT: 컴퓨터 기반 평가로 온라인 방식으로 진행
- PBT: 종이 기반 평가로 OMR카드에 마킹하는 방식으로 진행

평가종류	문항유형	평가항목	문항수 (총 55문항)	평가시간 (총 70분)	배점 (총 100점)	답안지	
						PBT	CBT
필기시험 (50문항, 60분)	객관식	한국어	38	60분	75점 (50문항*1.5점)	OMR카드 마킹	컴퓨터로 답안 클릭
		한국문화	10				
	단답형 주관식	한국어	2			OMR카드 뒷장에 직접 작성	컴퓨터 키보드를 이용하여 직접 입력
구술시험 (5문항, 10분)	읽기	한국어	1	10분	25점 (5문항*5점)	구술 채점표 작성	컴퓨터로 입력
	이해하기	한국어	1				
	대화하기	한국어	1				
	듣고 말하기	한국어	2				

CBT 시험 안내

- 준비물: 신분증(외국인등록증, 주민등록증, 여권, 국내발급 운전면허증, 사진 부착된 체류허가확인서), 시험 접수증
- 입실 시간: 평가 당일 시험 시작 30분 전까지 반드시 입실 *입실 마감 이후 입실이 불가함.
- 응시 방법: 좌측 화면의 번호를 클릭하거나 우측 화면의 번호를 클릭 *CBT(컴퓨터 기반)의 경우 반드시 응시 방식 숙지
- 성적 발표: 평가일로부터 평일 기준 2일 후 16시 이후 *성적 발표 일정은 공휴일 등에 따라 변동될 수 있음.
    *성적 확인 경로: 평가전용 홈페이지(www.kiiptest.org) 로그인▶마이페이지▶성적 확인
- 주의사항: 평가 종료 후, 감독관의 지시가 있을 때까지 퇴실할 수 없으며, 제출 완료된 답안지는 수정 불가

PBT 시험 안내

- 준비물: 신분증(외국인등록증 또는 여권), 시험 접수증 *필기구는 평가 당일 감독관이 지급하는 컴퓨터용 사인펜으로만 작성해야 함.
- 입실 시간: 입실 가능 시간은 12시 부터이며, 12시 30분까지 반드시 입실 *입실 마감(12시 30분)이후 입실이 불가함.
- 응시 방법: 답안지의 모든 표기 사항은 컴퓨터용 사인펜으로만 작성
- 성적 발표: 평가일로부터 13일 후 16시 이후(연간 평가일정 참조)
- 주의사항: 평가 종료 후 감독관의 지시가 있을 때까지 퇴실할 수 없으며, 지급된 모든 문제지와 답안지는 반드시 제출
- 올바른 OMR 답안지 마킹 방법

시험 TIP

사회통합프로그램 사전평가 실전 모의고사

시험 주의사항

- 응시자는 접수한 평가일자와 평가장에서만 응시할 수 있으며, 타 평가장에서는 응시할 수 없습니다.
- 규정된 신분증을 지참하지 않은 경우 평가에 응시할 수 없으며, 응시료 환불 불가합니다.
  * 규정된 신분증 외의 신분증 복사본, 사진 촬영본, 학생증, 주민등록등본, 각종 자격증, 모바일 신분증 등으로 응시할 수 없습니다.
- 입실 마감 이후에는 입실이 불가합니다.
- 평가 시간 중에는 화장실을 이용할 수 없습니다.
- 감독관의 지시에 불응하여 부정행위를 할 경우 퇴실 조치되며, 1년 동안 사회통합프로그램에 참여할 수 없습니다.
- 응시자 본인 이외에는 평가장에 출입할 수 없으며, 가족 및 지인 등 동반자를 위한 지정된 대기장소는 없습니다.

※ 자세한 시험 규정 및 부정행위 처리 기준은 한국이민재단(www.kiiptest.org/guide/exam)을 참고하여 주시기 바랍니다.

필기시험 TIP

문항 구분	문제 유형		문제 풀이 TIP
객관식 01~32번	그림 또는 문맥에 맞는 표현 고르기		선지 중에서 가장 의미가 맞는 표현 찾기
객관식 33~38번, 47~48번	읽고 이해하기	맞는 내용 고르기	지문의 문장과 선지의 내용이 서로 맞는지 O, X로 구분하기
		중심 내용 고르기	글의 중심 문장과 주제를 포함하는 단어 찾기
		글의 제목 고르기	
객관식 39~46번	한국문화 이해하기		한국의 역사, 전통, 사회문화, 지리와 기후, 법과 제도, 정치와 경제의 각 주제에 대한 지식으로 접근하기
주관식 49~50번	문맥에 맞는 표현 고르기		연결표현과 종결표현의 의미에 맞게 여러 가지 표현 연습하기

구술시험 TIP

문항 구분	문제 유형	문제 풀이 TIP
구술시험 01번	지시문 소리내어 읽기	• 시험장과 동일한 환경에서 연습하기 • 자신감 있는 태도와 큰 목소리로 또박또박 발음하기 • 녹음한 내 목소리를 들어보고 고칠 점 찾아보기
구술시험 02~05번	제시된 주제의 질문에 답하기	• 생각을 정리하여 간결하게 대답하기 • 자신감 있는 태도와 큰 목소리로 또박또박 발음하기 • 녹음한 내 목소리를 들어보고 고칠 점 찾아보기

구성과 특징

1 유형 + 문제 풀이 TIP으로 풀어보는 실전 모의고사

☑ 상세 유형 소개로 정확한 유형 파악!
☑ 문제 풀이 TIP으로 정답을 고르기 쉽게!

한국어와 한국문화 유형을 상세하게 구분하고, 문항별 문제 풀이 TIP을 참고하여 문제를 풀 수 있도록 안내하여 정답률을 높이는 훈련을 할 수 있습니다.

2 실제 시험처럼 풀어보는 최최종 모의고사

☑ 문제 풀이 TIP 없이 실전 훈련!

1~5회분으로 정확하게 문제를 풀이하는 학습을 마친 후에 최최종 모의고사를 통해 실제 시험과 같은 문제 배치로 풀어보는 훈련을 할 수 있습니다.

③ 출제 유형 + 정답 및 오답 해설 + 설명 상자

- ✔ 상세 유형 구분으로 문제를 정확히 파악!
- ✔ 예문 + 뜻풀이 수록으로 꼼꼼한 해설!
- ✔ 이해를 한 단계 높여주는 보충 설명 상자!

상세 유형과 예문, 뜻풀이를 포함한 해설로 문제의 이해도를 높이고, 해설 하단의 설명 상자로 심화 학습까지 완성할 수 있습니다.

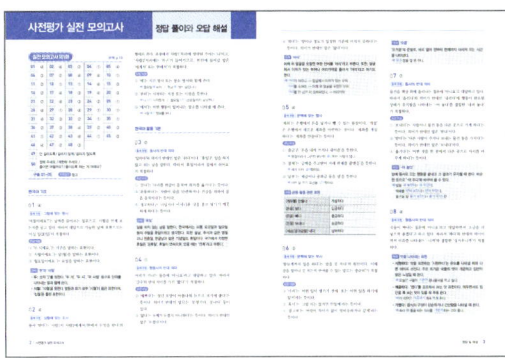

④ 자문위원이 직접 진행하는 모의고사 해설 무료특강

- ✔ 객관식부터 주관식까지 꼼꼼한 해설로 학습 완성!

前 사회통합프로그램 자문위원의 모의고사 해설 강의로 실력을 확실하게 점검하여 영주권 취득에 한 걸음 더 가까워질 수 있습니다.

* 모의고사 해설 무료특강은 회차별 첫 페이지에 QR로 연결

차례

실전 모의고사 7회분

본책

제1회 실전 모의고사	p. 10
제2회 실전 모의고사	p. 30
제3회 실전 모의고사	p. 50
제4회 실전 모의고사	p. 70
제5회 실전 모의고사	p. 90
제6회 최최종 모의고사	p. 112
제7회 최최종 모의고사	p. 132

속책

제1회 정답 및 해설	p. 2
제2회 정답 및 해설	p. 14
제3회 정답 및 해설	p. 26
제4회 정답 및 해설	p. 36
제5회 정답 및 해설	p. 48
제6회 정답 및 해설	p. 58
제7회 정답 및 해설	p. 70

모의고사 해설 무료특강 바로가기

| 제1회 해설강의 바로가기 | 제2회 해설강의 바로가기 | 제3회 해설강의 바로가기 | 제4회 해설강의 바로가기 | 제5회 해설강의 바로가기 | 제6회 해설강의 바로가기 | 제7회 해설강의 바로가기 |

QR 코드는 무엇으로 스캔할까?

❶ [네이버앱] → 그린닷 → 렌즈
❷ [카카오톡] → 더보기 → 코드 스캔
❸ 스마트폰 내장 카메라
❹ Google Play 또는 App Store에서 QR 코드 스캔 앱 설치

사회통합프로그램
사전평가 실전 모의고사
제1회

제1회 해설강의
바로가기

제1회

정답 및 해설 p.2

한국어 기초

[01~02] 다음 질문에 답하시오.

유형▶ 그림에 맞는 명사
문제 풀이 TIP▶
• 시 → 시간
• 월 → 기간
• 요일, 일 → 날

01 시험이 며칠이에요?

	10월					
일	월	화	수	목	금	토
						1
2	3	4	5	6	7	8
9	10	11	12	13	14	15
16	17	18	19	⑳ 시험	21	22
23	24	25	26	27	28	29
30						

① 두 시예요.
② 시월이에요.
③ 월요일이에요.
④ 이십 일이에요.

유형▶ 상황에 맞는 조사
문제 풀이 TIP▶
• 에 → 시간, 장소
• 부터 → 지점, 시점
• 에서 → 장소
• 한테서 → 사람

02 다음 ( )에 들어갈 알맞은 것은?

생일에 친구(　　) 책을 선물 받았어요.

① 에　　　② 부터　　　③ 에서　　　④ 한테서

한국어 활용 기본

[03~04] 다음 〈보기〉를 참고하여 밑줄 친 부분과 의미가 반대인 것을 고르시오.

보기

가: 방에 책상이 <u>있어요</u>?
나: 아니요. (   ).

❶ 없어요　　② 많아요　　③ 적어요　　④ 좋아요

---

03 가: 오늘 회사에서 <u>일해요</u>?
　　나: 아니요. 휴일이라서 집에서 (   ).

　　① 걸어요　　② 쉬어요　　③ 운동해요　　④ 청소해요

유형 ▶ 동사의 반대 의미
문제 풀이 TIP ▶
- 걷다: 다리를 번갈아 움직여 위치를 옮기다
- 쉬다: 피로를 풀려고 몸을 편안히 두다
- 운동하다: 몸을 단련하거나 건강을 위하여 몸을 움직이다
- 청소하다: 더럽거나 어지러운 것을 쓸고 닦아서 깨끗하게 하다

04 가: 그 친구는 머리가 <u>길어요</u>?
　　나: 아니요. 머리가 (   ).

　　① 짧아요　　② 예뻐요　　③ 얇아요　　④ 적어요

유형 ▶ 형용사의 반대 의미
문제 풀이 TIP ▶
- 짧다: 잇닿아 있는 공간이나 물체의 두 끝의 사이가 가깝다
- 예쁘다: 생긴 모양이 아름다워 눈으로 보기에 좋다
- 얇다: 두께가 두껍지 아니하다
- 적다: 수효, 분량, 정도가 일정한 기준에 미치지 못하다

[05~06] 다음 (   )에 알맞은 것을 고르시오.

05 계좌를 (   )하려고 은행에 갔어요.

　　① 출금　　② 결제　　③ 납부　　④ 개설

유형 ▶ 문맥에 맞는 명사
문제 풀이 TIP ▶
- 출금: 돈을 내어 쓰거나 내어줌
- 결제: 대금을 주고받아 매매 당사자 사이의 거래 관계를 끝맺는 일
- 납부: 세금, 공과금 등을 관계 기관에 냄
- 개설: 은행에서 새로운 계좌를 만듦

06 요즘 밤늦게까지 일을 해서 잠을 (   ) 못 자요.

　　① 미리　　② 혹시　　③ 충분히　　④ 골고루

유형 ▶ 문맥에 맞는 부사
문제 풀이 TIP ▶
- 미리: 어떤 일이 생기기 전에
- 혹시: 그러할 리는 없지만 만일에
- 충분히: 모자람이 없이 넉넉하게
- 골고루: 여럿이 차이가 없이 엇비슷하거나 같게

유형 ▶ 동사의 반대 의미
문제 풀이 TIP ▶
- 보내다: 사람이나 물건 등을 다른 곳으로 가게 하다
- 내리다: 위에 올려져 있는 물건을 아래로 옮기다
- 받다: 다른 사람이 주거나 보내오는 물건 등을 가지다
- 옮기다: 어떤 곳에서 다른 곳으로 자리를 바꾸게 하다

유형 ▶ 형용사의 반대 의미
문제 풀이 TIP ▶
- 시원하다: 덥거나 춥지 않고 알맞게 서늘하다
- 매콤하다: 냄새나 맛이 약간 맵다
- 가볍다: 무게가 일반적이거나 기준이 되는 대상의 것보다 적다
- 싱겁다: 음식의 간이 보통 정도에 이르지 못하고 약하다

유형 ▶ 문맥에 맞는 명사
문제 풀이 TIP ▶
- 수당: 정해진 봉급 이외에 따로 주는 보수
- 규칙: 여러 사람이 다 같이 지키기로 작정한 법칙
- 확인: 틀림없이 그러한가를 알아보거나 인정함
- 처벌: 죄를 지은 사람에게 제재를 가하거나 벌을 내림. 또는 그 제재나 벌

유형 ▶ 문맥에 맞는 동사
문제 풀이 TIP ▶
- 가입하다: 조직, 단체 등에 들어가거나, 서비스를 제공하는 상품 등을 신청하다
- 신고하다: 국민이 법령의 규정에 따라 행정 관청에 일정한 사실을 진술·보고하다
- 처리하다: 사무나 사건 따위를 절차에 따라 정리하여 치르거나 마무리를 짓다
- 문의하다: 물어서 의논하다

[07~08] 다음 밑줄 친 부분과 의미가 반대인 것을 고르시오.

07 가: 이 물건을 책상 위에 올릴까요?
　　나: 아니요. 그냥 바닥에 (　　　) 놓으세요.

① 보내　　　　　② 내려
③ 받아　　　　　④ 옮겨

08 가: 국물이 어때요? 조금 짜요?
　　나: 아니요. 약간 (　　　) 소금을 조금 더 넣으면 좋겠어요.

① 시원하니까　　② 매콤하니까
③ 가벼우니까　　④ 싱거우니까

[09~10] 다음 (　)에 알맞은 것을 고르시오.

09 금연구역에서 담배를 피우면 (　　　)을 받을 수 있습니다.

① 수당　　　　　② 규칙
③ 확인　　　　　④ 처벌

10 스마트폰을 분실했을 때를 대비해서 보험에 (　　　) 필요가 있다.

① 가입할　　　　② 신고할
③ 처리할　　　　④ 문의할

[11~12] 다음 ( )에 알맞은 것을 고르시오.

11 회사 면접에 맞는 옷차림은 (   ).

① 활발해야 한다.　　② 단정해야 한다.
③ 헐렁해야 한다.　　④ 풍부해야 한다.

유형 ▶ 문맥에 맞는 형용사
문제 풀이 TIP ▶
- 활발하다: 생기 있고 힘차며 시원스럽다
- 단정하다: 옷차림새나 몸가짐 등이 얌전하고 바르다
- 헐렁하다: 헐거운 듯한 느낌이 있다
- 풍부하다: 넉넉하고 많다

12 요즘 사업이 잘돼서 (   )이 늘어나니까 생활이 훨씬 안정적이다.

① 수익　　② 비용
③ 부담　　④ 지출

유형 ▶ 문맥에 맞는 명사
문제 풀이 TIP ▶
- 수익: 이익을 거두어들임. 또는 그 이익
- 비용: 어떤 일을 하는 데 드는 돈
- 부담: 어떤 의무나 책임을 짐. 또는 그런 일
- 지출: 어떤 목적을 위하여 돈을 지급하는 일

[13~14] 다음 〈보기〉를 참고하여 밑줄 친 부분과 의미가 비슷한 것을 고르시오.

―― 보기 ――
가: 와! 단풍이 예쁘네요.
나: 네. 가을이어서 경치가 정말 (   ).

① 나빠요　② 어두워요　③ 비슷해요　❹ 아름다워요

13 가: 어제 산 가방이 좀 큰 것 같은데 다른 가방으로 바꿀 수 있나요?
　　 나: 영수증이 있으시면 (   ) 드리겠습니다.

① 교환해　　② 대여해
③ 예매해　　④ 적립해

유형 ▶ 동사의 비슷한 의미
문제 풀이 TIP ▶
- 교환하다: 서로 바꾸다
- 대여하다: 물건이나 돈을 나중에 도로 돌려받거나 대가를 받기로 하고 얼마 동안 내어주다
- 예매하다: 물건을 받기 전에 미리 값을 치르고 사 두다
- 적립하다: 모아서 쌓아 두다

14 가: 음식을 너무 많이 한 것 아니에요?
　　 나: 손님들이 오실 때는 음식을 (   ) 준비하는 것이 부족한 것보다 나아요.

① 유창하게　　② 꼼꼼하게
③ 신선하게　　④ 넉넉하게

유형 ▶ 형용사의 비슷한 의미
문제 풀이 TIP ▶
- 유창하다: 말을 하거나 글을 읽는 것이 물 흐르듯이 거침이 없다
- 꼼꼼하다: 빈틈이 없이 차분하고 조심스럽다
- 신선하다: 새롭고 산뜻하다
- 넉넉하다: 크기나 수량 등이 기준에 차고도 남음이 있다

한국어 활용 응용

[15~18] 다음 ( )에 알맞은 것을 고르시오.

유형 ▶ 동사 '가다'의 종결표현 활용
문제 풀이 TIP ▶
• –었어요 → 과거+사실
• –고 싶었어요 → 과거+소망
• –(으)ㄹ까 봐요 → 미래+계획
• –지 않았어요 → 과거+부정

15 가: 이번 주말에 뭐 할 거예요?
  나: 날씨가 좋으니까 공원에 (   ).

① 갔어요 ② 가고 싶었어요
③ 가 볼까 봐요 ④ 가지 않았어요

유형 ▶ 형용사 '따뜻하다'의 연결표현 활용
문제 풀이 TIP ▶
• –어서 → 이유/원인
• –었는데 → 과거+비교/강조
• –려고 → 목적/의도
• –었으니까 → 과거+원인/근거

16 가: 오늘 날씨가 춥지요?
  나: 네. 어제는 (   ) 오늘은 좀 춥네요.

① 따뜻해서 ② 따뜻했는데
③ 따뜻해지려고 ④ 따뜻했으니까

유형 ▶ 동사 '가다'의 연결표현 활용
문제 풀이 TIP ▶
• –어서 → 이유/원인
• –고 → 연결/나열
• –니까 → 이유/원인
• –려면 → 목적

17 가: 실례합니다. 서울역에 (   ) 몇 번 버스를 타야 하나요?
  나: 저 정류장에서 500번 버스를 타면 됩니다.

① 가서 ② 가고
③ 가니까 ④ 가려면

18 가: 요즘 어떻게 지내요?
나: 회사를 (   ) 인터넷으로 수업도 듣고 있어요.

① 다녔는데
② 다니거나
③ 다니면서
④ 다닐 텐데

유형 ▶ 동사 '다니다'의 연결표현 활용
문제 풀이 TIP ▶
- –었는데 → 과거+비교/강조
- –거나 → 선택
- –면서 → 동시 동작
- –(으)ㄹ 텐데 → 추측

[19~20] 다음 (   )에 알맞은 것을 고르시오.

19 가: 한국에서 어디를 여행해 봤어요?
나: 저는 부산을 (   ).

① 여행하고 있어요
② 여행하기로 했어요
③ 여행할 것 같아요
④ 여행한 적이 있어요

유형 ▶ 동사 '여행하다'의 종결표현 활용
문제 풀이 TIP ▶
- –고 있어요 → 진행
- –기로 했어요 → 과거+결정
- –(으)ㄹ 것 같아요 → 가능성
- –(으)ㄴ 적이 있어요 → 경험

20 가: 이번에 시험을 볼 거예요?
나: 아니요. 일이 있어서 다음에 (   ).

① 보세요
② 보는 중이에요
③ 보려고 해요
④ 볼 수 없어요

유형 ▶ 동사 '보다'의 종결표현 활용
문제 풀이 TIP ▶
- –세요 → 권장/요청
- –는 중이에요 → 진행 상태
- –려고 해요 → 미래+의도
- –(으)ㄹ 수 없어요 → 못하는 상황

유형 ▶ 형용사 '바쁘다'의 연결표현 활용
문제 풀이 TIP ▶
- –(으)시면 → 높임+가정
- –(으)ㄹ 텐데 → 높임+추측
- –(으)시고 해서 → 높임+이유
- –(으)신 데다가 → 높임+이유/원인 나열

[21~22] 다음 (   )에 알맞은 것을 고르시오.

21 가: 결혼 정말 축하해요. 행복하게 잘 사시길 바라요.
나: 고맙습니다. (   ) 먼 곳까지 와 주셔서 감사합니다.

① 바쁘시면
② 바쁘실 텐데
③ 바쁘시고 해서
④ 바쁘신 데다가

유형 ▶ 동사 '야근하다'의 종결표현 활용
문제 풀이 TIP ▶
- –(으)면 안 돼요 → 금지
- –는 줄 알았어요 → 과거+아는 사실 언급
- –(으)ㄹ 걸 그랬어요 → 과거+후회
- –(으)ㄹ 수밖에 없어요 → 의무

22 가: 퇴근하고 쉬지 그래요? 힘이 하나도 없어 보여요.
나: 저도 그러고 싶은데 오늘까지 일을 마무리해야 해서 (   ).

① 야근하면 안 돼요
② 야근하는 줄 알았어요
③ 야근할 걸 그랬어요
④ 야근할 수밖에 없어요

유형 ▶ 문맥에 맞는 연결표현
문제 풀이 TIP ▶
- –자마자 → 곧 연결되는 동작
- –다가 → 상황 전환
- –(으)ㄴ 대신에 → 반대/강조
- –어 가지고 → 방법/원인/이유

[23~24] 다음 밑줄 친 부분이 틀린 것을 고르시오.

23 ① 피곤해서 집에 가자마자 자려고 누웠어요.
② 영화를 보다가 재미가 없어서 다 못 보고 나왔어요.
③ 우리 회사는 월급이 많은 대신에 일도 쉽고 편해요.
④ 요즘 날씨가 너무 추워 가지고 외출을 자주 안 하게 돼요.

24 ① 주말에 눈이 많이 내려서 아직 <u>쌓여 있어요</u>.
② 그분은 열심히 노력해서 결국 <u>성공하고 말았어요</u>.
③ 아직 모르는 게 많지만 한국 생활에 적응해 <u>가고 있어요</u>.
④ 아침에 바쁠 것 같아서 밤에 미리 식사를 <u>준비해 놓았어요</u>.

유형 ▶ 문맥에 맞는 종결표현
문제 풀이 TIP ▶
- –어 있다 → 종료된 상태 지속
- –고 말았다 → 과거+결국 일어난 일
- –고 있다 → 시작된 상태 지속
- –어 놓았다 → 과거+종료된 결과 유지

[25~26] 다음 (　　)에 알맞은 것을 고르시오.

25 가: 선생님, 오늘부터는 죽 말고 밥을 먹어도 되나요?
나: 네, 괜찮아요. 식사를 (　　) 너무 맵거나 짠 음식은 피하셔야 해요.

① 하되
② 할수록
③ 한 나머지
④ 하기 위해서

유형 ▶ 동사 '하다'의 연결표현 활용
문제 풀이 TIP ▶
- –되 → 조건/예외
- –(으)ㄹ수록 → 정도
- –(으)ㄴ 나머지 → 결과
- –기 위해서 → 목적

26 가: 저녁을 일찍 먹어서 그런지 배가 고픈데 뭐 좀 먹을까요?
나: 저도 지금 막 그 이야기를 (　　). 냉장고에 과일이 있으니까 가져올게요.

① 할 만해요
② 하나 봐요
③ 할지도 몰라요
④ 하려던 참이었어요

유형 ▶ 동사 '하다'의 종결표현 활용
문제 풀이 TIP ▶
- –(으)ㄹ 만해요 → 가능/가치
- –나 봐요 → 추측
- –(으)ㄹ지도 몰라요 → 추측
- –려던 참이었어요 → 과거+행동할 계획

유형 ▶ 문맥에 맞는 연결표현
문제 풀이 TIP ▶
- –느라고 → 목적/원인
- –었더니 → 과거+원인/앞뒤 상황 연결
- –(으)ㄹ 정도로 → 앞뒤가 비슷한 정도
- –지 않도록 → 금지/예방

[27~28] 다음 밑줄 친 부분이 **틀린** 것을 고르시오.

27
① 오는 길에 사고가 나느라고 지각했어요.
② 밥을 너무 급하게 먹었더니 체한 것 같아요.
③ 그 노래를 모르는 사람이 없을 정도로 유명해요.
④ 공부하는 사람들에게 방해가 되지 않도록 조용히 하세요.

유형 ▶ 문맥에 맞는 종결표현
문제 풀이 TIP ▶
- –(으)ㄹ 뻔했어요 → 과거+가능성
- –(으)ㄴ 줄 알았어요 → 과거+아는 사실 언급
- –기 마련이에요 → 당연히 그럴 것이라는 확신
- –고 말았어요 → 과거+결국 일어난 일

28
① 급하게 계단을 내려오다가 넘어질 뻔했어요.
② 그분의 사진만 보고 저보다 어린 줄 알았어요.
③ 시간이 지나면 속상한 일도 잊히기 마련이에요.
④ 친구 때문에 너무 짜증이 났지만 화를 내고 말았어요.

한국어 활용+읽기

[29~30] 다음을 읽고 ㉠에 알맞은 것을 고르시오.

유형 ▶ 문맥에 맞는 종결표현
문제 풀이 TIP ▶
- 보내다: 사람이나 물건 등을 다른 곳으로 가게 하다
- 받다: 다른 사람이 주거나 보내오는 물건 등을 가지다
- 기대하다: 어떤 일이 원하는 대로 이루어지기를 바라면서 기다리다
- 기다리다: 어떤 사람이나 때가 오기를 바라다

29
저는 한국에 있지만 다른 가족들은 고향에 있습니다. 그래서 가족들을 자주 만날 수 없습니다. 어제는 어머니 생신이었지만 고향에 만나러 갈 수 없어서 미리 선물을 (㉠). 어제 저녁에는 어머니께 전화도 드렸습니다. 어머니께서 선물을 좋아하셔서 저도 기분이 좋았습니다.

① 보냈습니다　　　　　② 받았습니다
③ 기대했습니다　　　　④ 기다렸습니다

30

　　한국에 사는 나는 한국 곳곳에 흩어져 사는 친구들과 오랜만에 만나기로 했다. 다들 바쁘고 보기 힘들었지만, 고향의 명절을 떠올리며 (㉠) 만났다. 우리는 한 친구 집에 모였다. 그곳에서 함께 고향 음식을 만들어 먹고, 고향에 있는 가족들 이야기를 나누면서 즐거운 시간을 보냈다. 타지에서의 생활이 힘들 때도 많았는데 친구들과 한국에서의 삶을 서로 응원해 주면서 다시 만날 약속을 하고 헤어졌다.

① 시간을 내서
② 시간을 보내서
③ 시간이 남아서
④ 시간을 아껴서

유형 ▶ 문맥에 맞는 연결표현
문제 풀이 TIP ▶
- 시간을 내다: 어떤 일을 할 시간을 비워둠
- 시간을 보내다: 일정으로 시간이 흐름
- 시간이 남다: 바쁘지 않아서 다른 일을 할 수 있는 시간이 있음
- 시간을 아끼다: 걸리는 시간을 줄임

[31~32] 다음을 읽고 ㉠에 알맞은 것을 고르시오.

31

　　사물 인터넷(IoT)은 우리의 삶을 어떻게 변화시킬까? 과거에는 인터넷에 연결된 기기를 사람이 직접 켜고 작동해야 했다. 그러나 사물 인터넷 시대가 열리면 기기끼리 (㉠) 작동할 수 있다. 예를 들어 오늘 날씨가 갑자기 추워진다는 뉴스를 스마트폰이 접하게 되면 그 소식이 전기 주전자에 전해져서 따뜻한 커피를 만들기 위해 물을 끓이기 시작한다. 스마트폰과 연결된 옷장은 두꺼운 옷을 미리 준비하여 주인 앞에 내놓는다. 날씨 정보를 전달받은 자동차도 미리 차량 내부를 따뜻하게 한 채 주인을 기다린다. 이렇게 인터넷을 통해 사물끼리 서로 소통하는 기술이 바로 사물 인터넷이다.

① 함께 움직이며
② 소식을 전하며
③ 이야기를 나누며
④ 정보를 주고받으며

유형 ▶ 문맥에 맞는 응용 표현
문제 풀이 TIP ▶
- 함께 움직이다: 같이 행동함
- 소식을 전하다: 다른 사람에게 알림
- 이야기를 나누다: 서로 대화함
- 정보를 주고받다: 필요한 것을 서로 나눔

32

　　사람의 주거 방식은 기후의 영향을 많이 받는다. 따라서 기후에 따라 생활이 불편해지지 않도록 집을 짓는다. 남부 지방에서는 더운 여름을 시원하게 보내기 위해 바람이 잘 통하도록 집을 짓는다. 그래야 (㉠) 때문이다. 눈이 많이 오는 지역에서는 집 안에서 모든 활동을 할 수 있게 시설을 배치한다. 눈이 많이 내려 집 안에 갇혀도 생활할 수 있어야 하기 때문이다. 비가 많이 내려 습한 곳에서는 집의 바닥을 땅에 닿지 않게 집을 짓는다. 땅의 습기가 바닥을 통해 올라오지 못하게 하기 위해서이다.

① 바람이 천천히 흐를 수 있기
② 바람이 정확히 벽에 부딪히기
③ 바람의 흐름이 기온을 낮춰주기
④ 바람이 기온을 완전히 유지해주기

유형 ▶ 문맥에 맞는 응용 표현
문제 풀이 TIP ▶
- 바람이 천천히 흐르다 → 흐르는 속도가 느림
- 바람이 정확히 벽에 부딪히다 → 방향이 벽을 향함
- 바람의 흐름으로 기온을 낮춰주다 → 기온이 낮아짐
- 바람이 기온을 완전히 유지해주다 → 일정한 기온이 되도록 도와줌

읽고 이해하기

[33~34] 다음을 읽고 질문에 답하시오.

33 ㉠이 가리키는 것은?

> 제가 사는 동네에는 문화센터가 있습니다. ㉠여기에서 운동을 배우면 좋을 것 같아서 인터넷으로 프로그램을 찾아보았습니다. 수영에서부터 테니스까지 여러 가지 운동 수업이 있었는데 요가가 재미있어 보이고 시간도 맞아서 문화센터 홈페이지에서 수업을 신청했습니다. 다음 주 월요일부터 요가 수업이 시작됩니다. 요가를 꾸준히 해서 건강도 챙기고 수업에서 한국 사람들도 많이 사귀고 싶습니다.

① 인터넷
② 문화센터
③ 요가 수업
④ 우리 동네

유형 ▶ 문맥에 맞는 지시어와 명사

문제 풀이 TIP ▶
- 장소: 문화센터, 우리 동네
- 기타: 인터넷, 요가 수업

34 위 글의 내용과 같은 것은?

① 요가 수업은 다음 주 월요일에 시작됩니다.
② 문화센터에는 수영과 테니스 수업만 있습니다.
③ 문화센터에 직접 가서 수업을 신청했습니다.
④ 저는 문화센터 프로그램을 전화로 알아보았습니다.

유형 ▶ 맞는 내용 고르기

[35~36] 다음을 읽고 질문에 답하시오.

35 아래 글의 내용과 같은 것은?

유형 ▶ 맞는 내용 고르기

> 이번 주말에 한국 친구가 결혼을 해요. 친구가 저에게 청첩장을 보내 주었는데 한국 결혼식에 가 본 적이 없어서 어떻게 해야 할지 고민이 되었어요. 다른 한국 친구들에게 물어보니 결혼식에 가서 축의금을 내고 축하해 주면 된다고 했어요. 다른 친구들이 같이 결혼식에 가자고 해서 저도 함께 가기로 했어요. 결혼식에 입고 갈 정장도 한 벌 사고 축의금도 준비했어요. 친구가 행복하게 잘 살았으면 좋겠어요.

① 저는 한국 친구의 결혼식에 초대받았습니다.
② 저는 결혼하는 친구에게 정장을 선물하려고 합니다.
③ 저는 친구에게 한국의 결혼식을 설명해 주었습니다.
④ 저는 회사 일이 바빠서 친구의 결혼식에 가지 못합니다.

36 아래 글의 내용과 같은 것은?

유형 ▶ 맞는 내용 고르기

> 한국어 수업이 이번 주말에 끝납니다. 평일에는 회사 일 때문에 바빠서 수업을 듣기 어려웠습니다. 그래서 주말 수업을 등록했습니다. 주말 아침에 일찍 일어나는 것이 힘들어서 쉬고 싶을 때도 있었지만 선생님과 친구들 덕분에 한국어를 재미있게 공부할 수 있었습니다. 수업 시간에는 선생님의 설명을 잘 듣고, 친구들과 말하기를 열심히 연습한 것이 도움이 많이 되었습니다. 수업을 끝까지 다 듣고 마무리할 수 있게 되어서 보람을 느낍니다. 시험에서 좋은 성적을 받아 다음 단계의 수업도 듣고 싶습니다.

① 회사 일이 끝나고 저녁에 한국어를 배웠습니다.
② 수업 때문에 주말 아침에 일찍 일어나야 했습니다.
③ 한국어 공부가 어려워서 중간에 수업을 포기했습니다.
④ 시험을 잘 보려고 수업이 끝난 후에 혼자서 연습을 했습니다.

[37~38] 다음을 읽고 질문에 답하시오.

유형 ▶ 중심 내용 고르기
문제 풀이 TIP ▶
• 키워드: 교통사고 예방, 교통 법규 준수, 교통 법규 위반

37 아래 글의 중심 내용으로 알맞은 것은?

> 일상에서 일어나는 교통사고의 상당수는 교통 법규를 잘 지키면 예방할 수 있다. 조금 더 빨리 가려고 속도 제한을 지키지 않거나 신호를 위반하고 무리하게 끼어드는 등의 행동은 교통 법규 위반으로 처벌을 받게 된다. 운전에 집중하지 못하게 하는 스마트폰 사용도 법으로 금지되어 있다. 이러한 법규만 잘 지켜도 대부분의 교통사고를 막을 수 있다. 그러므로 교통 법규는 반드시 지켜야 한다.

① 교통 법규의 위반과 사고의 발생은 관련성이 없다.
② 교통 법규를 지나치게 엄격하게 적용해서는 안 된다.
③ 기본적인 교통 법규를 잘 지키면 사고가 나지 않는다.
④ 상황이 급하다면 교통 법규를 지키지 않을 수도 있다.

유형 ▶ 제목 찾기
문제 풀이 TIP ▶
• 키워드: 직장생활, 인간관계, 업무 효율, 신뢰

38 아래 글의 제목으로 알맞은 것은?

> 직장은 일을 해서 돈을 버는 곳이기 때문에 업무 처리나 월급이 우선이라고 생각하기 쉽지만 직장도 사람들이 함께 생활하는 곳이기 때문에 인간관계가 그 무엇보다 중요하다. 일을 신속하고 효율적으로 처리하기 위해서 인간관계를 소홀히 한다면 직장생활을 잘하기가 어렵다. 인간적인 면에서 동료들에게 부정적인 평가를 받게 된다면 신뢰를 잃어 도움이나 협조를 받기가 어려워지기 때문이다. 그러므로 일을 잘하려면 직장에서 인간관계를 신경 써야 한다.

① 직장생활의 어려움
② 인맥 관리의 필요성
③ 효율적인 업무 처리 방식
④ 직장에서의 인간관계의 중요성

한국 문화

[39~40] 다음 질문에 답하시오.

39 한국의 국경일과 날짜의 연결이 맞지 <u>않는</u> 것은?

① 현충일: 6월 6일 ② 한글날: 10월 3일
③ 제헌절: 7월 17일 ④ 광복절: 8월 15일

유형 ▶ 법과 제도
문제 풀이 TIP ▶
• 한국의 5대 국경일
 – 3·1절: 3월 1일
 – 제헌절: 7월 17일
 – 광복절: 8월 15일
 – 개천절: 10월 3일
 – 한글날: 10월 9일

40 한국의 지역과 대표 도시의 연결이 맞지 <u>않는</u> 것은?

① 전주 – 전라도 ② 청주 – 충청도
③ 춘천 – 경기도 ④ 경주 – 경상도

유형 ▶ 지리와 기후
문제 풀이 TIP ▶
• 전라도: 전주
• 충청도: 청주
• 강원도: 춘천
• 경상도: 경주

[41~44] 다음 질문에 답하시오.

41 한국의 전통적인 난방 방식은?

① 온돌 ② 기와
③ 부엌 ④ 마루

유형 ▶ 전통
문제 풀이 TIP ▶
• 한옥 관련 어휘 → 온돌, 기와, 마루

42 계절과 즐길 거리의 연결이 맞지 <u>않는</u> 것은?

① 봄 – 꽃구경 ② 여름 – 얼음낚시
③ 가을 – 단풍놀이 ④ 겨울 – 눈꽃축제

유형 ▶ 지리와 기후
문제 풀이 TIP ▶
• 봄 → 꽃구경
• 여름 → 물놀이
• 가을 → 단풍놀이
• 겨울 → 눈꽃축제

| 유형 ▶ 역사
| 문제 풀이 TIP ▶
- 천 원 → 이황
- 오천 원 → 이이
- 만 원 → 세종대왕
- 오만 원 → 신사임당

43 한국의 오만 원권 지폐에 그려져 있는 역사적 인물은?

① 이이
② 이순신
③ 세종대왕
④ 신사임당

| 유형 ▶ 역사
| 문제 풀이 TIP ▶
- 조선의 주요 유적 → 광화문, 경회루, 창덕궁

44 조선 시대의 유적이 아닌 것은?

① 첨성대
② 광화문
③ 경회루
④ 창덕궁

[45~46] 다음 질문에 답하시오.

| 유형 ▶ 전통
| 문제 풀이 TIP ▶
- 설날의 특징
 - 새해 시작
 - 어른들께 세배
 - 조상을 위해 차례

45 설날에 대한 설명으로 맞지 않는 것은?

① 새해가 시작되는 날이다.
② 집안의 어른들께 세배를 드린다.
③ 가족들이 함께 송편을 만들어 먹는다.
④ 돌아가신 조상을 위해 차례를 지낸다.

| 유형 ▶ 법과 제도
| 문제 풀이 TIP ▶
- 양육 → 부모급여, 가정양육수당, 아동수당, 한부모가족 아동양육비
- 교육 → 초·중등: 의무교육+무상 / 고등: 무상
- 노동 → 최저임금
- 건강 → 건강보험료

46 한국의 복지에 대한 설명으로 맞지 않는 것은?

① 자녀의 양육 비용을 지원받을 수 있다.
② 초등학교부터 중학교까지는 의무 교육이다.
③ 누구나 최저 임금 이상의 월급을 받을 수 있다.
④ 건강보험료는 소득과 재산에 관계없이 동일하다.

[47~48] 다음 질문에 답하시오.

47 아래 글의 내용과 같은 것은?

> 세대마다 경험과 가치관이 다르기 때문에 직장에서 소통하거나 일을 처리하는 방식에도 차이가 생길 수밖에 없다. 최근 한 조사 결과에 따르면 비교적 젊은 세대일수록 업무를 지시하거나 지시받을 때 더 명확한 의사소통을 선호하는 것으로 나타났다. 이에 반해 나이가 많은 세대는 업무 처리보다 상대방의 기분이나 직장 내 분위기를 고려하여 직접적으로 말하기보다 돌려서 말하는 경향이 있다고 한다. 직장 내 회식에 대해서도 신세대와 기성세대의 의견이 서로 다른 것으로 조사되었는데, 신세대는 개인의 삶을 존중받기를 원해 회식을 꺼려하는 반면에 기성세대는 구성원들 사이의 화합을 더 중요하게 여겨 회식에 꼭 참석해야 한다고 생각한다.

① 기성세대는 신세대보다 명확한 업무 지시를 선호한다.
② 나이가 든 기성세대는 직장 내 분위기를 중요하게 여긴다.
③ 신세대는 직장 내의 행사에 꼭 참여해야 한다고 생각한다.
④ 선호하는 소통 방식에 대한 세대 간의 의견 차이는 크지 않다.

유형 ▶ 한국문화 읽고 이해하기
문제 풀이 TIP ▶
- 키워드: 세대 차이, 직장 문화, 의사소통, 회식 문화

유형 ▶ 한국문화 읽고 이해하기
문제 풀이 TIP ▶
- 키워드: 노인 인구 증가, 고령화 사회, 경제 활동, 복지 비용

48 아래 글의 주제로 알맞은 것은?

> 한국의 경제와 의료 수준이 높아지면서 전체 인구에서 노인 인구가 차지하는 비중이 갈수록 커지고 있다. 노인 인구가 증가하면서 경제 활동에 참여할 수 있는 인구가 줄어들고 청년층의 복지 비용 부담이 과도해질 것이라는 문제가 지적되어 왔다. 이러한 문제점을 해결하기 위해서는 경제 구조를 고령화 시대에 맞게 변화시켜야 한다고 전문가들은 주장한다. 노인들이 경제 활동을 계속할 수 있도록 하면 노인 스스로 생활할 수 있어 복지 비용을 줄일 수 있고 사회경제적으로는 활력을 유지할 수 있다는 것이다. 이를 위해서는 무엇보다 퇴직 연령을 늦추고 노인에게 맞춤형 일자리를 제공하는 방안이 우선적으로 고려되어야 한다. 물론 이처럼 사회 구조를 변화시키는 데에는 사회 구성원의 합의가 필요하다.

① 노후 준비의 필요성
② 평균 수명 증가의 원인
③ 고령화 시대의 대처 방법
④ 경제 발전과 의료 수준의 관계

한국어 활용(주관식)

[49~50] 다음을 읽고 (   )에 알맞은 것을 쓰시오.

49
> 가: 요즘 감기가 유행인가 봐요. 감기 때문에 오늘 수업에 못 온 사람이 세 명이나 있어요.
> 나: 그래요? 날씨가 갑자기 추워져서 그런가 봐요. 감기에 (   ) 조심하세요.
> 가: 네. 그럴게요. 걱정해 줘서 고마워요.

유형 ▶ 문맥에 맞는 연결표현 활용
문제 풀이 TIP ▶
- 금지/예방 → 안–도록/–지 않게/–지 않도록

50
> 가: 아이가 게임을 너무 많이 해서 걱정이에요. 어떻게 하면 게임을 못 하게 할 수 있을까요?
> 나: 그건 불가능할지도 몰라요. 게임을 전혀 못 하게 하는 것보다 게임하는 시간을 조금씩 (   ).
> 가: 좋은 생각이네요. 우선 정해진 시간에만 게임을 하게 해야겠어요.

유형 ▶ 문맥에 맞는 종결표현 활용
문제 풀이 TIP ▶
- 요청 → –어 주세요.
- 제안 → –도록 하는 게 어때요?/–면 어떨까요?

구술 시험

※ 구술감독관의 지시에 따라 다음 글을 소리 내어 읽으신 후 질문에 답하여 주시기 바랍니다.
※ 실제 구술시험에서는 질문 내용을 제외한 지문만 수험생에게 제공되오니 유의하시기 바랍니다.

> 한국에서는 쓰레기를 버릴 때 일반 쓰레기와 음식물 쓰레기, 재활용 쓰레기를 구분해서 버려야 합니다. 일반 쓰레기는 종량제 봉투를 사서 봉투에 쓰레기를 담은 후 정해진 장소에 내놓아야 합니다. 이때 일반 쓰레기와 음식물 쓰레기가 섞이지 않도록 주의해야 합니다. 재활용이 가능한 종이, 유리, 플라스틱 소재의 쓰레기는 따로 모아서 버려야 합니다. 만약 음식물 쓰레기를 종량제 봉투에 함께 버리거나 쓰레기를 버릴 수 없는 곳에 내놓으면 벌금을 내야 하므로 조심해야 합니다.

01 위의 글을 소리 내어 읽어보세요.

02 한국에서 일반 쓰레기를 버릴 때는 어떻게 해야 하나요?

03 한국에서 쓰레기를 버릴 때 벌금을 내지 않기 위해 무엇을 조심해야 하나요?

04 한국과 고향에서 생활할 때 지켜야 할 규칙에 어떤 차이가 있는지 설명해 보세요.

05 한국 사회에서 선거가 중요한 이유를 설명해 보세요.

사회통합프로그램 사전평가 실전 모의고사
제2회

제2회 해설강의 바로가기

제2회

정답 및 해설 p.14

한국어 기초

[01~02] 다음 질문에 답하시오.

유형 ▶ 그림에 맞는 명사
문제 풀이 TIP ▶
• 방 → 침대, 책상, 의자, 옷장, 서랍장
• 거실 → 소파, 테이블, TV, 책장, 조명
• 부엌 → 식탁, 싱크대, 냉장고, 조리대
• 화장실 → 세면대, 샤워기, 욕조, 변기

01 여기는 어디예요?

① 방　　　　　　　　② 거실
③ 부엌　　　　　　　④ 화장실

유형 ▶ 상황에 맞는 조사
문제 풀이 TIP ▶
• 는 → 강조/대조
• 도 → 더함
• 를 → 목적물/대상
• 보다 → 비교

02 다음 (　　)에 들어갈 알맞은 것은?

사과(　　) 수박이 커요.

① 는　　② 도　　③ 를　　④ 보다

한국어 활용 기본

[03~04] 다음 〈보기〉를 참고하여 밑줄 친 부분과 의미가 반대인 것을 고르시오.

─── 보기 ───
가: 방에 책상이 있어요?
나: 아니요. (   ).

❶ 없어요   ② 많아요   ③ 적어요   ④ 좋아요

03 가: 저 산이 높아요?
　　나: 아니요. (   ).

① 낮아요   ② 넓어요   ③ 밝아요   ④ 복잡해요

유형 ▶ 형용사의 반대 의미

문제 풀이 TIP ▶
- 낮다: 아래에서 위까지의 높이가 기준이 되는 대상이나 보통 정도에 미치지 못하는 상태에 있다
- 넓다: 면이나 바닥 따위의 면적이 크다
- 밝다: 불빛 등이 환하다
- 복잡하다: 일이나 감정 등이 갈피를 잡기 어려울 만큼 여러 가지가 얽혀 있다

04 가: 오늘 날씨가 더워요?
　　나: 아니요. (   ).

① 맑아요   ② 추워요   ③ 흐려요   ④ 따뜻해요

유형 ▶ 형용사의 반대 의미

문제 풀이 TIP ▶
- 맑다: 잡스럽고 탁한 것이 섞이지 않다
- 춥다: 대기의 온도가 낮다
- 흐리다: 잡것이 섞여 깨끗하지 못하다
- 따뜻하다: 덥지 않을 정도로 온도가 알맞게 높다

[05~06] 다음 (   )에 알맞은 것을 고르시오.

05 방을 (   )하기 전에 창문을 여세요.

① 세탁   ② 요리   ③ 준비   ④ 청소

유형 ▶ 문맥에 맞는 명사

문제 풀이 TIP ▶
- 세탁: 주로 기계를 이용하여 더러운 옷이나 이불 등을 빠는 일
- 요리: 여러 조리 과정을 거쳐 음식을 만듦. 또는 그 음식
- 준비: 미리 마련하여 갖춤
- 청소: 더럽거나 어지러운 것을 쓸고 닦아서 깨끗하게 함

06 저는 아침에 (   ) 일어나요.

① 자주   ② 일찍   ③ 어쩌다   ④ 갑자기

유형 ▶ 문맥에 맞는 부사

문제 풀이 TIP ▶
- 자주: 같은 일을 잇따라 잦게
- 일찍: 일정한 시간보다 이르게
- 어쩌다: 뜻밖에 우연히
- 갑자기: 미처 생각할 겨를도 없이 급히

유형 ▶ 동사의 반대 의미

문제 풀이 TIP ▶
- 꺼내다: 속이나 안에 들어 있는 물건 등을 손이나 도구를 이용하여 밖으로 나오게 하다
- 바꾸다: 원래 있던 것을 없애고 다른 것으로 채워 넣거나 대신하게 하다
- 옮기다: 어떤 곳에서 다른 곳으로 자리를 바꾸게 하다
- 닫다: 열린 문짝, 뚜껑, 서랍 등을 도로 제자리로 가게 하여 막다

유형 ▶ 동사의 반대 의미

문제 풀이 TIP ▶
- 넣다: 은행에 입금하다
- 꺼내다: 속이나 안에 들어 있는 물건 등을 손이나 도구를 이용하여 밖으로 나오게 하다
- 바꾸다: 원래 있던 것을 없애고 다른 것으로 채워 넣거나 대신하게 하다
- 보내다: 사람이나 물건 등을 다른 곳으로 가게 하다

유형 ▶ 문맥에 맞는 명사

문제 풀이 TIP ▶
- 검색: 책이나 컴퓨터에서, 목적에 따라 필요한 자료들을 찾음
- 삭제: 파일 내에 저장된 기록을 제거하거나 기억장치에서 프로그램을 지움
- 연결: 사물과 사물을 서로 잇거나 현상과 현상이 관계를 맺게 함
- 저장: 물건이나 재화 등을 모아서 간수함

유형 ▶ 문맥에 맞는 동사

문제 풀이 TIP ▶
- 검토하다: 어떤 사실이나 내용을 분석하여 따지다
- 변경하다: 다르게 바꾸어 새롭게 고치다
- 전송하다: 글, 사진 등을 전류나 전파를 이용하여 먼 곳에 보내다
- 추천하다: 어떤 조건에 적합한 대상을 책임지고 소개하다

[07~08] 다음 밑줄 친 부분과 의미가 반대인 것을 고르시오.

07 가: 장 봐온 것들을 냉장고에 <u>넣을게요</u>.
나: 그러면 저는 냉장고에서 오래된 음식을 (   ) 정리할게요.

① 꺼내서   ② 바꿔서
③ 옮겨서   ④ 닫아서

08 가: 계좌에서 돈을 <u>찾으실</u> 거예요?
나: 아니요. 돈을 (   ) 싶어요.

① 넣고   ② 꺼내고
③ 바꾸고   ④ 보내고

[09~10] 다음 (   )에 알맞은 것을 고르시오.

09 컴퓨터가 느려지면 필요 없는 파일을 (   )하는 것이 좋다.

① 검색   ② 삭제
③ 연결   ④ 저장

10 중요한 이메일을 보내기 전에는 작성한 내용을 반드시 다시 (   ) 한다.

① 검토해야   ② 변경해야
③ 전송해야   ④ 추천해야

[11~12] 다음 (   )에 알맞은 것을 고르시오.

11 지난 수업은 학생들이 쉽게 이해할만큼 설명이 (   ).

① 깨끗했다　　　　② 화려했다
③ 충분했다　　　　④ 까다로웠다

유형 ▶ 문맥에 맞는 형용사
문제 풀이 TIP ▶
• 깨끗하다: 때나 찌꺼기 등이 없다
• 화려하다: 환하게 빛나며 곱고 아름답다
• 충분하다: 모자람이 없이 넉넉하다
• 까다롭다: 조건 등이 복잡하거나 엄격하여 다루기에 순탄하지 않다

12 횡단보도 신호를 무시하고 건너면 (   )을/를 내야 합니다.

① 벌금　　　　② 식비
③ 등록금　　　④ 관리비

유형 ▶ 문맥에 맞는 명사
문제 풀이 TIP ▶
• 벌금: 규약을 위반했을 때 벌로 내게 하는 돈
• 식비: 먹는 데 드는 돈
• 등록금: 학교나 학원 등에 등록할 때 내는 돈
• 관리비: 시설이나 물건을 관리하는 데 드는 돈

[13~14] 다음 〈보기〉를 참고하여 밑줄 친 부분과 의미가 비슷한 것을 고르시오.

――| 보기 |――
가: 와! 단풍이 예쁘네요.
나: 네. 가을이어서 경치가 정말 (   ).

① 나빠요　② 어두워요　③ 비슷해요　❹ 아름다워요

13 가: 비행기 표를 사려고 하는데요. 무엇이 필요한가요?
나: 여권으로 본인 확인 후에 (   ) 수 있습니다.

① 구매하실　　　　② 반납하실
③ 등록하실　　　　④ 환불하실

유형 ▶ 동사의 비슷한 의미
문제 풀이 TIP ▶
• 구매하다: 물건 등을 사들이다
• 반납하다: 도로 돌려주다
• 등록하다: 일정한 자격을 얻기 위하여 단체나 학교 등에 문서나 이름을 올리다
• 환불하다: 이미 지불한 돈을 되돌려 주다

유형 ▶ 형용사의 비슷한 의미
문제 풀이 TIP ▶
• 쉽다: 하기가 까다롭거나 힘들지 않다
• 복잡하다: 일이나 감정 등이 갈피를 잡기 어려울 만큼 여러 가지가 얽혀 있다
• 지루하다: 시간이 오래 걸리거나 같은 상태가 오래 계속되어 따분하고 싫증이 나다
• 유용하다: 쓸모가 있다

14 가: 선생님, 수업이 너무 어려워요.
나: 3단계부터는 문법이 (   ) 때문에 복습과 예습을 많이 해야 해요.

① 쉽기　　　　② 복잡하기
③ 지루하기　　④ 유용하기

한국어 활용 응용

[15~18] 다음 ( )에 알맞은 것을 고르시오.

유형 ▶ 동사 '시작하다'의 연결표현 활용
문제 풀이 TIP ▶
- –고 → 연결/나열
- –려고 → 목적/의도
- –면서 → 동시 동작
- –자마자 → 곧 연결되는 동작

15 가: 회의는 언제 시작하나요?
　　나: 팀원들이 모두 모이면 회의를 (　　　) 합니다.

① 시작하고　　　　　② 시작하려고
③ 시작하면서　　　　④ 시작하자마자

유형 ▶ 동사 '가다'의 연결표현 활용
문제 풀이 TIP ▶
- –어서 → 이유/원인
- –더니 → 상황 연결/원인
- –니까 → 이유/원인
- –지만 → 반대/부분 인정

16 가: 선생님, 머리가 너무 아파요.
　　나: 오늘은 집에 (　　　) 쉬세요.

① 가서　　　　　　② 가더니
③ 가니까　　　　　④ 가지만

유형 ▶ 동사 '있다'의 연결표현 활용
문제 풀이 TIP ▶
- –어야 → 의무
- –는데 → 비교/강조
- –어도 → 반대
- –니까 → 원인/근거

17 가: 저한테 가수 A의 콘서트 티켓이 (　　　) 같이 보러 가실래요?
　　나: 정말요? 좋아요. 가수 A는 제가 제일 좋아하는 가수예요.

① 있어야　　　　　② 있는데
③ 있어도　　　　　④ 있으니까

18 가: 김치를 만들어 봤어요?
나: 아니요. (　　　). 이번이 처음이에요.

① 만드는군요　　② 만들었거든요
③ 만들어 보세요　　④ 만든 적이 없어요

유형 ▶ 동사 '만들다'의 종결표현 활용
문제 풀이 TIP ▶
- –는군요 → 사실 언급
- –었거든요 → 과거+사실 전달
- –어 보세요 → 권유/제안
- –ㄴ 적이 없어요 → 경험 없음

[19~20] 다음 (　)에 알맞은 것을 고르시오.

19 가: 어젯밤에 잠을 잘 못 잤어요.
나: 많이 (　　　). 어서 가서 쉬세요.

① 피곤했어요　　② 피곤하네요
③ 피곤하겠어요　　④ 피곤하거든요

유형 ▶ 형용사 '피곤하다'의 종결표현 활용
문제 풀이 TIP ▶
- –었어요 → 과거+사실
- –네요 → 사실 언급
- –겠어요 → 추측
- –거든요 → 가르쳐 줌

20 가: 어제 공연은 재미있었어요?
나: 네. 기대했던 것보다 (　　　).

① 재미있었어요　　② 재미있을 거예요
③ 재미있을 수 있어요　　④ 재미있을 줄 몰랐어요

유형 ▶ 형용사 '재미있다'의 종결표현 활용
문제 풀이 TIP ▶
- –었어요 → 과거+사실
- –(으)ㄹ 거예요 → 미래+추측
- –(으)ㄹ 수 있어요 → 미래+가능성
- –(으)ㄹ 줄 몰랐어요 → 과거+모르는 사실 언급

유형 ▶ 동사 '늦다'의 연결표현 활용
문제 풀이 TIP ▶
- –는다면 → 가정
- –더라도 → 가정/반대
- –(으)ㄹ 텐데 → 추측
- –지 않도록 → 금지/예방

[21~22] 다음 (　)에 알맞은 것을 고르시오.

21 가: 또 지각이에요?
나: 죄송합니다. 앞으로는 (　　) 노력하겠습니다.

① 늦는다면　　　　② 늦더라도
③ 늦을 텐데　　　　④ 늦지 않도록

유형 ▶ 형용사 '어렵다'의 종결표현 활용
문제 풀이 TIP ▶
- –지 않아요 → 부정
- –기는요 → 앞말 부정
- –(으)ㄴ 것 같아요 → 추측
- –(으)ㄴ 줄 알았어요 → 과거+아는 사실 언급

22 가: 이 문법을 다 이해했어요? 저는 너무 어려워서 모르겠어요.
나: 아마 4단계 문법이라서 (　　). 제가 좀 도와줄까요?

① 어렵지 않아요　　　② 어렵기는요
③ 어려운 것 같아요　　④ 어려운 줄 알았어요

유형 ▶ 문맥에 맞는 연결표현
문제 풀이 TIP ▶
- –다가 → 상황 전환
- –었더니 → 과거+원인/과거+앞뒤 상황 연결
- –어도 → 반대
- –자마자 → 곧 연결되는 동작

[23~24] 다음 밑줄 친 부분이 **틀린** 것을 고르시오.

23 ① 숙제를 하다가 전화를 받았어요.
② 매운 음식을 먹었더니 배가 아파요.
③ 날씨가 추워도 두꺼운 옷을 입으세요.
④ 친구를 만나자마자 같이 도서관에 갔어요.

24 ① 어제는 친구를 만나겠어요.
② 그 사람을 처음 봤다면서요?
③ 이 식당 음식이 정말 맛있네요.
④ 휴가 기간에 고향에 다녀올까 해요.

유형 ▶ 문맥에 맞는 종결표현
문제 풀이 TIP ▶
- −겠어요 → 미래+계획
- −었다면서요? → 과거+사실 확인
- −네요 → 사실 언급
- −(으)ㄹ까 해요 → 의사 전달

[25~26] 다음 (   )에 알맞은 것을 고르시오.

25 가: 한국어를 정말 잘하시네요! 한국에 (   ) 얼마나 됐어요?
나: 잘하기는요. 올해로 5년이 됐어요.

① 온 지   ② 오도록
③ 오게 되면   ④ 오기 때문에

유형 ▶ 동사 '오다'의 연결표현 활용
문제 풀이 TIP ▶
- −(으)ㄴ 지 → 상황이 지속된 기간
- −도록 → 목적/결과/방식/정도
- −게 되면 → 조건
- −기 때문에 → 원인

26 가: 어제 친구랑 영화 봤어요?
나: 친구가 갑자기 일이 생겨서 약속을 (   ).

① 취소해야 돼요   ② 취소해야 했어요
③ 취소하려고 해요   ④ 취소하려던 참이었어요

유형 ▶ 동사 '취소하다'의 종결표현 활용
문제 풀이 TIP ▶
- −해야 돼요 → 의무
- −해야 했어요 → 과거+의무
- −려고 해요 → 계획
- −(으)려던 참이었어요 → 계획

유형 ▶ 문맥에 맞는 연결표현
문제 풀이 TIP ▶
• –기 전에 → 전제
• –(으)ㄴ 대신에 → 대체
• –거나 → 선택
• –어 가지고 → 결과

[27~28] 다음 밑줄 친 부분이 틀린 것을 고르시오.

27
① 점심을 먹기 전에 손을 씻었어요.
② 이 옷은 예쁜 대신에 가격이 비싸요.
③ 주말에 도서관에 가거나 책을 빌렸어요.
④ 지하철이 늦게 와 가지고 회사에 늦었어요.

유형 ▶ 문맥에 맞는 종결표현
문제 풀이 TIP ▶
• –겠지요? → 사실 또는 추측 확인
• –더라고요 → 과거의 일 언급
• –라면서요? → 사실 확인
• –(으)ㄴ다는데요? → 간접화법

28
① 지금 나가면 늦겠지요?
② 밖에 눈이 많이 오더라고요.
③ 저분이 선생님이라면서요?
④ 저는 그 사람을 자주 만난다는데요?

한국어 활용＋읽기

[29~30] 다음을 읽고 ㉠에 알맞은 것을 고르시오.

유형 ▶ 문맥에 맞는 종결표현
문제 풀이 TIP ▶
• 오다: 어떤 사람이 말하는 사람 혹은 기준이 되는 사람이 있는 쪽으로 움직여 위치를 옮기다
• 들어가다: 밖에서 안으로 향하여 가다
• 가고 싶다: '가다'의 뜻＋소망
• 다니고 있다: '다니다'의 뜻＋진행

29
저는 교통이 편리한 곳으로 이사를 (㉠). 지금 살고 있는 집이 마음에 들지만 회사와 마트가 멀어서 불편합니다. 장을 보러 가려면 차를 타고 한 시간이나 나가야 합니다. 그리고 지하철역이 집에서 멀리 떨어져 있어서 대중교통도 이용하기 어렵습니다. 그래서 지금 살고 있는 집의 계약이 끝나기 전에 이사 갈 집을 찾으려고 합니다.

① 왔습니다
② 들어갑니다
③ 가고 싶습니다
④ 다니고 있습니다

30

지난주 토요일에 한국인 친구와 연극을 보았다. 가끔 영화관에서 영화를 본 적은 있지만 연극을 본 것은 처음이라서 매우 즐거웠다. 영화와는 달리 연극은 공연장에서 배우들의 연기를 직접 (㉠) 좋았다. 친구가 표를 예매하는 방법도 알려 주었다. 처음 한국에 왔을 때는 일하느라 바빠서 공연을 볼 생각조차 못 했지만 앞으로는 문화생활도 즐기려고 한다.

① 볼 수 있어서
② 들을 수 있어서
③ 느낄 수 있어서
④ 구경할 수 있어서

유형 ▶ 문맥에 맞는 연결표현
문제 풀이 TIP ▶
- 볼 수 있다: 눈으로 대상을 즐기거나 감상할 수 있다
- 들을 수 있다: 귀로 소리를 알아차릴 수 있다
- 느낄 수 있다: 어떤 감정이나 자극을 깨달을 수 있다
- 구경할 수 있다: 흥미나 관심을 가지고 볼 수 있다

[31~32] 다음을 읽고 ㉠에 알맞은 것을 고르시오.

31

최근 옷이나 신발, 가방을 중고 거래하는 사람들이 늘고 있다. 중고 거래 사이트에서는 자신이 가지고 있던 옷이나 신발을 팔 수 있고 새 상품과 다름없는 중고 가방을 (㉠) 살 수 있다. 물건을 저렴하게 살 수 있는 것 말고도 중고 거래의 장점은 또 있다. 새 상품을 구매하지 않고 중고 거래를 하면 사용하지 않는 물건을 버리지 않고 재활용하게 되기 때문에 환경을 보호할 수 있다. 따라서 환경을 생각해서라도 중고 거래가 더 활발하게 이루어져야 한다.

① 무게보다 가볍게
② 품질보다 견고하게
③ 정가보다 저렴하게
④ 크기보다 넉넉하게

유형 ▶ 문맥에 맞는 응용 표현
문제 풀이 TIP ▶
- 무게보다 가볍다: 실제보다 물건의 무게가 가볍다
- 품질보다 견고하다: 품질에 비해 물건이 튼튼하다
- 정가보다 저렴하다: 상품의 원 가격에 비해 값이 싸다
- 크기보다 넉넉하다: 물건이 크기에 비해 여유 공간이 충분하다

32

한국에서는 쓰레기를 분리 배출합니다. 일반 쓰레기와 음식물 쓰레기는 마트나 편의점에서 파는 종량제 봉투에 넣어서 버립니다. (㉠) 플라스틱, 병, 종이 등은 분리 수거함에 버립니다. 지역마다 쓰레기를 버리는 날짜와 장소가 다르기 때문에 반드시 확인해야 합니다. 쓰레기를 아무 데나 버리면 벌금을 내야 할 수도 있습니다. 그래서 한국에 처음 온 외국인들은 쓰레기를 버리는 방법을 미리 알아두는 것이 좋습니다.

① 자주 사용하는
② 깨끗하게 세탁한
③ 재활용이 가능한
④ 오래 쓸 수 있는

유형 ▶ 문맥에 맞는 응용 표현
문제 풀이 TIP ▶
- 자주 사용하다: 같은 물건을 높은 빈도로 여러 번 쓰다
- 깨끗하게 세탁하다: 때나 찌꺼기가 없게 말끔히 빨래하다
- 재활용이 가능하다: 용도를 바꾸거나 가공하여 다시 쓸 수 있다
- 오래 쓸 수 있다: 긴 시간 사용할 수 있다

읽고 이해하기

유형 ▶ 문맥에 맞는 지시어와 명사

문제 풀이 TIP ▶
- 서점 → 책 구매
- 학교 → 교육
- 도서관 → 독서
- 박물관 → 관람

[33~34] 다음을 읽고 질문에 답하시오.

33 ㉠이 가리키는 것은?

> 저는 요즘 우리 동네에 있는 박물관 옆의 도서관에 자주 갑니다. ㉠그곳은 조용하고 시설이 깨끗해서 공부하기 좋습니다. 도서관에는 서점보다 책이 많고, 컴퓨터와 프린터도 있어서 필요한 자료를 쉽게 찾을 수 있습니다. 책은 한 번에 다섯 권까지 2주 동안 빌릴 수 있습니다. 도서관 이용 시간은 오전 9시부터 오후 9시까지입니다. 저는 일주일에 서너 번 정도 도서관에 가서 공부를 하거나 학교에서 볼 책을 빌립니다.

① 서점 ② 학교
③ 도서관 ④ 박물관

유형 ▶ 맞는 내용 고르기

34 위 글의 내용과 같은 것은?

① 도서관에서 책을 빌릴 수 없습니다.
② 도서관은 오후 아홉 시까지 운영합니다.
③ 도서관에서는 컴퓨터를 사용할 수 없습니다.
④ 저는 일주일에 다섯 번 정도 도서관을 이용합니다.

[35~36] 다음을 읽고 질문에 답하시오.

35 아래 글의 내용과 같은 것은?

> 저는 지난 주말에 전통시장에 갔습니다. 한국 전통시장은 처음이었는데 생각보다 재미있고 신기한 것들이 많았습니다. 과일, 채소, 생선뿐만 아니라 옷과 신발도 팔고 있었습니다. 저는 떡볶이와 어묵을 사 먹었는데 정말 맛있었습니다. 시장 상인들이 친절하게 말을 걸어 주셔서 기분이 좋았습니다. 한국어로 가격을 물어보고 다양한 물건을 샀습니다. 처음에는 조금 긴장했지만 시장에서 한국어를 쓰면서 한국어로 대화하기에 점점 자신감이 생겼습니다. 다음에는 우리 반 친구들과 함께 전통시장에 가서 더 많은 음식을 먹어 보고 싶습니다.

① 전통시장에서 친구를 기다렸습니다.
② 전통시장에서 일한 경험이 있습니다.
③ 전통시장에서 음식을 사 먹었습니다.
④ 전통시장에 갔지만 아무것도 사지 않았습니다.

유형 ▶ 맞는 내용 고르기

36 아래 글의 내용과 같은 것은?

> 저는 요즘 출근하기 전에 집 근처 공원에서 산책을 합니다. 아침에 공원을 걸으면 하루 종일 기분이 좋아집니다. 지금 한국의 계절은 봄이라서 날씨가 따뜻하고 꽃도 많이 피어서 산책하기에 좋습니다. 공원에는 운동하는 사람도 많고, 반려견과 함께 산책하는 사람도 자주 볼 수 있습니다. 저는 가끔 벤치에 앉아서 커피를 마시기도 합니다. 짧은 시간이지만 마음이 편안해집니다. 앞으로도 한국에서 이렇게 여유롭고 즐거운 시간을 보내고 싶습니다.

① 요즘 한국의 날씨가 좋아서 산책하기에 좋다.
② 가끔 벤치에 앉아서 음악을 들으면 마음이 편해진다.
③ 아침에 공원에서 산책을 하는 날은 회사에 가지 않는다.
④ 저녁에는 공원에 산책하는 사람이 없어서 공원이 조용하다.

유형 ▶ 맞는 내용 고르기

[37~38] 다음을 읽고 질문에 답하시오.

37 아래 글의 중심 내용으로 알맞은 것은?

> 한국의 대중교통은 정해진 운행 시간에 따라 운행되고 요금이 저렴해서 이용하기에 편리하다. 하지만 많은 사람이 대중교통을 이용하는 만큼 지켜야 할 예절도 많다. 지하철이나 버스 안에서 큰소리로 통화하거나 음악을 크게 듣는 행동은 예의에 어긋난다. 한국 사람들은 어른을 공경하고 배려를 미덕으로 생각하기 때문에 노인이나 몸이 불편한 사람을 위해서 노약자석을 비워 두거나 일반인 좌석을 양보한다. 또한 임산부 배려석은 언제든지 임산부가 앉을 수 있도록 늘 비워둔다. 한국의 이런 문화는 모두가 불편하지 않게 대중교통을 이용하기 위해 꼭 필요하다고 할 수 있다.

① 노약자석은 누구나 자유롭게 앉을 수 있다.
② 지하철은 정해진 시간에 오지 않는 경우도 있다.
③ 많은 사람이 이용하기 때문에 배려와 예절이 중요하다.
④ 대중교통을 이용할 때는 절대 전화 통화를 하면 안 된다.

유형 ▶ 중심 내용 고르기
문제 풀이 TIP ▶
• 키워드: 대중교통, 예절, 노약자석/배려석, 배려/양보

38 아래 글의 제목으로 알맞은 것은?

> 한국에서는 나이에 따라 말하는 방식이 달라진다. 처음 만난 사람과 대화를 시작할 때는 나이를 묻는 경우가 많다. 나이를 알면 서로 어떤 높임말을 써야 할지 정할 수 있기 때문이다. 특히 상대방이 자신보다 나이가 많으면 존댓말을 사용하고 예의를 갖추는 것이 일반적이다. 물론 나이가 어리다고 바로 반말을 쓰지는 않으므로 주의해야 한다. 이러한 한국의 존댓말 문화는 상대방을 존중하는 마음을 표현하는 방법이기도 하다. 그래서 한국어를 배울 때는 언어뿐만 아니라 나이나 관계에 따라 달라지는 표현도 함께 익히는 것이 중요하다.

① 한국어를 빨리 배우는 방법
② 상대방의 나이를 알면 좋은 점
③ 처음 만난 사람과 친해지는 방법
④ 나이에 따라 달라지는 한국의 언어문화

유형 ▶ 제목 찾기
문제 풀이 TIP ▶
• 키워드: 나이, 존댓말, 말하는 방식, 문화

한국 문화

[39~40] 다음 질문에 답하시오.

39 다음 글에서 ㉠과 ㉡에 들어갈 숫자로 알맞은 것은?

> 대한민국의 대통령 임기는 (㉠)년이고, 국회의원 임기는 (㉡)년이다.

① ㉠ 4 – ㉡ 4
② ㉠ 4 – ㉡ 5
③ ㉠ 5 – ㉡ 4
④ ㉠ 5 – ㉡ 5

유형 ▶ 법과 제도
문제 풀이 TIP ▶
- 대통령 임기: 5년
- 국회의원 임기: 4년

40 한국의 공공기관과 주요 업무의 연결이 맞지 <u>않는</u> 것은?

① 보건소 – 세금 납부
② 소방서 – 인명 구조
③ 우체국 – 편지 및 소포 배달
④ 행정복지센터 – 민원 서류 발급

유형 ▶ 법과 제도
문제 풀이 TIP ▶
- 보건소 → 공공 의료 기관
- 소방서 → 화재 진압, 구조·구급 활동 기관
- 우체국 → 우편물 접수·배송 기관
- 행정복지센터 → 지역 민원 처리 기관

[41~44] 다음 질문에 답하시오.

41 한국의 명절인 설날에 먹는 대표적인 음식은?

① 떡국
② 잡채
③ 불고기
④ 비빔밥

유형 ▶ 전통
문제 풀이 TIP ▶
- 설날의 대표 음식: 떡국
- 한국의 전통 음식: 잡채, 불고기, 비빔밥

42 1950년에 일어난 한국전쟁은?

① 병자호란
② 청일전쟁
③ 6·25 전쟁
④ 동학농민운동

유형 ▶ 역사
문제 풀이 TIP ▶
- 병자호란: 1636년
- 청일전쟁: 1894년
- 6·25 전쟁: 1950년
- 동학농민운동: 1894년

유형 ▶ 역사

문제 풀이 TIP ▶
- 유네스코 등재 세계문화유산
  - 종묘
  - 창덕궁
  - 수원 화성
  - 석굴암, 불국사
  - 해인사 장경판전

43 유네스코(UNESCO)에 세계문화유산으로 등재된 한국의 유산은?
① 경복궁
② 불국사
③ 청계천
④ N서울타워

유형 ▶ 전통

문제 풀이 TIP ▶
- 한국의 대표적인 명절
  - 단오
  - 설날
  - 추석
  - 칠석
  - 섣달그믐

44 한국의 대표적인 명절이 아닌 것은?
① 단오
② 설날
③ 추석
④ 한글날

[45~46] 다음 질문에 답하시오.

45 한국의 집들이 문화에 대한 설명으로 맞지 않는 것은?
① 새로 이사한 사람이 가까운 사람을 초대한다.
② 초대된 손님들은 보통 집들이 선물을 준비한다.
③ 집들이는 이사 오기 전에 하는 것이 일반적이다.
④ 집에서 함께 음식을 먹으며 집을 구경하기도 한다.

유형 ▶ 사회문화

문제 풀이 TIP ▶
- 집들이의 특징
  - 이사한 사람이 가까운 사람을 초대
  - 손님은 집들이 선물을 준비
  - 함께 음식을 먹고 새 집을 구경

유형 ▶ 정치와 경제

문제 풀이 TIP ▶
- 한국 선거의 특징
  - 국민이 직접 선출
  - 정해진 투표소에 가서 투표
  - 18세 이상 국민 누구나 투표 가능

46 한국의 선거에 대한 설명으로 맞지 않는 것은?
① 국회의원과 시장은 국민이 직접 뽑는다.
② 정해진 투표소에 가서 투표를 해야 한다.
③ 투표용지에 지지하는 후보의 이름을 적는다.
④ 18세 이상 국민은 누구나 투표할 수 있다.

[47~48] 다음 질문에 답하시오.

47 아래 글의 내용과 같은 것은?

> 한국 사람들은 옛날부터 지금까지 집 주변의 환경을 중요하게 생각하였다. 집의 위치와 방향, 주변 환경 등이 그 집에 사는 사람의 행복을 결정한다고 믿어왔기 때문이다. 집 앞에 물이 흐르고 집 뒤에 산이 있으면 명당이라고 말한다. 또한, 한국의 겨울은 길고 춥기 때문에 생활의 편의를 위하여 집의 방향과 대문을 해가 잘 드는 남쪽을 향해 있도록 하였다. 이러한 전통은 현재까지도 이어져 남향집이 여전히 인기가 있다. 그러나 최근에는 '명당'의 조건에 새로운 것들이 추가되었다. 바로 학군과 교통이다. 요즘에는 집 주변에 학교가 있고 지하철역이나 간선도로가 가까워서 교통이 편리한 곳을 선호한다.

① 예전에는 교통이 좋은 곳이 명당이라고 여겼다.
② 한국에서는 전통적으로 북쪽 방향의 집이 가장 인기가 많다.
③ 요즘은 집 주변에 공원이나 산이 있는 것이 좋다고 생각한다.
④ 한국 사람들은 집의 위치가 가족의 행복에 영향을 준다고 생각한다.

유형 ▶ 한국문화 읽고 이해하기
문제 풀이 TIP ▶
• 키워드: 주거 문화, 명당, 남향, 학군, 교통

유형 ▶ 한국문화 읽고 이해하기

문제 풀이 TIP ▶

• 키워드: 스마트폰, 중독, 소통 단절, 개인 정보 유출

48 아래 글의 주제로 알맞은 것은?

> 요즘에는 대부분의 사람들이 스마트폰을 가지고 있다. 스마트폰이 보편화되면서 많은 일들을 쉽고 빠르게 해결할 수 있게 되었지만 스마트폰 때문에 생기는 문제점도 많다. 사람들과 직접 만나 소통하는 일이 줄어들고 스마트폰에 중독되는 사람들이 늘어나고 있다. 특히 어린이나 청소년들의 스마트폰 중독 문제는 심각하다. 또한 해킹으로 개인 정보나 사생활이 유출되는 사건도 발생하여 사회적으로 문제가 되고 있다. 이러한 문제를 해결하기 위해 스마트폰 사용 시간을 제한하거나 적절한 사용법 교육이 필요하다는 우려의 목소리가 커지고 있다. '과유불급(過猶不及)'이라는 말처럼 어떤 일의 정도가 지나친 것은 모자란 것보다 좋지 않다. 스마트폰에 지나치게 의존하지 않고 현명하게 사용하는 것이 중요할 것이다.

① 인간관계에서 소통 방식의 변화
② 스마트폰 사용 문제를 해결하는 방법
③ 스마트폰 사용의 문제점과 올바른 사용
④ 디지털 시대에 필요한 기술 교육의 중요성

한국어 활용(주관식)

[49~50] 다음을 읽고 ( )에 알맞은 것을 쓰시오.

49
가: 저기요. 이 음식이 맵지 않다고 했는데 너무 매운 것 같아요.
나: 아, 그러세요? 죄송합니다. 새로 (   ) 드리겠습니다.
가: 네. 고맙습니다. 이번에는 맵지 않게 부탁드려요.

유형 ▶ 문맥에 맞는 연결표현 활용
문제 풀이 TIP ▶
• 제공 → -어 주다/-어 드리다(높임)

50
가: 요즘 회사에 일이 너무 많고 야근도 자주 해서 몸도 마음도 힘드네요. 퇴근하고도 일 생각이 나서 푹 쉬지도 못해요.
나: 그럴 때는 산책을 하거나 좋아하는 음악을 들으면서 (   )?/.
가: 네. 그렇게라도 하면 마음이 편해질 것 같아요.

유형 ▶ 문맥에 맞는 종결표현 활용
문제 풀이 TIP ▶
• 제안 → -는 게 어때요?
• 권유 → -세요.

구술 시험

※ 구술감독관의 지시에 따라 다음 글을 소리 내어 읽으신 후 질문에 답하여 주시기 바랍니다.
※ 실제 구술시험에서는 질문 내용을 제외한 지문만 수험생에게 제공되오니 유의하시기 바랍니다.

> 암이나 고혈압, 당뇨병 등은 현대인에게 흔히 나타나는 질병으로 생활습관병이라고도 불린다. 이는 병의 직접적인 원인이 명확하게 밝혀지지는 않았지만 잘못된 생활습관과 관련이 있기 때문이다. 예를 들면 암은 흡연, 음주, 스트레스 등이 영향을 주는 것으로 알려져 있다. 고혈압이나 당뇨병은 기름진 음식이나 인스턴트 식품의 과도한 섭취 등과 관계가 있다. 전문가들은 적절한 치료를 받는 동시에 생활 습관을 개선할 것을 권장하고 있다. 즉, 균형 잡힌 식사와 규칙적인 운동을 해야 한다는 것이다.

01 위의 글을 소리 내어 읽어보세요.

02 암이나 고혈압, 당뇨병을 어떤 병이라고 하나요?

03 건강을 지키기 위해 어떤 노력을 하고 있는지 이야기해 보세요.

04 한국의 교육 제도에 대해 이야기해 보세요.

05 저출산을 해결하기 위해 한국 정부에서 시행하고 있는 정책에 대해 이야기해 보세요.

사회통합프로그램 사전평가 실전 모의고사
제3회

제3회 해설강의
바로가기

사회통합프로그램 사전평가 실전 모의고사

제3회

정답 및 해설 p.26

한국어 기초

[01~02] 다음 질문에 답하시오.

유형 ▶ 그림에 맞는 명사

문제 풀이 TIP ▶
• 표지판의 종류와 의미

▲허용(파랑 바탕+흰 테두리)

▲주의(노랑 바탕+빨강 테두리)

▲금지(흰/파랑 바탕+빨강 테두리)

01 표지판이 어떤 의미예요?

① 음식을 먹지 마세요.
② 사진을 찍지 마세요.
③ 전화를 하지 마세요.
④ 담배를 피우지 마세요.

유형 ▶ 상황에 맞는 조사

문제 풀이 TIP ▶
• (으)로 → 수단/도구
• 까지 → 범위의 끝
• 에서 → 장소/출발점
• 에게 → 행동의 대상

02 다음 (   )에 들어갈 알맞은 것은?

스마트폰(   ) 음악을 들어요.

① 으로　　② 까지　　③ 에서　　④ 에게

한국어 활용 기본

[03~04] 다음 〈보기〉를 참고하여 밑줄 친 부분과 의미가 반대인 것을 고르시오.

---보기---

가: 방에 책상이 있어요?
나: 아니요. (　　　).

❶ 없어요　　② 많아요　　③ 적어요　　④ 좋아요

---

03 가: 창문을 열었어요?
　　 나: 아니요. 날씨가 추워서 창문을 (　　　) 놓았어요.

　　① 타　　② 사　　③ 입어　　④ 닫아

유형 ▶ 동사의 반대 의미
문제 풀이 TIP ▶
- 타다: 탈것이나 짐승의 등에 몸을 얹다
- 사다: 값을 치르고 어떤 물건이나 권리를 자기 것으로 만들다
- 입다: 옷을 몸에 꿰거나 두르다
- 닫다: 열린 문짝 등을 도로 제자리로 가게 하여 막다

04 가: 시험이 어려웠어요?
　　 나: 아니요. (　　　).

　　① 많았어요　② 쉬웠어요　③ 필요했어요　④ 즐거웠어요

유형 ▶ 형용사의 반대 의미
문제 풀이 TIP ▶
- 많다: 수효나 분량, 정도 등이 일정한 기준 이상이다
- 쉽다: 하기가 까다롭거나 힘들지 않다
- 필요하다: 반드시 요구되는 바가 있다
- 즐겁다: 마음에 거슬림이 없이 흐뭇하고 기쁘다

[05~06] 다음 (　　)에 알맞은 것을 고르시오.

05 이사를 하면 주민센터에서 주소 (　　　) 신고를 해야 해요.

　　① 변경　　② 가입　　③ 분실　　④ 정리

유형 ▶ 문맥에 맞는 명사
문제 풀이 TIP ▶
- 변경: 다르게 바꾸어 새롭게 고침
- 가입: 조직이나 단체 등에 들어가거나, 서비스를 제공하는 상품 등을 신청함
- 분실: 모르는 사이에 물건 등을 잃어버림
- 정리: 흐트러지거나 혼란스러운 상태에 있는 것을 한데 모으거나 치워서 질서 있는 상태가 되게 함

06 운동을 (　　　) 해야 건강하게 살 수 있어요.

　　① 특히　　② 바로　　③ 꾸준히　　④ 골고루

유형 ▶ 문맥에 맞는 부사
문제 풀이 TIP ▶
- 특히: 보통과 다르게
- 바로: 시간적인 간격을 두지 않고 곧
- 꾸준히: 한결같이 부지런하고 끈기가 있는 태도로
- 골고루: 여럿이 차이가 없이 엇비슷하거나 같게

유형 ▶ 동사의 반대 의미

문제 풀이 TIP ▶
- 선택하다: 여럿 가운데서 필요한 것을 골라 뽑다
- 확인하다: 틀림없이 그러한가를 알아보거나 인정하다
- 알아보다: 조사하거나 살펴보다
- 기억하다: 이전의 인상, 경험을 의식 속에 간직하거나 도로 생각해 내다

유형 ▶ 형용사의 반대 의미

문제 풀이 TIP ▶
- 불편하다: 어떤 것을 사용하거나 이용하는 것이 거북하거나 괴롭다
- 한적하다: 한가하고 고요하다
- 부족하다: 필요한 양이나 기준에 미치지 못해 충분하지 않다
- 유명하다: 이름이 널리 알려져 있다

유형 ▶ 문맥에 맞는 명사

문제 풀이 TIP ▶
- 문제: 해결하기 어렵거나 난처한 대상
- 경제: 인간의 생활에 필요한 재화나 용역을 생산·분배·소비하는 모든 활동
- 소비: 돈이나 물자, 시간, 노력 등을 들이거나 써서 없앰
- 물가: 상품이나 서비스의 가치를 종합적이고 평균적으로 본 개념

유형 ▶ 문맥에 맞는 동사

문제 풀이 TIP ▶
- 보존하다: 잘 보호하고 간수하여 남기다
- 개발하다: 토지나 천연자원 등을 유용하게 만들다
- 창조하다: 전에 없던 것을 처음으로 만들다
- 지정하다: 가리키어 확실하게 정하다

[07~08] 다음 밑줄 친 부분과 의미가 <u>반대</u>인 것을 고르시오.

07 가: 다음 주 모임을 <u>잊지</u> 말고 꼭 오세요.
　　나: 네. (　　　) 있어요. 꼭 갈게요.

① 선택하고　　　　② 확인하고
③ 알아보고　　　　④ 기억하고

08 가: 지금 살고 있는 곳은 교통이 <u>편리한가요</u>?
　　나: 지하철역이 멀어서 교통이 (　　　) 다닐 만해요.

① 불편하지만　　　② 한적하지만
③ 부족하지만　　　④ 유명하지만

[09~10] 다음 (　)에 알맞은 것을 고르시오.

09 광고는 제품의 좋은 점을 알려 (　　　)를 증가시킨다.

① 문제　　　　　　② 경제
③ 소비　　　　　　④ 물가

10 전주는 급변하는 시대에도 한국의 전통을 잘 (　　　) 있는 지역이다.

① 보존하고　　　　② 개발하고
③ 창조하고　　　　④ 지정하고

[11~12] 다음 ( )에 알맞은 것을 고르시오.

11 이번에 이직한 곳은 출퇴근 시간이 (　　　).

① 원만해요　　　　　② 자유로워요
③ 부정확해요　　　　④ 합리적이에요

유형 ▶ 문맥에 맞는 형용사
문제 풀이 TIP ▶
• 원만하다: 일의 진행이 순조롭다
• 자유롭다: 구속이나 속박 등이 없이 제 마음대로 할 수 있다
• 부정확하다: 바르지 아니하거나 확실하지 아니하다
• 합리적이다: 논리적 원리나 법칙에 잘 부합하다

12 마음이 힘들 때는 혼자서 고민하기보다 (　　　)을 받아 보는 것이 좋다.

① 상담　　　　　② 공감
③ 소통　　　　　④ 적응

유형 ▶ 문맥에 맞는 명사
문제 풀이 TIP ▶
• 상담: 문제를 해결하거나 궁금증을 풀기 위하여 서로 의논하거나 묻고 답함
• 공감: 남의 감정, 의견, 주장 등에 대하여 자기도 그렇다고 느낌
• 소통: 뜻이 서로 통하여 오해가 없음
• 적응: 일정한 조건이나 환경 등에 맞추어 응하거나 알맞게 됨

[13~14] 다음 〈보기〉를 참고하여 밑줄 친 부분과 의미가 비슷한 것을 고르시오.

보기
가: 와! 단풍이 <u>예쁘네요</u>. 나: 네. 가을이어서 경치가 정말 (　　). ① 나빠요　② 어두워요　③ 비슷해요　❹ 아름다워요

13 가: 이 서류를 <u>내면</u> 되나요?
　　나: 네. 필요한 내용을 작성한 후에 (　　　) 주세요.

① 활용해　　　　　② 제출해
③ 추천해　　　　　④ 해결해

유형 ▶ 동사의 비슷한 의미
문제 풀이 TIP ▶
• 활용하다: 도구나 물건 등을 충분히 잘 이용하다
• 제출하다: 문안이나 의견, 법안 등을 내다
• 추천하다: 어떤 조건에 적합한 대상을 책임지고 소개하다
• 해결하다: 제기된 문제를 해명하거나 얽힌 일을 잘 처리하다

14 가: 저 사람은 주변 사람들에게 <u>심한</u> 말을 많이 하는 것 같아요.
　　나: 아무리 친한 사이라도 (　　　) 말을 하지 않도록 조심해야 하는데요.

① 두려운　　　　　② 솔직한
③ 어색한　　　　　④ 지나친

유형 ▶ 형용사의 비슷한 의미
문제 풀이 TIP ▶
• 두렵다: 어떤 대상을 무서워하여 마음이 불안하다
• 솔직하다: 거짓이나 숨김 없이 바르고 곧다
• 어색하다: 잘 모르거나 아니면 별로 만나고 싶지 않았던 사람과 마주 대하여 자연스럽지 못하다
• 지나치다: 일정한 한도를 넘어 정도가 심하다

한국어 활용 응용

[15~18] 다음 ( )에 알맞은 것을 고르시오.

유형 ▶ 동사 '먹다'의 종결표현 활용
문제 풀이 TIP ▶
- –지 마세요 → 금지
- –(으)ㄹ 거예요 → 미래+추측
- –고 싶어요 → 소망
- –(으)러 가요 → 이동의 목적

15 가: 도서관 안에서 음식을 ( ).
　　나: 아, 죄송합니다. 밖에 나가서 먹을게요.

① 먹지 마세요　　　② 먹을 거예요
③ 먹고 싶어요　　　④ 먹으러 가요

유형 ▶ 형용사 '좋다'의 연결표현 활용
문제 풀이 TIP ▶
- –고 → 연결
- –어서 → 이유/원인
- –지만 → 반대/부분 인정
- –니까 → 원인/근거

16 가: 오늘 뭐 할까요?
　　나: 날씨가 ( ) 같이 산책을 합시다.

① 좋고　　　　　② 좋아서
③ 좋지만　　　　④ 좋으니까

유형 ▶ 동사 '쉬다'의 연결표현 활용
문제 풀이 TIP ▶
- –러 → 목적
- –(으)면 → 가정
- –려고 → 목적/의도
- –면서 → 동시 동작

17 가: 쉬는 날에 뭐 할 거예요?
　　나: 집에서 푹 ( ) 좋겠어요.

① 쉬러　　　　　② 쉬면
③ 쉬려고　　　　④ 쉬면서

54 | 사전평가 실전 모의고사

18 가: 어제 전화를 왜 안 받았어요?
나: 안 받은 것이 아니라 (　　　) 전화를 못 받았어요.

① 회의하려고　　　　② 회의하면서
③ 회의했더니　　　　④ 회의하느라고

유형 ▶ 동사 '회의하다'의 연결표현 활용
문제 풀이 TIP ▶
• -려고 → 목적/의도
• -면서 → 동시 동작
• -었더니 → 과거+원인/앞뒤 상황 연결
• -느라고 → 목적/원인

[19~20] 다음 (　　)에 알맞은 것을 고르시오.

19 가: 날씨가 어때요?
나: 구름이 많이 끼어서 곧 비가 (　　　).

① 왔어요　　　　② 오나 봐요
③ 올 것 같아요　　　　④ 오는 편이에요

유형 ▶ 동사 '오다'의 종결표현 활용
문제 풀이 TIP ▶
• -었어요 → 과거+사실
• -나 봐요 → 현재+추측
• -(으)ㄹ 것 같아요 → 미래+추측
• -는 편이에요 → 평가

20 가: 영수 씨, 잠깐 저와 이야기 좀 (　　　)?
나: 네. 지금 시간 괜찮아요. 이야기하세요.

① 해야 돼요　　　　② 하고 있어요
③ 하기로 했어요　　　　④ 할 수 있어요

유형 ▶ 동사 '이야기하다'의 종결표현 활용
문제 풀이 TIP ▶
• -해야 돼요 → 의무
• -고 있어요 → 시작된 상태 지속
• -기로 했어요 → 과거+결정
• -(으)ㄹ 수 있어요 → 미래+가능성

유형 ▶ 동사 '되다'의 종결표현 활용
문제 풀이 TIP ▶
• –(으)ㄹ 만해요 → 가능/가치
• –어 가요 → 진행
• –어 있어요 → 종료된 상태 지속
• –다고 해요 → 간접인용

[21~22] 다음 (   )에 알맞은 것을 고르시오.

21 가: 이 회사에서 일한 지 오래 되셨어요?
　　나: 이제 거의 3년이 (　　　).

① 될 만해요　　　　　　② 되어 가요
③ 되어 있어요　　　　　④ 된다고 해요

유형 ▶ 동사 '읽다'의 연결표현 활용
문제 풀이 TIP ▶
• –다가 → 상황 전환
• –어도 → 반대
• –ㄴ 데다가 → 원인 나열
• –어 가지고 → 결과

22 가: 어제 책을 다 읽었어요?
　　나: 아니요. 책을 (　　　) 졸려서 다 못 보고 잤어요.

① 읽다가　　　　　　　② 읽어도
③ 읽는 데다가　　　　　④ 읽어 가지고

유형 ▶ 문맥에 맞는 연결표현
문제 풀이 TIP ▶
• –어도 → 반대
• –ㄴ 데다가 → 원인 나열
• –자마자 → 곧 연결되는 동작
• –어야 → 조건

[23~24] 다음 밑줄 친 부분이 틀린 것을 고르시오.

23 ① 내일 비가 와도 여행을 갈 거예요.
　　② 이 집은 넓은 데다가 빛이 잘 안 들어요.
　　③ 배가 고파서 집에 오자마자 밥을 먹었어요.
　　④ 수업을 잘 들어야 시험을 잘 볼 수 있어요.

24 ① 약속 장소에 6시까지만 가면 돼요.
② 혼자 살면서 요리를 잘하게 되었어요.
③ 일기예보를 보니까 내일 맑으라고 했어요.
④ 하루에 세 번 아이에게 이 약을 꼭 먹이세요.

유형 ▶ 문맥에 맞는 종결표현
문제 풀이 TIP ▶
• -(으)면 돼요 → 조건
• -게 되었어요 → 과거+결과
• -(으)라고 했어요 → 과거+명령
• -(으)세요 → 요청/명령

[25~26] 다음 (   )에 알맞은 것을 고르시오.

25 가: 요즘 바빠요? 좀 피곤해 보여요.
나: 네. 잠잘 시간도 (   ) 일이 많아요.

① 부족할수록   ② 부족하든지
③ 부족할 정도로   ④ 부족한 나머지

유형 ▶ 형용사 '부족하다'의 연결표현 활용
문제 풀이 TIP ▶
• -(으)ㄹ수록 → 정도가 심해짐
• -든지 → 관계없음
• -ㄹ 정도로 → 앞뒤가 비슷한 정도
• -(으)ㄴ 나머지 → 결과

26 가: 두 사람은 왜 서로 인사도 안 해요? 싸웠어요?
나: 네. 저한테 자꾸 기분 나쁜 농담을 해서 제가 결국 화를 (   ).

① 내고 말았어요   ② 낼지도 몰라요
③ 내는 법이에요   ④ 낸 줄 알았어요

유형 ▶ 동사 '내다'의 종결표현 활용
문제 풀이 TIP ▶
• -고 말았어요 → 과거+결국 일어난 일
• -(으)ㄹ지도 몰라요 → 추측
• -는 법이에요 → 당연함
• -(으)ㄴ 줄 알았어요 → 과거+아는 사실 언급

| 유형 ▶ 문맥에 맞는 종결표현
문제 풀이 TIP ▶
- –기 마련이에요 → 당연히 그럴 것이라는 확신
- –(으)ㄴ 줄 알았어요 → 과거+아는 사실 언급
- –(으)ㄴ가 봐요 → 추측
- –(으)ㄴ 척했어요 → 과거+거짓으로 꾸밈

[27~28] 다음 밑줄 친 부분이 틀린 것을 고르시오.

27
① 마음이 아프면 몸도 아프기 마련이에요.
② 식당에 손님이 없어서 맛집인 줄 알았어요.
③ 아이가 늦게까지 자는 걸 보니 피곤한가 봐요.
④ 모임에 나가기 싫어서 시간이 많은데 바쁜 척했어요.

유형 ▶ 문맥에 맞는 연결표현
문제 풀이 TIP ▶
- –로 인해 → 원인
- –(으)ㄴ 나머지 → 결과
- –었더니 → 과거+원인/앞뒤 상황 연결
- –다시피 → 이미 알고 있는 사실

28
① 음주운전으로 인해 사고가 발생했습니다.
② 스트레스를 너무 많이 받은 나머지 병이 났나 봐요.
③ 친구가 열심히 공부했더니 장학금을 받는다고 해요.
④ 여러분도 잘 아시다시피 환경 문제가 심각한 수준입니다.

한국어 활용+읽기

[29~30] 다음을 읽고 ㉠에 알맞은 것을 고르시오.

유형 ▶ 문맥에 맞는 종결표현
문제 풀이 TIP ▶
- 가지고 오다: 무엇을 한 지점에서 다른 지점으로 옮겨 오다
- 만들고 오다: 어떤 것을 제작한 다음 돌아오다
- 올려 두다: 물체를 높은 곳으로 이동시킨 후 그대로 두다
- 넣어 두다: 물체를 안으로 이동시킨 후 그대로 두다

29
얼마 전부터 도예 수업을 듣고 있습니다. 처음에는 손으로 흙을 만지는 것이 낯설게 느껴졌습니다. 그런데 몇 번 해 보니 도예에 점점 흥미가 생겼습니다. 지난주에는 제가 처음으로 만든 컵을 집에 (㉠). 직접 만들어서 그런지 집에서 컵을 쓸 때마다 더욱 정이 갔습니다. 다음 도예 수업에는 접시를 만들어 보고 싶습니다.

① 가지고 왔습니다
② 만들고 왔습니다
③ 올려 두었습니다
④ 넣어 두었습니다

30

　　지난 주말에는 고향에 사는 가족이 한국에 놀러 왔다. 나는 아침 일찍 인천공항으로 마중을 나갔다. 오랜만에 가족과 (㉠) 매우 기뻤다. 우리 가족은 공항철도를 타고 서울역까지 이동했다. 그리고 지하철로 환승을 해서 명동에서 쇼핑도 하고, 한국의 전통 음식도 먹었다. 가족은 한국 음식이 처음이었지만 모두 맛이 좋다고 했다. 그래서 나도 기분이 좋았다.

① 나가서
② 만나서
③ 찾아서
④ 들어와서

유형 ▶ 문맥에 맞는 연결표현

문제 풀이 TIP ▶
- 나가다: 일정한 지역이나 공간의 범위의 안에서 밖으로 이동하다
- 만나다: 누군가 가거나 와서 둘이 서로 마주 보다
- 찾다: 현재 주변에 없는 것을 얻거나 사람을 만나려고 여기저기를 뒤지거나 살피다
- 들어오다: 일정한 지역이나 공간의 범위의 밖에서 안으로 이동하다

[31~32] 다음을 읽고 ㉠에 알맞은 것을 고르시오.

31

　　요즘에는 하루에 30분 이상 걷는 것을 목표로 열심히 운동을 하고 있습니다. 처음에는 귀찮았지만 매일 같은 시간에 걷다 보니 몸이 훨씬 가벼워졌습니다. 걷기 전에 먼저 간단한 스트레칭으로 (㉠) 운동을 시작합니다. 걷기를 계속 하다보니 체력도 좋아지고 저녁에 잠도 잘 옵니다. 그래서 앞으로도 규칙적으로 걷는 습관을 유지하려고 합니다.

① 몸을 푼 후에
② 땀을 닦은 후에
③ 호흡을 고른 후에
④ 속도를 맞춘 후에

유형 ▶ 문맥에 맞는 응용 표현

문제 풀이 TIP ▶
- 몸을 풀다: 본격적인 운동을 하기 전에 가벼운 운동을 하다
- 땀을 닦다: 피부 위의 땀을 훔치다
- 호흡을 고르다: 숨쉬기를 일정하고 편안하게 조절하다
- 속도를 맞추다: 빠르기를 다른 대상과 같이 일치시키다

32

　　한국의 식당에서는 손님이 직접 물을 가져다 마셔야 하는 경우가 많습니다. 식당에 '물은 셀프'라고 적혀 있으면 물을 스스로 가져와야 합니다. 오늘 점심에 식당에 갔는데 직원이 물을 주지 않았습니다. 그래서 직원에게 물을 가져다 달라고 부탁했더니 손님이 직접 (㉠) 직원이 알려주었습니다. 주변을 보니 다른 손님들도 물을 직접 가져다 마시고 있었습니다. 이제 한국 식당에서 '물은 셀프'라는 안내를 보면 스스로 챙겨야겠다고 생각했습니다.

① 물을 사는 것을
② 영수증을 주는 것을
③ 옆 테이블에 앉는 것을
④ 물을 가져다 마셔야 한다는 것을

유형 ▶ 문맥에 맞는 응용 표현

문제 풀이 TIP ▶
- 물을 사다: 물에 별도의 가격을 내다
- 영수증을 주다: 계산한 내역을 전달하다
- 옆 테이블에 앉다: 특정한 자리를 잡다
- 물을 가져다 마시다: 직접 물을 자리로 가져오다

읽고 이해하기

[33~34] 다음을 읽고 질문에 답하시오.

유형 ▶ 문맥에 맞는 지시어와 명사
문제 풀이 TIP ▶
• 장소: 집, 마트, 시장
• 기타: 생필품

33 ㉠이 가리키는 것은?

> 저는 주말마다 집 근처 마트에 갑니다. ㉠그곳은 집에서 가깝고 물건 종류도 다양해서 자주 이용합니다. 마트에는 과일과 채소부터 생필품까지 필요한 물건이 모두 있습니다. 저는 사야 할 것들을 미리 메모해 두고 마트에 가서 순서대로 찾아가면서 장을 봅니다. 계산할 때는 회원 카드로 포인트도 적립합니다. 요즘 사람들은 마트나 시장보다 인터넷으로 장을 많이 본다고 하지만 저는 마트에 가서 직접 물건을 보고 구매하는 것이 더 좋습니다.

① 집
② 마트
③ 시장
④ 생필품

유형 ▶ 맞는 내용 고르기

34 위 글의 내용과 같은 것은?

① 마트는 집에서 먼 곳에 있습니다.
② 저는 인터넷으로 장을 자주 봅니다.
③ 마트에서는 포인트 적립이 불가합니다.
④ 저는 필요한 것을 메모해서 장을 봅니다.

[35~36] 다음을 읽고 질문에 답하시오.

35 아래 글의 내용과 같은 것은?

> 처음 한국에 왔을 때는 버스를 타는 것이 어렵다고 생각했습니다. 표를 어디에서 사야 하는지도 몰랐고, 버스 노선도 복잡해 보였기 때문입니다. 그런데 친구가 도와줘서 버스를 타 보니 생각보다 쉬웠습니다. 버스에 올라 교통카드를 단말기에 대자 '삑' 소리가 났습니다. 정류장에 도착하기 전에 안내 방송이 나와서 내려야 할 곳을 쉽게 알 수 있었습니다. 그래서 요즘에는 혼자서 버스를 타고 다니는 연습을 하고 있습니다.

① 버스 노선은 단순해서 알기 쉬웠습니다.
② 요즘 친구와 버스 타는 연습을 하고 있습니다.
③ 저는 교통카드를 사용해서 버스를 탔습니다.
④ 안내 방송을 듣고 내릴 곳을 알기가 어려웠습니다.

36 아래 글의 내용과 같은 것은?

> 요즘 저는 시간이 날 때마다 한국 드라마를 자주 봅니다. 처음에는 한국어 공부를 위해 한국 드라마를 보기 시작했지만 점점 재미있어져서 계속 보게 되었습니다. 요즘 보는 드라마는 가족 이야기인데 내용이 아주 따뜻하고 감동적입니다. 드라마 덕분에 한국 문화도 더 잘 알게 되었습니다. 그리고 등장인물들이 쓰는 한국어 표현이 자연스럽고 일상생활에서 바로 쓸 수 있어서 한국어 공부에 도움이 됩니다. 이제는 자막이 없어도 한국어 대사를 꽤 이해할 수 있습니다. 앞으로도 다양한 장르의 한국 드라마를 보면서 한국어를 익히고 싶습니다.

① 드라마보다 예능을 더 자주 본다.
② 자막이 없으면 드라마를 이해하기 어렵다.
③ 드라마의 대사는 일상생활에서 쓸 수 없다.
④ 요즘 가족 이야기가 나오는 드라마를 보고 있다.

[37~38] 다음을 읽고 질문에 답하시오.

유형 ▶ 중심 내용 고르기
문제 풀이 TIP ▶
• 키워드: 한국 식사 예절, 연장자 존중, 수저 사용법, 식사 중 배려

37 아래 글의 중심 내용으로 알맞은 것은?

> 한국에서는 식사할 때 지켜야 할 예절이 있다. 나보다 나이가 많은 사람과 함께 식사할 때는 어른이 먼저 수저를 든 후에 먹는 것이 좋다. 밥을 먹으면서 소리를 내거나 입을 벌리고 씹는 것은 예의에 어긋난다. 또한 숟가락이나 젓가락을 밥에 꽂아 놓는 것도 피해야 한다. 밥그릇이나 국그릇은 손으로 들지 않고 식탁에 놓고 먹어야 한다. 식사 전에는 "잘 먹겠습니다.", 식사 후에는 "잘 먹었습니다."라고 인사하는 것이 예의이다. 이러한 예절들은 함께 식사하는 사람을 배려하기 위한 한국의 식사문화라고 할 수 있다.

① 밥그릇과 국그릇은 들고 먹어야 한다.
② 어른보다 먼저 수저를 들면 안 된다.
③ 밥에 숟가락을 꽂아 놓지 않는 것이 좋다.
④ 식사예절은 배려하는 마음에서 시작된 문화이다.

유형 ▶ 제목 찾기
문제 풀이 TIP ▶
• 키워드: 한국의 계절별 축제, 벚꽃 축제, 체험형 축제, 지역 문화 경험

38 아래 글의 제목으로 알맞은 것은?

> 한국은 계절마다 다양한 축제가 있다. 봄에는 경남 진해의 군항제나 서울 여의도의 벚꽃 축제처럼 꽃을 즐길 수 있는 축제가 전국 여러 도시에서 열린다. 여름에는 충남 보령의 머드 축제처럼 무더위를 날릴 수 있는 시원한 체험형 축제가 많다. 가을에는 전주시 한옥마을에서 열리는 전통문화 축제 외에도 여러 도시에서 전통문화 관련 축제가 열린다. 겨울에는 강원도 화천 지역의 산천어 축제처럼 눈과 얼음을 즐길 수 있는 축제가 많다. 이런 축제들은 계절에 따라 달라지는 한국의 아름다움을 느끼고 지역 문화를 경험할 수 있도록 한다. 그래서 많은 사람들이 매년 계절에 맞는 축제를 찾아간다.

① 한국의 여름 축제 즐기기
② 한국의 먹거리 축제 소개
③ 계절 축제를 안전하게 즐기는 방법
④ 사계절을 느낄 수 있는 한국의 축제

한국 문화

[39~40] 다음 질문에 답하시오.

39 한국의 출산 장려 정책으로 맞지 <u>않는</u> 것은?

① 출산 휴가 ② 다자녀 혜택
③ 양육 수당 지급 ④ 청년 의료비 지원

유형 ▶ 법과 제도
문제 풀이 TIP ▶
• 출산 장려 정책의 종류
– 출산 휴가
– 다자녀 혜택
– 양육 수당 지급

40 한국 국적을 신청할 때 필요한 서류로 맞지 <u>않는</u> 것은?

① 운전면허증 ② 본국 신분증
③ 귀화 허가 신청서 ④ 본국 범죄 경력 증명서

유형 ▶ 법과 제도
문제 풀이 TIP ▶
• 국적 취득 관련 서류
– 본국 신분증
– 귀화 허가 신청서
– 본국 범죄 경력 증명서

[41~44] 다음 질문에 답하시오.

41 한국의 설날에 세배하고 웃어른에게 듣는 말은?

① 떡국 ② 선물
③ 덕담 ④ 세뱃돈

유형 ▶ 전통
문제 풀이 TIP ▶
• 설날의 활동
– 떡국 먹기
– 웃어른께 세배하기
– 덕담을 듣고 세뱃돈 받기

42 한국의 대표적인 여름 보양 음식은?

① 냉면 ② 불고기
③ 삼계탕 ④ 김치찌개

유형 ▶ 전통
문제 풀이 TIP ▶
• 보양 음식: 삼계탕
• 전통 음식: 냉면, 불고기, 김치찌개

| 유형 ▶ 전통
문제 풀이 TIP ▶
• 정월 대보름의 활동
  – 윷놀이
  – 연날리기
  – 부럼 깨기

43 한국의 정월 대보름에 하는 활동이 <u>아닌</u> 것은?

① 성묘
② 윷놀이
③ 연날리기
④ 부럼 깨기

유형 ▶ 전통
문제 풀이 TIP ▶
• 한국의 전통 의상의 종류
  – 상의: 저고리
  – 하의: 치마, 바지
  – 겉옷: 두루마기
  – 기타: 버선(양말)

44 한국의 전통 의상이 <u>아닌</u> 것은?

① 버선
② 저고리
③ 블라우스
④ 두루마기

[45~46] 다음 질문에 답하시오.

유형 ▶ 역사
문제 풀이 TIP ▶
• 조선 왕릉의 특징
  – 총 18개 지역에 42기가 있음
  – 유네스코 세계 문화유산에 지정
  – 제례 의식 등의 전통이 현대까지 이어짐

45 한국의 조선 왕릉에 대한 설명으로 <u>맞지 않는</u> 것은?

① 조선 왕릉은 현재 모두 한국의 수도에 위치해 있다.
② 조선 왕릉은 총 18개 지역에 42기가 분포되어 있다.
③ 조선 왕릉은 유네스코 세계 문화유산으로 지정되어 있다.
④ 조선 왕릉은 제례 의식 등의 전통으로 현재까지 이어지고 있다.

유형 ▶ 법과 제도
문제 풀이 TIP ▶
• 한국 교육 제도의 특징
  – 초등/중학교는 무상 의무 교육
  – 한 학년은 학기 사이 방학을 포함한 두 학기로 이루어짐
  – 검정고시로 졸업 자격 취득 가능

46 한국의 교육 제도에 대한 설명으로 <u>맞지 않는</u> 것은?

① 고등학교는 모두 일반고등학교로 구성되어 있다.
② 초등학교와 중학교는 의무 교육이며 무상으로 제공된다.
③ 한 학년은 두 학기로 나뉘고, 각 학기 사이에 방학이 있다.
④ 검정고시를 통해 정규 학교를 졸업한 것과 같은 자격을 얻을 수 있다.

[47~48] 다음 질문에 답하시오.

47 아래 글의 내용과 같은 것은?

> 한국에서는 전통적으로 해가 하늘을 지나는 길을 기준으로 삼아 1년을 24개의 시기로 나누었는데, 이를 절기라고 한다. 요즘은 7일 단위로 생활하지만 옛날에는 절기를 기준으로 15일을 단위로 살았다. 지금은 모든 절기를 사용하지는 않지만 몇몇 절기는 여전히 계절의 변화를 알려 주는 기준으로 남아 있다. 사람들에게 익숙한 절기로는 '입춘, 춘분, 하지, 추분, 동지' 등이 있다. 입춘은 봄의 시작을 알리는 절기로, '입춘대길'이라는 글씨를 써서 대문에 붙이며 복을 빌었는데, 이는 지금까지도 이어져오는 전통이다. 동지는 1년 중 밤이 가장 긴 날로, 이날에는 팥죽을 먹으며 나쁜 일이 생기지 않기를 바라는 풍습이 있다. 이렇듯 절기는 계절의 흐름을 이해하는 삶의 지혜를 담은 한국의 전통문화 중 하나로 볼 수 있다.

① 동지는 밤이 가장 짧은 절기이다.
② 요즘 달력은 24절기를 기준으로 한다.
③ 입춘에는 '입춘대길'이라는 글을 써서 붙였다.
④ 현대 한국은 절기를 기준으로 15일 단위로 생활한다.

유형 ▶ 한국문화 읽고 이해하기

문제 풀이 TIP ▶

- 키워드: 24절기, 계절의 변화, 입춘, 동지, 한국의 전통문화

유형 ▶ 한국문화 읽고 이해하기
문제 풀이 TIP ▶
• 키워드: 동호회, 동창회, 친목 도모, 정보 공유, 네트워킹

48 아래 글의 주제로 알맞은 것은?

> 한국인들이 사회생활 속에서 친목을 쌓기 위해 참여하는 대표적인 모임으로는 '동호회'와 '동창회'가 있다. 동호회는 등산, 음악, 사진 등 공통된 취미를 가진 사람들이 모여 활동하는 모임이다. 이러한 모임은 주로 학교, 지역, 직장을 중심으로 만들어지며, 최근에는 온라인에서 시작해 오프라인 모임으로 이어지기도 한다. 반면에 동창회는 같은 학교를 졸업한 사람들이 모여 서로 안부를 묻고 관계를 이어가기 위한 모임이다. 송년회나 체육대회 같은 정기적인 모임을 하기도 하고 단체 여행을 함께 가기도 한다. 사람들은 이러한 모임을 통해서 취미 활동을 즐길 수 있을 뿐만 아니라 다양한 정보를 얻어갈 수도 있다. 또한 이를 통해 새로운 사람들과 친해질 기회를 얻는다.

① 한국의 다양한 여행 모임 소개
② 온라인 모임에서 생기는 문제점
③ 직장 생활에서 필요한 취미 활동
④ 친목을 위한 한국의 대표적인 모임 문화

한국어 활용(주관식)

[49~50] 다음을 읽고 ( )에 알맞은 것을 쓰시오.

49
가: 드디어 미용 자격증을 땄다면서요? 축하해요.
나: 고마워요. 미용실을 열고 싶어서 그동안 정말 열심히 했거든요.
가: 영수 씨처럼 그렇게 노력하면 (　　　) 없지요.

유형 ▶ 문맥에 맞는 연결표현 활용
문제 풀이 TIP ▶
• 사실 강조 → -ㄹ 리(가) 있다/없다
• 다른 가능성 없음 → -ㄹ 수밖에 없다

50
가: 라흐만 씨, 면접을 본다고 하더니 잘했어요?
나: 간단한 면접이었는데 너무 긴장해서 (　　　).
가: 괜찮아요. 다음번에 잘하면 되니까 힘내세요.

유형 ▶ 문맥에 맞는 종결표현 활용
문제 풀이 TIP ▶
• 기대한 결과(긍정) → 잘 보다
• 기대한 결과(부정) → 잘 못 보다

구술 시험

※ 구술감독관의 지시에 따라 다음 글을 소리 내어 읽으신 후 질문에 답하여 주시기 바랍니다.
※ 실제 구술시험에서는 질문 내용을 제외한 지문만 수험생에게 제공되오니 유의하시기 바랍니다.

> 한국의 전통적인 집을 한옥이라고 부른다. 한옥은 지붕의 재료에 따라 두 가지로 나뉜다. 짚으로 지붕을 만든 집은 '초가집'이라고 한다. 지붕에 기와를 얹은 집은 '기와집'이라고 한다. 지붕의 재료가 되는 기와는 흙을 구워서 만든다. 기와는 튼튼해서 오랫동안 사용할 수 있다. 보통 초가집에는 서민들이 살았고 기와집에는 양반이나 부자들이 살았다. 지금도 민속촌이나 한옥 마을에 가면 초가집과 기와집을 직접 볼 수 있다.

01 위의 글을 소리 내어 읽어보세요.

02 한국의 전통적인 집 종류에는 어떤 것이 있나요?

03 고향의 전통 집에 대해 이야기해 보세요.

04 환경오염의 종류에는 어떤 것이 있고 환경보호를 위해 어떤 노력을 하고 있는지 이야기해 보세요.

05 고령화 사회의 문제점과 이를 해결하기 위해 어떤 노력을 해야 하는지 이야기해 보세요.

사회통합프로그램
사전평가 실전 모의고사
제4회

제4회 해설강의
바로가기

제4회

정답 및 해설 p.36

한국어 기초

[01~02] 다음 질문에 답하시오.

01 직업이 뭐예요?

① 의사예요.
② 요리사예요.
③ 경찰관이에요.
④ 선생님이에요.

유형 ▶ 그림에 맞는 명사
문제 풀이 TIP ▶
• 의사: 일정한 자격을 가지고 병을 고치는 것을 직업으로 하는 사람
• 요리사: 요리를 전문으로 하는 사람
• 경찰관: 국가 사회의 공공질서와 안녕을 보장하고 국민의 안전과 재산을 보호하는 조직의 사람
• 선생님: 학생을 가르치는 사람

02 다음 ( )에 들어갈 알맞은 것은?

9시부터 12시(　　　) 운동해요.

① 보다　　② 으로　　③ 까지　　④ 에서

유형 ▶ 상황에 맞는 조사
문제 풀이 TIP ▶
• 보다 → 비교
• 으로 → 움직임, 변화의 방향
• 까지 → 범위의 끝
• 에서 → 장소, 출발점

한국어 활용 기본

[03~04] 다음 〈보기〉를 참고하여 밑줄 친 부분과 의미가 반대인 것을 고르시오.

―― 보기 ――
가: 방에 책상이 <u>있어요</u>?
나: 아니요. (   ).

❶ 없어요   ② 많아요   ③ 적어요   ④ 좋아요

03 가: 지금 버스를 <u>타고</u> 있어요?
   나: 아니요. 벌써 (   ).

   ① 잡았어요   ② 내렸어요   ③ 이용했어요   ④ 기다렸어요

유형 ▶ 동사의 반대 의미
문제 풀이 TIP ▶
• 잡다: 손으로 움키고 놓지 않다
• 내리다: 탈것에서 밖이나 땅으로 옮아가다
• 이용하다: 대상을 필요에 따라 이롭게 쓰다
• 기다리다: 어떤 사람이나 때가 오기를 바라다

04 가: 냉장고의 얼음이 <u>얼었어요</u>?
   나: 아니요. 더워서 그런지 다 (   ).

   ① 굳었어요   ② 녹았어요   ③ 변했어요   ④ 식었어요

유형 ▶ 동사의 반대 의미
문제 풀이 TIP ▶
• 굳다: 무른 물질이 단단하게 되다
• 녹다: 매우 차가운 것이 열을 받아 액체가 되다
• 변하다: 무엇이 다른 것이 되거나 다른 성질로 달라지다
• 식다: 더운 기가 없어지다

[05~06] 다음 (   )에 알맞은 것을 고르시오.

05 행사의 (   ) 방법과 일정은 안내 메일을 통해 확인하시기 바랍니다.

   ① 선택   ② 참여   ③ 평가   ④ 확인

유형 ▶ 문맥에 맞는 명사
문제 풀이 TIP ▶
• 선택: 여럿 가운데서 필요한 것을 골라 뽑음
• 참여: 어떤 일에 끼어들어 관계함
• 평가: 어떤 대상의 가치나 수준 등을 헤아려 정함
• 확인: 틀림없이 그러한가를 알아보거나 인정함

06 주말에는 표가 없을 것 같아서 (   ) 표를 사 놓았어요.

   ① 혹시   ② 특히   ③ 미리   ④ 거의

유형 ▶ 문맥에 맞는 부사
문제 풀이 TIP ▶
• 혹시: 그러할 리는 없지만 만일에
• 특히: 보통과 다르게
• 미리: 어떤 일이 생기기 전에
• 거의: 어느 한도에 매우 가까운 정도로

유형 ▶ 동사의 반대 의미
문제 풀이 TIP ▶
- 끄다: 전기나 동력이 통하는 길을 끊어 전기 제품 등을 작동하지 않게 하다
- 돌리다: 기능이나 체제를 작동시키다
- 옮기다: 어떤 곳에서 다른 곳으로 자리를 바꾸게 하다
- 정리하다: 흐트러지거나 혼란스러운 상태에 있는 것을 한데 모으거나 치워서 질서 있는 상태가 되게 하다

유형 ▶ 형용사의 반대 의미
문제 풀이 TIP ▶
- 슬프다: 원통한 일을 겪거나 불쌍한 일을 보고 마음이 아프고 괴롭다
- 편안하다: 편하고 걱정 없이 좋다
- 즐겁다: 마음에 거슬림이 없이 흐뭇하고 기쁘다
- 행복하다: 생활에서 충분한 만족과 기쁨을 느끼어 흐뭇하다

유형 ▶ 문맥에 맞는 명사
문제 풀이 TIP ▶
- 적성: 어떤 일에 알맞은 성질이나 적응 능력
- 판단: 사물을 인식하여 논리나 기준 등에 따라 판정을 내림
- 감정: 어떤 현상이나 일에 대하여 일어나는 마음이나 느끼는 기분
- 노력: 목적을 이루기 위하여 몸과 마음을 다하여 애를 씀

유형 ▶ 문맥에 맞는 동사
문제 풀이 TIP ▶
- 이기다: 내기, 시합, 싸움 등에서 재주나 힘을 겨루어 우위를 차지하다
- 비키다: 무엇을 피하여 있던 곳에서 한쪽으로 자리를 조금 옮기다
- 다가서다: 어떤 대상이 있는 쪽으로 더 가까이 옮기어 서다
- 대피하다: 위험이나 피해를 입지 않도록 일시적으로 피하다

[07~08] 다음 밑줄 친 부분과 의미가 반대인 것을 고르시오.

07 가: 지금 텔레비전이 <u>켜져</u> 있어요?
나: 아니요. 아까 (　　) 지금은 라디오를 듣고 있어요.

① 끄고　　　　　　　② 돌리고
③ 옮기고　　　　　　④ 정리하고

08 가: 더 좋은 곳으로 이사하게 되어서 <u>기쁘겠어요</u>.
나: 네. 하지만 고향 친구들을 자주 못 만날 것 같아서 (　　) 마음도 있어요.

① 슬픈　　　　　　　② 편안한
③ 즐거운　　　　　　④ 행복한

[09~10] 다음 (　)에 알맞은 것을 고르시오.

09 (　　)에 맞는 일을 찾는 것은 인생을 행복하게 사는 지름길이다.

① 적성　　　　　　　② 판단
③ 감정　　　　　　　④ 노력

10 큰불이 났을 때는 119에 신고하고 신속하게 (　　) 한다.

① 이겨야　　　　　　② 비켜야
③ 다가서야　　　　　④ 대피해야

[11~12] 다음 ( )에 알맞은 것을 고르시오.

11 혼자 있는 시간을 선호하는 사람은 성격이 ( ).

① 활발해요 ② 꼼꼼해요
③ 내성적이에요 ④ 적극적이에요

유형 ▶ 문맥에 맞는 형용사
문제 풀이 TIP ▶
- 활발하다: 생기 있고 힘차며 시원스럽다
- 꼼꼼하다: 빈틈이 없이 차분하고 조심스럽다
- 내성적이다: 겉으로 드러내지 않고 마음속으로만 생각하는 성질이다
- 적극적이다: 대상에 대한 태도가 긍정적이고 능동적이다

12 부모와 자식 간에도 지켜야 할 ( )가 있어요.

① 예의 ② 업무
③ 관계 ④ 지시

유형 ▶ 문맥에 맞는 명사
문제 풀이 TIP ▶
- 예의: 사람이 지켜야 할 예절과 의리
- 업무: 직장 같은 곳에서 맡아서 하는 일
- 관계: 둘 이상의 사람이 서로 관련을 맺거나 관련이 있음
- 지시: 일러서 시킴. 또는 그 내용

[13~14] 다음 〈보기〉를 참고하여 밑줄 친 부분과 의미가 비슷한 것을 고르시오.

| 보기 |
가: 와! 단풍이 예쁘네요.
나: 네. 가을이어서 경치가 정말 ( ).
① 나빠요 ② 어두워요 ③ 비슷해요 ❹ 아름다워요

13 가: 회원들이 다들 바쁘다고 하니까 모임 날짜를 좀 <u>미루면</u> 어때요?
나: 그래요. 날짜를 ( ) 것이 좋겠어요.

① 맞추는 ② 지키는
③ 연기하는 ④ 기대하는

유형 ▶ 동사의 비슷한 의미
문제 풀이 TIP ▶
- 맞추다: 약속 시간 등을 넘기지 않다
- 지키다: 규정, 약속, 법, 예의 등을 어기지 않고 그대로 실행하다
- 연기하다: 정해진 기한을 뒤로 물려서 늘리다
- 기대하다: 어떤 일이 원하는 대로 이루어지기를 바라면서 기다리다

14 가: 경제 수준이 높아지면 여가를 즐기는 사람이 많아질까요?
나: 네. 경제 수준이 ( ) 삶의 질에 대한 관심도 함께 높아지니까요.

① 부담되면 ② 포함되면
③ 활용되면 ④ 향상되면

유형 ▶ 동사의 비슷한 의미
문제 풀이 TIP ▶
- 부담되다: 어떠한 의무나 책임이 지워지다
- 포함되다: 어떤 사물이나 현상 가운데 함께 들어가거나 함께 넣어지다
- 활용되다: 도구나 물건 등이 충분히 잘 이용되다
- 향상되다: 실력, 수준, 기술 등이 나아지다

한국어 활용 응용

[15~18] 다음 (   )에 알맞은 것을 고르시오.

유형 ▶ 동사 '만들다'의 종결표현 활용

문제 풀이 TIP ▶
- –(으)ㄹ 것이에요 → 미래+계획
- –지 마세요 → 금지
- –어 주었어요 → 타인을 위한 행동
- –고 싶어요 → 바람

15 가: 후엔 씨 생일에 무엇을 했어요?
　　나: 제가 후엔 씨에게 케이크를 (　　　).

① 만들 거예요　　　　② 만들지 마세요
③ 만들어 주었어요　　④ 만들고 싶어요

유형 ▶ 형용사 '맛있다'의 연결표현 활용

문제 풀이 TIP ▶
- –고 → 연결/나열
- –지만 → 반대
- –어서 → 이유/원인
- –니까 → 이유/원인

16 가: 그 식당은 어때요?
　　나: 음식도 (　　　) 값도 싸요.

① 맛있고　　　　② 맛있지만
③ 맛있어서　　　④ 맛있으니까

유형 ▶ 동사 '청소하다'의 연결표현 활용

문제 풀이 TIP ▶
- –려면 → 조건
- –는데 → 설명/요청/제안
- –(으)ㄴ 다음에 → 행동의 순서
- –(하)기 때문에 → 원인/결과

17 가: 쓰레기를 지금 버릴까요?
　　나: 아니요. (　　　) 버리면 좋겠어요.

① 청소하려면　　　② 청소하는데
③ 청소한 다음에　　④ 청소하기 때문에

18 가: 이 영화를 함께 (　　　) 좋았어요.
　　나: 철수 씨 덕분에 저도 영화를 정말 재미있게 봤어요.

　　① 봐서　　　　　　　　② 봤으니까
　　③ 봐야 해서　　　　　　④ 본 적이 있어서

유형 ▶ 동사 '보다'의 연결표현 활용
문제 풀이 TIP ▶
• –어서: 이유/원인
• –니까: 이유/원인
• –야 해서: 의무+이유/원인
• –ㄴ 적이 있어서: 경험+이유/원인

[19~20] 다음 (　)에 알맞은 것을 고르시오.

19 가: 이번 주말에 무엇을 할 거예요?
　　나: 친구들하고 같이 놀러 (　　　).

　　① 갈게요　　　　　　　② 가기로 했어요
　　③ 가도 돼요　　　　　　④ 간 적이 있어요

유형 ▶ 동사 '가다'의 종결표현 활용
문제 풀이 TIP ▶
• –(으)ㄹ게요 → 계획
• –기로 했어요 → 과거+계획/결정
• –도 돼요 → 허락
• –(으)ㄴ 적이 있어요 → 과거의 경험/강조

20 가: 시간이 있을 때 주로 무엇을 해요?
　　나: 저는 등산을 좋아해서 자주 산에 (　　　).

　　① 오르거든요　　　　　② 오를 것 같아요
　　③ 오르는 편이에요　　　④ 오를 수 있어요

유형 ▶ 동사 '오르다'의 종결표현 활용
문제 풀이 TIP ▶
• –거든요 → 사실 전달
• –(으)ㄹ 것 같아요 → 추측
• –ㄴ 편이에요 → 어떤 것에 가까움
• –(으)ㄹ 수 있어요 → 가능

유형 ▶ 동사 '쓰다'의 종결표현 활용
문제 풀이 TIP ▶
• -ㄹ 뻔해요 → 가능
• -ㄹ 만해요 → 가능/가치
• -(으)면 돼요 → 조건 충족
• -게 되었어요 → 과거의 결과

[21~22] 다음 (   )에 알맞은 것을 고르시오.

21 가: 휴대폰을 바꿀 거예요?
나: 아니요. 아직 (   ).

① 쓸 뻔해요　　　　　② 쓸 만해요
③ 쓰면 돼요　　　　　④ 쓰게 되었어요

유형 ▶ 동사 '지키다'의 연결표현 활용
문제 풀이 TIP ▶
• -어 가지고 → 원인/이유
• -고 해서 → 이유
• -기 위해서 → 목적/의도
• -서 그런지 → 추측

22 가: 건강을 (   ) 특별히 하는 것이 있어요?
나: 운동할 시간을 내기 어려워서 스트레칭을 자주 하고 있어요.

① 지켜 가지고　　　　② 지키고 해서
③ 지키기 위해서　　　④ 지켜서 그런지

유형 ▶ 문맥에 맞는 종결표현
문제 풀이 TIP ▶
• -어 있어요 → 종료된 상태 지속
• -자고 했어요 → 과거+제안
• -게 하세요 → 요청
• -어 갔어요 → 과거+진행

[23~24] 다음 밑줄 친 부분이 틀린 것을 고르시오.

23 ① 우리 가족사진이 벽에 걸려 있어요.
② 친구가 전화해서 내일 만나자고 했어요.
③ 아이에게 단 것을 많이 먹지 못하게 하세요.
④ 지금까지 3년 동안 한국어를 공부해 갔어요.

24 ① 저에게 이 음식이 매울 텐데 많이 먹었어요.
② 스트레스를 많이 받아서 그런지 머리가 아파요.
③ 오늘 좀 피곤한 데다가 손님도 많아서 힘드네요.
④ 친구도 집에 놀러 오고 해서 고향 음식을 했어요.

유형 ▶ 문맥에 맞는 연결표현
문제 풀이 TIP ▶
• -(으)ㄹ 텐데 → 추측
• -서 그런지 → 추측
• -(으)ㄴ 데다가 → 상황의 연결
• -고 해서 → 이유

[25~26] 다음 (   )에 알맞은 것을 고르시오.

25 가: 요즘 자세가 많이 좋아지신 것 같아요.
나: 요가를 꾸준히 (   ) 목이랑 어깨가 가벼워졌어요.

① 하되   ② 했더니   ③ 하느라고   ④ 했을 정도로

유형 ▶ 동사 '하다'의 연결표현 활용
문제 풀이 TIP ▶
• -되 → 조건/예외
• -더니 → 원인
• -느라(고) → 목적/원인
• -(으)ㄹ 정도로 → 유사

26 가: 저 친구는 한국 사람처럼 한국말을 잘하네요.
나: 네? 저는 말하는 것을 보고 당연히 한국 사람(   ).

① 인가 봐요   ② 인지 몰라요
③ 인 척했어요   ④ 인 줄 알았어요

유형 ▶ 서술격 조사 '이다'의 종결표현 활용
문제 풀이 TIP ▶
• -ㄴ가 봐요 → 추측
• -ㄴ지 몰라요 → 어떤 것을 모름
• -ㄴ 척했어요 → 거짓으로 꾸밈
• -ㄴ 줄 알았어요 → 알던 것과 반대

유형 ▶ 문맥에 맞는 종결표현
문제 풀이 TIP ▶
• -ㄹ 뻔했어요 → 과거+가능성
• -ㄹ지도 몰라요 → 추측/짐작
• -(으)ㄹ 수밖에 없어요 → 의무
• -는 법이에요 → 당연한 일

[27~28] 다음 밑줄 친 부분이 **틀린** 것을 고르시오.

27
① 길이 미끄러워서 사고가 날 뻔했어요.
② 지금 출발하지 않으면 기차를 놓칠지도 몰라요.
③ 버스도 있고 지하철도 있으니까 택시를 탈 수밖에 없어요.
④ 어른이라면 누구나 자기 행동에 책임을 져야 하는 법이에요.

유형 ▶ 문맥에 맞는 연결표현
문제 풀이 TIP ▶
• -조차 → 극단의 경우 포함
• -ㄴ커녕 → 하위 개념까지 부정
• -치고 → 전체
• -(이)야말로 → 강조

28
① 요즘 바빠서 밥 먹을 시간조차 없어요.
② 제주도는커녕 아직 해외여행도 못 가 봤어요.
③ 학생치고 시험을 좋아하는 사람은 없을 거예요.
④ 서울이야말로 한국을 대표하는 도시라고 할 수 있지요.

한국어 활용+읽기

[29~30] 다음을 읽고 ㉠에 알맞은 것을 고르시오.

유형 ▶ 문맥에 맞는 연결표현
문제 풀이 TIP ▶
• 섞다: 두 가지 이상의 것을 한데 합치다
• 넣다: 다른 것에 섞거나 타다
• 다듬다: 필요 없는 부분을 떼고 깎아 쓸모 있게 만들다
• 자르다: 동강을 내거나 끊어 내다

29
> 친구와 함께 전통 요리 만들기 체험 수업에 참가했습니다. 요리 선생님이 준비된 재료로 김치찌개 만드는 방법을 알려 주셨습니다. 우리는 김치찌개 재료를 순서대로 냄비에 (㉠) 끓였습니다. 생각보다 음식의 간을 맞추는 것이 어려웠습니다. 그래도 마지막에는 맛있는 김치찌개를 완성할 수 있었습니다. 수업을 마치고 친구와 저는 함께 만든 김치찌개를 나누어 먹었습니다.

① 섞고 ② 넣고
③ 다듬고 ④ 자르고

30

이번 달에 등산 동아리 사람들과 북한산에 다녀왔습니다. 산에서 가까운 지하철역에서 모여 산 입구에서부터 산행을 시작했습니다. 등산로는 생각보다 힘들었지만 서로 응원하며 열심히 올라갔습니다. 정상에 도착하니 시원한 바람이 불어서 기분이 정말 좋았습니다. 정상에서 내려다본 서울 경치도 아주 멋졌습니다. 선배가 준비해 온 간식을 함께 나누어 먹고 단체 사진도 (㉠). 도시와 자연이 잘 어우러진 서울을 느낄 수 있는 뜻깊은 하루였습니다.

① 잡았습니다
② 찍었습니다
③ 기록했습니다
④ 보정했습니다

유형 ▶ 문맥에 맞는 종결표현
문제 풀이 TIP ▶
- 잡다: 어떤 상태를 유지하다
- 찍다: 어떤 대상을 촬영기로 비추어 그 모양을 옮기다
- 기록하다: 후일에 남길 목적으로 어떤 사실을 적다
- 보정하다: 보태어 가지런히 정돈하다

[31~32] 다음을 읽고 ㉠에 알맞은 것을 고르시오.

31

어제 저녁에는 친구의 초대로 클래식 음악회를 다녀왔습니다. 평소 접하기 어려운 기회였기에 좋은 경험이 될 것 같아 기쁜 마음으로 참석했습니다. 공연장에 도착하니 차분하고 고요한 분위기 덕분에 마음이 한결 편안해졌습니다. 연주가 시작되자 바이올린 소리에 자연스럽게 집중하게 되었습니다. (㉠) 음악은 점점 더 깊이 다가왔고, 마지막 곡까지 집중해서 감상했습니다. 연주가 끝나자 객석에서는 자연스럽게 큰 박수가 터져 나왔고, 저도 감동을 담아 힘껏 박수를 보냈습니다.

① 시간이 흐를수록
② 공연이 끝난 직후
③ 집중하던 순간마다
④ 연주를 듣기 전부터

유형 ▶ 문맥에 맞는 응용 표현
문제 풀이 TIP ▶
- 시간이 흐를수록 → 시간이 진행됨
- 공연이 끝난 직후 → 공연이 끝나고 나서 바로
- 집중하던 순간마다 → 집중하던 여러 시점들
- 연주를 듣기 전부터 → 연주가 시작되기 전에

32

저는 어릴 때부터 우표를 모으는 취미를 가지고 있습니다. 처음에는 예쁜 그림이 있는 우표에 끌려 수집을 시작했습니다. 시간이 지나면서 우표에 대한 관심이 점점 깊어졌고, 다른 나라의 우표도 하나둘씩 모으게 되었습니다. 지금은 집에 전용 앨범을 마련해 여러 장의 우표를 정리해 두고 있습니다. 최근에는 특별한 기념 우표도 구입했습니다. 언젠가 기회가 된다면, 여러분께도 (㉠) 바랍니다.

① 책도 읽으면서 우표도 모으기를
② 우표를 모으면서 지식이 쌓이기를
③ 취미로 우표를 직접 만들 수 있기를
④ 제가 모은 우표들을 보여드릴 수 있기를

유형 ▶ 문맥에 맞는 응용 표현
문제 풀이 TIP ▶
- 책 읽기와 우표 모으기 → 취미가 늘어남
- 지식 쌓기 → 우표에 대해 더 알게 됨
- 우표 만들기 → 취미가 확장됨
- 우표를 보여주기 → 취미를 소개함

읽고 이해하기

[33~34] 다음을 읽고 질문에 답하시오.

유형 ▶ 문맥에 맞는 지시어와 명사

문제 풀이 TIP ▶
• 지문에 제시된 장소: 도서관, 편의점

33 ⊙이 가리키는 것은?

> 요즘에는 시험이 가까워져서 도서관에 자주 다닙니다. ⊙그곳은 조용하고 공부할 자리가 넉넉해 집중하기에 아주 좋습니다. 오전에 도서관에 도착하면 먼저 자리를 잡고 그날의 공부 계획을 세웁니다. 저는 주로 교재와 공책을 챙겨 가서 배운 내용을 복습합니다. 점심시간이 되면 근처 편의점에서 도시락을 사 간단히 식사를 하고, 잠깐 산책을 한 뒤에 늦은 시간까지 다시 공부를 이어 갑니다. 시험이 끝난 뒤에도 이 도서관을 계속 이용하고 싶습니다.

① 공원 ② 도서관
③ 시험장 ④ 편의점

유형 ▶ 맞는 내용 고르기

34 위 글의 내용과 같은 것은?

① 집에서 도시락을 가져갑니다.
② 저녁 시간에만 도서관에 갑니다.
③ 도서관은 시끄럽고 자리가 부족합니다.
④ 도서관에서 하루 종일 공부하기도 합니다.

[35~36] 다음을 읽고 질문에 답하시오.

35 아래 글의 내용과 같은 것은?

> 초대를 받아 친구네 가족과 처음으로 한국의 설날을 경험했을 때 정말 특별하게 느껴졌습니다. 아침에는 한복을 입고 어른들께 세배를 드렸습니다. 어른들께서는 덕담을 건네셨고, 세뱃돈도 받아 기분이 좋았습니다. 세배 후에는 친구네 가족과 함께 떡국을 먹었는데, 따뜻하고 맛있었습니다. 식구들과 윷놀이도 하며 전통 놀이를 체험할 수 있었고, 모두 함께 웃으며 즐거운 시간을 보냈습니다. 이번 설날은 한국 문화를 직접 체험하고 가까이에서 느낄 수 있었던 시간이었습니다.

① 설날에 떡국을 먹지 않았습니다.
② 설날에 친구들과 조용히 지냈습니다.
③ 설날에 한복을 입고 세배를 했습니다.
④ 설날에 세뱃돈 대신 선물을 받았습니다.

36 아래 글의 내용과 같은 것은?

> 한국에 와서 놀라웠던 점은 편의점이 24시간 운영된다는 것이었습니다. 편의점에서는 늦은 밤에도 간단한 식사나 필요한 물건을 살 수 있어 정말 편리합니다. 제가 가장 자주 사는 것은 삼각김밥과 컵라면입니다. 전자레인지와 뜨거운 물도 바로 이용할 수 있어서 좋습니다. 편의점에는 간식뿐 아니라 다양한 생활용품도 있어서 필요한 것이 있을 때마다 찾게 됩니다. 계산할 때는 카드나 휴대폰으로 간편하게 결제할 수 있습니다. 요즘에는 하루에 한 번은 꼭 편의점에 들르는 것이 습관이 되었습니다.

① 편의점에서 주로 과일을 산다.
② 현금으로만 결제할 수 있다.
③ 밤에는 문을 닫기 때문에 불편하다.
④ 삼각김밥과 컵라면을 자주 구매한다.

[37~38] 다음을 읽고 질문에 답하시오.

37 아래 글의 중심 내용으로 알맞은 것은?

> 한국에서는 외식을 할 때 한 가지 음식만 시키지 않고 여러 가지 음식을 함께 주문하여 나눠 먹습니다. 반찬도 식탁 중앙에 함께 놓고 각자 필요한 만큼 덜어 먹습니다. 특히 찌개나 전골 같은 음식은 큰 냄비를 두고 함께 덜어 먹는 경우가 많습니다. 처음에는 여러 사람이 같은 음식을 함께 먹는 것이 낯설었습니다. 하지만 점점 익숙해지고 나니 음식을 공유하여 먹는 것이 정감있게 느껴졌습니다. 이런 문화는 단순히 음식을 나누는 것을 넘어서 마음까지 나누는 것 같습니다. 이제는 저도 친구들과 식사할 때 자연스럽게 반찬을 함께 나눠 먹습니다.

① 찌개나 전골은 혼자 먹는 음식이다.
② 반찬을 나누어 먹으면 건강에 좋지 않다.
③ 한국 사람들은 손님이 오면 반찬을 나누어 먹는다.
④ 한국에서는 음식을 함께 나눠 먹는 문화가 있다.

유형 ▶ 중심 내용 고르기
문제 풀이 TIP ▶
• 키워드: 음식 문화, 나눔, 공동체 문화, 외식

38 아래 글의 제목으로 알맞은 것은?

> 처음 한국에 왔을 때는 버스나 지하철을 어떻게 타야 할지 몰라 걱정이 많았다. 하지만 교통카드 하나로 버스와 지하철을 모두 이용할 수 있다는 사실을 알고 나서 대중교통 이용이 훨씬 편리해졌다. 카드를 단말기에 대기만 하면 요금이 자동으로 계산되었다. 버스를 갈아타거나 지하철에서 내릴 때도 교통카드만 있으면 요금이 간단하게 처리된다. 특히 일정 시간 안에 환승하면 추가 요금이 부과되지 않는 점도 마음에 들었다. 교통카드는 편의점이나 지하철역에서 쉽게 구매하고 충전할 수 있어 접근성도 좋다. 요즘에는 휴대폰으로도 교통카드 기능을 사용할 수 있다고 한다. 이제는 교통카드 없이 대중교통을 이용하는 것은 상상할 수 없을 정도다.

① 한국의 대중교통이 불편한 이유
② 한국에서 지하철 타는 방법 배우기
③ 한국의 버스와 지하철 노선 이해하기
④ 교통카드 하나로 편리하게 대중교통 이용하기

유형 ▶ 제목 찾기
문제 풀이 TIP ▶
• 키워드: 대중교통, 교통카드, 환승 제도, 편의성

한국 문화

[39~40] 다음 질문에 답하시오.

39 한국의 5대 고궁으로 맞지 <u>않는</u> 것은?

① 경복궁 ② 창경궁
③ 운현궁 ④ 창덕궁

유형 ▶ 전통
문제 풀이 TIP ▶
• 한국의 5대 고궁
 - 경복궁
 - 창경궁
 - 창덕궁
 - 덕수궁
 - 경희궁

40 한국의 국경일로 맞지 <u>않는</u> 것은?

① 식목일 ② 현충일
③ 한글날 ④ 개천절

유형 ▶ 법과 제도
문제 풀이 TIP ▶
• 한국의 5대 국경일
 - 3·1절: 3월 1일
 - 제헌절: 7월 17일
 - 광복절: 8월 15일
 - 개천절: 10월 3일
 - 한글날: 10월 9일

[41~44] 다음 질문에 답하시오.

41 한국 불교의 대표적인 기념일은?

① 동지 ② 춘분
③ 석가탄신일 ④ 크리스마스

유형 ▶ 법과 제도
문제 풀이 TIP ▶
• 절기: 동지, 춘분
• 기념일: 석가탄신일, 크리스마스

42 1년을 24개로 나누어 계절의 표준이 되는 시점은?

① 명절 ② 절기
③ 연호 ④ 농번기

유형 ▶ 전통
문제 풀이 TIP ▶
• 명절 → 설날, 추석
• 절기 → 동지, 하지
• 연호 → 세종 22(= 1440년)
• 농번기 → 모내기철, 수확철

유형 ▶ 법과 제도

문제 풀이 TIP ▶
- 헌법으로 보장되는 5대 기본권: 자유권, 평등권, 참정권, 사회권(=생존권), 청구권
- 헌법에 명시된 국민의 4대 의무: 납세의 의무, 국방의 의무, 교육의 의무, 근로의 의무

43 대한민국 헌법에서 보장하는 기본권에 대한 설명으로 맞지 <u>않은</u> 것은?

① 사회권: 환경권, 근로권
② 참정권: 선거권, 국민투표권
③ 자유권: 출판의 자유, 종교의 자유
④ 청구권: 국방의 의무, 납세의 의무

유형 ▶ 정치와 경제

문제 풀이 TIP ▶
- 선거의 4대 원칙: 보통선거, 평등선거, 직접선거, 비밀선거

44 대한민국 선거의 기본 원칙이 <u>아닌</u> 것은?

① 보통선거　　　　② 평등선거
③ 직접선거　　　　④ 공개선거

[45~46] 다음 질문에 답하시오.

유형 ▶ 사회문화

문제 풀이 TIP ▶
- 한국의 생일 문화
  - 생일인 사람은 미역국을 먹음
  - 60번째 생일(61세)에는 환갑잔치를 함
  - 출생 후 백일에는 백설기를 먹음

45 한국의 생일 문화로 맞지 <u>않는</u> 것은?

① 생일을 맞은 사람은 미역국을 먹는다.
② 61세가 되는 생일에는 환갑잔치를 연다.
③ 태어난 지 백일이 되는 날 백설기를 준비한다.
④ 한 살이 되는 첫 생일에는 붉은 팥을 잡는 돌잡이를 한다.

유형 ▶ 전통

문제 풀이 TIP ▶
- 한옥의 특징
  - 겨울을 따뜻하게 보내기 위해 만들어진 온돌
  - 통풍이 잘 되어 여름철에 적합한 대청마루
  - 온돌의 난방 방식은 현대식 보일러에도 사용

46 한옥에 대한 설명으로 맞지 <u>않는</u> 것은?

① 온돌은 추운 겨울을 따뜻하게 보내기 위해 만들어졌다.
② 대청마루는 통풍이 잘 되는 구조로 여름철에 적합하다.
③ 대청마루의 유무에 따라 한옥의 종류를 구분할 수 있다.
④ 한국의 현대식 보일러는 과거의 온돌 난방 방식과 유사하다.

[47~48] 다음 질문에 답하시오.

47 아래 글의 내용과 같은 것은?

> 한국의 전통 가옥인 한옥은 자연과 조화를 이루며 지은 집이다. 지붕의 곡선, 마당의 구성, 창호 문살 등에서 한옥이 자연을 받아들이는 구조를 살펴볼 수 있다. 한옥의 건축 재료는 주로 흙, 나무, 돌, 종이 등을 사용하여 친환경적이며, 여름에는 시원하고 겨울에는 따뜻하다는 특징이 있다. 특히 온돌은 바닥을 따뜻하게 해 주는 한국 고유의 난방 방식 중 하나이다. 한옥은 방과 마루, 부엌 등이 분리되어 있어 공간별로 쓰임이 다르며 마당을 중심으로 구성되는 경우가 많다. 현대에는 전통 한옥을 그대로 유지하거나, 여기에 현대적인 건축 요소를 더한 '한옥카페'나 '한옥호텔'도 생기고 있다. 이처럼 한옥은 단순한 주거 공간을 넘어서 한국인의 자연관과 삶의 방식을 보여 주는 전통문화라고 할 수 있다. 한옥 체험은 한국 문화를 깊이 이해하는 좋은 방법 중 하나이다.

① 한옥은 철과 유리로 지어져 겨울에 매우 춥다.
② 한옥에서는 마당이 없어 공간이 좁게 느껴진다.
③ 온돌은 문을 열어 집 안을 따뜻하게 하는 방법이다.
④ 한옥은 전통적인 구조를 유지하면서 현대적으로도 활용된다.

유형 ▶ 한국문화 읽고 이해하기
문제 풀이 TIP ▶
• 키워드: 한옥, 자연, 온돌, 친환경

유형 ▶ 한국문화 읽고 이해하기
문제 풀이 TIP ▶
• 키워드: 온라인 쇼핑, 빠른 배송, 구매 리뷰, 쓰레기 문제

48 아래 글의 주제로 알맞은 것은?

> 한국에서는 온라인 쇼핑이 매우 활발하게 이루어지고 있다. 사람들은 휴대폰 앱이나 웹사이트로 언제 어디서나 쉽게 물건을 주문한다. 특히 '당일 배송', '새벽 배송' 같은 빠른 배송 서비스가 매우 인기를 끌고 있다. 신선식품부터 전자제품까지 빠르게 받을 수 있어서 바쁜 현대인이 편리하게 이용할 수 있다. 또한 구매 리뷰 시스템이 잘 되어 있어 상품에 대한 정보도 쉽게 얻을 수 있다. 이는 많은 구매자가 실제 매장보다 온라인을 선호하는 이유 중 하나이다. 하지만 온라인 쇼핑이 장점만 있는 것은 아니다. 상품 포장에서 발생하는 쓰레기나 반품 및 환불 관련 문제도 점점 사회적 이슈로 떠오르고 있다. 그럼에도 불구하고 한국의 온라인 쇼핑은 기술과 소비 습관이 결합된 대표적인 현대 문화이다.

① 온라인 쇼핑몰의 근무 환경
② 온라인 쇼핑의 배송 지연 문제
③ 한국의 편리한 온라인 쇼핑 문화
④ 대형마트와 온라인 쇼핑몰의 경쟁

한국어 활용(주관식)

[49~50] 다음을 읽고 ( )에 알맞은 것을 쓰시오.

49
가: 이번 달 가스비가 지난달보다 5만 원이나 더 (　　　) 나왔어요.
나: 지난달이랑 그렇게 차이가 많이 나요?
가: 따뜻한 물을 많이 써서 그런가 봐요.

유형 ▶ 문맥에 맞는 연결표현 활용
문제 풀이 TIP ▶
• 비교 → 더

50
가: 어제 일이 너무 많아서 밤 10시에 퇴근했어요.
나: 늦게 퇴근했네요. 지금 많이 (　　　)?/.
가: 네. 그래서 오늘 커피를 세 잔이나 마셨어요.

유형 ▶ 문맥에 맞는 종결표현 활용
문제 풀이 TIP ▶
• 이해/공감 → -겠어요/-지 않아요?

구술 시험

※ 구술감독관의 지시에 따라 다음 글을 소리 내어 읽으신 후 질문에 답하여 주시기 바랍니다.
※ 실제 구술시험에서는 질문 내용을 제외한 지문만 수험생에게 제공되오니 유의하시기 바랍니다.

> 요즘 한국에서는 공공 자전거를 이용하는 사람이 많다. 휴대폰 앱으로 자전거를 빌릴 수 있어서 매우 편리하다. 공공 자전거는 지역마다 이름이 다른데 서울에는 '따릉이'라는 이름의 공공 자전거가 있다. 지하철역이나 공원 근처 등 많은 곳에서 공공 자전거를 쉽게 찾을 수 있다. 사용이 끝난 자전거는 가까운 반납 공간에 반납하면 된다. 자전거를 타면 운동도 되고, 교통비도 아낄 수 있다. 요즘에는 환경을 생각해서 자가용 대신 자전거를 이용하는 사람도 많다.

01 위의 글을 소리 내어 읽어보세요.

02 공공 자전거는 어떻게 이용할 수 있나요?

03 자주 사용하는 휴대폰 앱이 있나요? 있다면 자주 사용하는 이유는 무엇인가요?

04 한국 대중교통의 장점과 단점에 대해 이야기해 보세요.

05 한국은 민주주의를 실천하기 위해 삼권분립을 하고 있습니다. 삼권분립에 대해 설명해 보세요.

사회통합프로그램
사전평가 실전 모의고사
제5회

제5회 해설강의
바로가기

제5회

정답 및 해설 p.48

한국어 기초

[01~02] 다음 질문에 답하시오.

01 가방이 어디에 있어요?

① 책상 위에 있어요.
② 책상 밑에 있어요.
③ 의자 옆에 있어요.
④ 의자 뒤에 있어요.

유형 ▶ 그림에 맞는 명사
문제 풀이 TIP ▶
• 위 → 높은 쪽
• 밑 → 낮은 쪽
• 옆 → 오른쪽/왼쪽
• 뒤 → 반대쪽

02 다음 (   )에 들어갈 알맞은 것은?

주말에 친구(   ) 영화를 봐요.

① 하고   ② 에게   ③ 보다   ④ 한테

유형 ▶ 상황에 맞는 조사
문제 풀이 TIP ▶
• 하고 → 함께 함
• 에게 → 행동의 대상
• 보다 → 비교
• 한테 → 행동의 대상

한국어 활용 기본

[03~04] 다음 〈보기〉를 참고하여 밑줄 친 부분과 의미가 반대인 것을 고르시오.

---보기---

가: 방에 책상이 <u>있어요</u>?
나: 아니요. (　　　).

❶ 없어요　　② 많아요　　③ 적어요　　④ 좋아요

---

03 가: 내일 날씨가 <u>맑아요</u>?
　　나: 아니요. (　　　).

① 좋아요　　② 흐려요　　③ 따뜻해요　　④ 쌀쌀해요

유형 ▶ 형용사의 반대 의미
문제 풀이 TIP ▶
• 좋다: 날씨가 맑거나 고르다
• 흐리다: 하늘에 구름이나 안개 등이 끼어 햇빛이 밝지 못하다
• 따뜻하다: 덥지 않을 정도로 온도가 알맞게 높다
• 쌀쌀하다: 날씨나 바람 등이 음산하고 상당히 차갑다

---

04 가: 이메일을 <u>받았어요</u>?
　　나: 네. 이메일을 읽고 답장을 (　　　).

① 썼어요　　② 읽었어요　　③ 보냈어요　　④ 기다렸어요

유형 ▶ 동사의 반대 의미
문제 풀이 TIP ▶
• 쓰다: 머릿속의 생각을 종이 등에 글로 나타내다
• 읽다: 글을 보고 거기에 담긴 뜻을 헤아려 알다
• 보내다: 사람이나 물건 등을 다른 곳으로 가게 하다
• 기다리다: 어떤 사람이나 때가 오기를 바라다

[05~06] 다음 (　　)에 알맞은 것을 고르시오.

05 교통카드로 버스 (　　　)을 내니까 현금이 필요 없어요.

① 요금　　② 예금　　③ 잔액　　④ 수당

유형 ▶ 문맥에 맞는 명사
문제 풀이 TIP ▶
• 요금: 물건이나 서비스 등을 이용하는 대가로 내는 돈
• 예금: 일정한 계약에 의하여 은행이나 우체국 등에 맡긴 돈
• 잔액: 나머지 액수
• 수당: 정해진 봉급 이외에 따로 주는 보수

---

06 운동을 (　　　) 하지 못해서 건강이 나빠졌어요.

① 금방　　② 혹시　　③ 아마　　④ 거의

유형 ▶ 문맥에 맞는 부사
문제 풀이 TIP ▶
• 금방: 말하고 있는 시점보다 바로 조금 전에
• 혹시: 그러할 리는 없지만 만일에
• 아마: 단정할 수는 없지만 짐작할 때 쓰는 말
• 거의: 어느 한도에 매우 가까운 정도

[07~08] 다음 밑줄 친 부분과 의미가 <u>반대</u>인 것을 고르시오.

07 가: 기온이 많이 <u>떨어져서</u> 쌀쌀하네요.
　　나: 맞아요. 그런데 내일은 다시 기온이 (　　　) 것 같아요.

① 내릴　　　　　　② 오를
③ 나갈　　　　　　④ 바뀔

유형 ▶ 동사의 반대 의미
문제 풀이 TIP ▶
• 내리다: 값이나 수치, 온도 등이 이전보다 떨어지거나 낮아지다
• 오르다: 값이나 수치, 온도 등이 이전보다 많아지거나 높아지다
• 나가다: 일정한 지역이나 공간의 안에서 밖으로 이동하다
• 바뀌다: 원래의 내용이나 상태가 다르게 고쳐지다

---

08 가: 투이 씨는 성격이 <u>느긋하지요</u>?
　　나: 아니요. 오히려 (　　　) 편이에요.

① 급한　　　　　　② 꼼꼼한
③ 긍정적인　　　　④ 덜렁거리는

유형 ▶ 형용사의 반대 의미
문제 풀이 TIP ▶
• 급하다: 성격이 팔팔하여 참을성이 없다
• 꼼꼼하다: 빈틈이 없이 차분하고 조심스럽다
• 긍정적이다: 어떤 생각이나 사실 등을 그러하거나 옳다고 인정하다
• 덜렁거리다: 침착하지 못하고 자꾸 거볍게 행동하다

[09~10] 다음 (　　)에 알맞은 것을 고르시오.

09 제품을 운반하는 중에는 (　　　)에 주의해 주시기 바랍니다.

① 활용　　　　　　② 포함
③ 파손　　　　　　④ 단종

유형 ▶ 문맥에 맞는 명사
문제 풀이 TIP ▶
• 활용: 도구나 물건 등을 충분히 잘 이용함
• 포함: 어떤 사물이나 현상에 함께 들어 있거나 함께 넣음
• 파손: 깨어져 못 쓰게 됨
• 단종: 특정 제품이 더는 생산되지 않음

---

10 그분은 많은 어려움을 (　　　) 인생의 목표를 이루어 냈다.

① 가지고　　　　　② 당하고
③ 치르고　　　　　④ 극복하고

유형 ▶ 문맥에 맞는 동사
문제 풀이 TIP ▶
• 가지다: 자기 것으로 하다
• 당하다: 어떤 때나 형편에 이르거나 처하다
• 치르다: 무슨 일을 겪어 내다
• 극복하다: 악조건 고생 등을 이겨 내다

[11~12] 다음 ( )에 알맞은 것을 고르시오.

11 팀 회의에서 최근 프로젝트의 문제 상황을 공유하고 ( )을 논의하였다.

① 강점 ② 관점
③ 장점 ④ 개선점

유형 ▶ 문맥에 맞는 명사
문제 풀이 TIP ▶
• 강점: 우세하거나 더 뛰어난 점
• 관점: 사물이나 현상을 관찰할 때 보고 생각하는 태도, 방향, 가치
• 장점: 좋거나 잘하거나 긍정적인 점
• 개선점: 잘못되거나 부족한 부분을 고쳐야 할 대상

12 밖에서 나는 소음이 심해서 잠을 ( ).

① 깰 수가 없어요 ② 들 수가 없어요
③ 잘 수가 없어요 ④ 설칠 수가 없어요

유형 ▶ 문맥에 맞는 동사
문제 풀이 TIP ▶
• 잠에서 깨다: 자다가 일어나다
• 잠에 들다: 잠을 자다
• 잠을 자다: 잠에 들다
• 잠을 설치다: 쉽게 잠들지 못하다

[13~14] 다음 〈보기〉를 참고하여 밑줄 친 부분과 의미가 비슷한 것을 고르시오.

―― 보기 ――
가: 와! 단풍이 예쁘네요.
나: 네. 가을이어서 경치가 정말 ( ).

① 나빠요 ② 어두워요 ③ 비슷해요 ❹ 아름다워요

13 가: 이곳이 이렇게 달라질 줄 몰랐어요.
나: 시간이 가면 뭐든지 ( ) 마련이지요.

① 나타나기 ② 멀어지기
③ 변화하기 ④ 향상되기

유형 ▶ 동사의 비슷한 의미
문제 풀이 TIP ▶
• 나타나다: 보이지 않던 어떤 대상의 모습이 드러나다
• 멀어지다: 거리가 많이 떨어지게 되다
• 변화하다: 사물의 성질, 모양, 상태 등이 바뀌어 달라지다
• 향상되다: 실력, 수준, 기술 등이 나아지다

14 가: 장난감을 빌리려면 어떻게 해야 하나요?
나: 회원증을 만들면 ( ) 수 있습니다.

① 결제하실 ② 가입하실
③ 구입하실 ④ 대여하실

유형 ▶ 동사의 비슷한 의미
문제 풀이 TIP ▶
• 결제하다: 증권 또는 대금을 주고받아 거래 관계를 끝맺다
• 가입하다: 조직이나 단체 등에 들어가거나, 서비스를 제공하는 상품 등을 신청하다
• 구입하다: 물건 등을 사들이다
• 대여하다: 물건이나 돈을 나중에 도로 돌려받거나 대가를 받기로 하고 얼마 동안 내어주다

한국어 활용 응용

[15~18] 다음 (   )에 알맞은 것을 고르시오.

유형 ▶ 동사 '만나다'의 종결표현 활용
문제 풀이 TIP ▶
• –(으)ㄹ까요? → 의견 물음
• –네요? → 현재 사실 물음
• –었어요? → 과거 사실 물음
• –세요? → 미래의 일 물음

15 가: 우리 언제 (   )?
나: 이따가 7시쯤 만나요.

① 만날까요 ② 만나네요
③ 만났어요 ④ 만나세요

유형 ▶ 동사 '걸리다'의 연결표현 활용
문제 풀이 TIP ▶
• –고 → 연결
• –어서 → 이유/원인
• –는데 → 비교/강조
• –지만 → 반대/부분 인정

16 가: 영수 씨가 어디에 가느냐고 물어보는데요?
나: 제가 감기에 (   ) 지금 병원에 간다고 전해 주세요.

① 걸리고 ② 걸려서
③ 걸렸는데 ④ 걸렸지만

유형 ▶ 형용사 '싸다'의 연결표현 활용
문제 풀이 TIP ▶
• –ㄴ데 → 비교/강조
• –(으)ㄹ 때 → 순간/동안
• –지만 → 반대/부분 인정
• –(하)기 때문에 → 원인

17 가: 이 식당이 유명해요?
나: 네. 음식도 맛있고 값도 (   ) 손님이 많아요.

① 싼데 ② 쌀 때
③ 싸지만 ④ 싸기 때문에

18 가: 기분이 (   ) 무슨 좋은 일 있어요?
나: 오늘 오랜만에 고향 친구를 만나거든요.

① 좋은 편인데
② 좋아 보이는데
③ 좋을 수 있는데
④ 좋으면 좋겠는데

유형 ▶ 형용사 '좋다'의 종결표현 활용
문제 풀이 TIP ▶
- -는 편인데 → 평가+비교/강조
- -어 보이는데 → 짐작+비교/강조
- -(으)ㄹ 수 있는데 → 가능성+비교/강조
- -(으)면 좋겠는데 → 희망+비교/강조

[19~20] 다음 (   )에 알맞은 것을 고르시오.

19 가: 무엇을 (   )?
나: 저는 시원한 주스를 마시고 싶어요.

① 마실 수 없어요
② 마실래요
③ 마시고 있어요
④ 마셔도 돼요

유형 ▶ 동사 '마시다'의 종결표현 활용
문제 풀이 TIP ▶
- -(으)ㄹ 수 없어요? → 불가능
- -ㄹ래요? → 권유
- -고 있어요? → 진행
- -도 돼요? → 허락을 구함

20 가: 여기에서 사진을 (   )?
나: 네. 이곳은 촬영해도 괜찮아요.

① 찍어도 돼요
② 찍기로 했어요
③ 찍은 것 같아요
④ 찍은 적이 있어요

유형 ▶ 동사 '찍다'의 종결표현 활용
문제 풀이 TIP ▶
- -도 돼요? → 허락을 구함
- -기로 했어요? → 계획 물음
- -(으)ㄴ 것 같아요 → 생각 물음
- -(으)ㄴ 적이 있어요? → 경험 물음

유형 ▶ 동사 '졸업하다'의 연결표현 활용
문제 풀이 TIP ▶
- –라도 → 가정/반대
- –자마자 → 곧 연결되는 동작
- –기 위해서 → 목적
- –(으)ㄴ 대신에 → 반대/강조

[21~22] 다음 ( )에 알맞은 것을 고르시오.

21 가: 학교를 졸업하면 무엇을 할 거예요?
　　나: ( ) 바로 취직하면 좋겠어요.

① 졸업하더라도　　　② 졸업하자마자
③ 졸업하기 위해서　　④ 졸업하는 대신에

유형 ▶ 동사 '친하다'의 종결표현 활용
문제 풀이 TIP ▶
- –었어요 → 과거+사실
- –잖아요 → 확인
- –(으)ㄹ 텐데요 → 추측
- –어 보였어요 → 과거+짐작

22 가: 언제부터 그 친구를 알았어요?
　　나: 고등학교 때 처음 만났는데 동아리 활동을 하면서 ( ).

① 친해졌어요　　　② 친하잖아요
③ 친할 텐데요　　　④ 친해 보였어요

유형 ▶ 문맥에 맞는 연결표현
문제 풀이 TIP ▶
- –기 위해서 → 목적
- –자마자 → 곧 연결되는 동작
- –어도 → 반대
- –ㄴ 데다가 → 이유/원인 나열

[23~24] 다음 밑줄 친 부분이 <u>틀린</u> 것을 고르시오.

23 ① 여행을 <u>가기 위해서</u> 돈을 모으고 있어요.
　　② 수업이 <u>끝나자마자</u> 친구를 만나러 갔어요.
　　③ 매일 열심히 <u>공부해도</u> 시험에 합격했어요.
　　④ 그 친구는 <u>친절한 데다가</u> 재미있어서 좋아요.

24 ① 이사를 가면서 학교를 옮기게 되었어요.
② 창문을 닫으면 시끄러운 소리가 듣지 않아요.
③ 집에 손님이 오신다고 해서 집을 청소해 놓았어요.
④ 책을 빌리려면 먼저 인터넷으로 회원 가입을 하면 돼요.

유형 ▶ 문맥에 맞는 종결표현
문제 풀이 TIP ▶
• –게 되었어요 → 과거+결과
• –지 않아요 → 부정
• –어 놓았어요 → 종료된 결과 유지
• –(으)면 돼요 → 조건

[25~26] 다음 (　)에 알맞은 것을 고르시오.

25 가: 점심 먹었어요?
나: 아니요. (　　　) 바빠서 아직 못 먹었어요.

① 일할 겸　　　　　② 일하도록
③ 일하더니　　　　④ 일하느라고

유형 ▶ 동사 '일하다'의 연결표현 활용
문제 풀이 TIP ▶
• –(으)ㄹ 겸 → 동시 동작
• –도록 → 목적/방식
• –더니 → 상황 연결/원인
• –느라고 → 목적/원인

26 가: 아픈 걸 부모님께 말씀드렸어요?
나: 아니요. 부모님이 걱정하실까 봐 (　　　).

① 괜찮은 척했어요　　　② 괜찮기 마련이에요
③ 괜찮을지도 몰라요　　④ 괜찮은 줄 알았어요

유형 ▶ 형용사 '괜찮다'의 종결표현 활용
문제 풀이 TIP ▶
• –(으)ㄴ 척했어요 → 과거+거짓으로 꾸밈
• –기 마련이에요 → 당연히 그럴 것이라는 확신
• –(으)ㄹ지도 몰라요 → 추측
• –(으)ㄴ 줄 알았어요 → 과거+아는 사실 언급

유형 ▶ 문맥에 맞는 종결표현
문제 풀이 TIP ▶
- –기 마련이에요 → 당연히 그럴 것이라는 확신
- –(으)ㄹ지도 몰라요 → 추측
- 곤 했어요 → 과거+반복
- –(으)ㄴ가 봐요 → 추측

[27~28] 다음 밑줄 친 부분이 틀린 것을 고르시오.

27 ① 누구나 살면서 한 번쯤 큰 실수를 하기 마련이에요.
② 앞으로 틀림없이 환경오염이 더 심각해질지도 몰라요.
③ 예전에는 여름마다 가족들과 함께 여행을 가곤 했어요.
④ 기차표가 다 팔린 걸 보니 여행 가는 사람들이 많은가 봐요.

유형 ▶ 문맥에 맞는 연결표현
문제 풀이 TIP ▶
- –던 → 과거
- –(으)ㄴ 나머지 → 결과
- –되 → 조건/예외
- –(으)ㄹ수록 → 정도

28 ① 한국에 온 날 처음으로 먹던 음식이 김밥이에요.
② 너무 놀란 나머지 소리를 크게 지르고 말았어요.
③ 운동을 하되 몸에 무리가 되는 운동은 피해야 합니다.
④ 시간이 갈수록 기술 발전의 속도가 더 빨라지고 있습니다.

한국어 활용+읽기

유형 ▶ 문맥에 맞는 종결표현
문제 풀이 TIP ▶
- 수집하다: 취미나 연구를 위하여 여러 가지 물건이나 재료를 찾아 모으다
- 감상하다: 주로 예술 작품을 이해하여 즐기고 평가하다
- 사용하다: 일정한 목적이나 기능에 맞게 쓰다
- 제출하다: 문안이나 의견, 법안 등을 내다

[29~30] 다음을 읽고 ㉠에 알맞은 것을 고르시오.

29
저는 평소에 음악 듣는 것을 좋아해서 새 노래가 나오면 꼭 찾아서 듣습니다. 특히 출퇴근 시간이나 운동할 때 음악을 듣습니다. 최근에는 뮤지컬 음악에도 관심이 생겨서 여러 작품에 나오는 음악을 (㉠). 음악을 들으면 기분이 편안해지고 스트레스도 줄어드는 것 같습니다.

① 수집했습니다　　　　② 감상했습니다
③ 사용했습니다　　　　④ 제출했습니다

30

오늘은 처음으로 한국 요리를 만들어 보았다. 마트에서 고기와 양파, 간장을 샀다. 그리고 요리를 할 때는 방법을 잘 몰라서 불고기 만드는 영상을 (㉠) 불고기를 만들었다. 불고기를 요리하는 것이 조금 어려웠지만 재미있었다. 처음 만든 한국 요리라서 그런지 더 맛있는 것 같았다. 다음에는 김치찌개를 만들어 보고 싶다.

① 보면서
② 먹으면서
③ 거들면서
④ 정리하면서

유형 ▶ 문맥에 맞는 연결표현
문제 풀이 TIP ▶
- 보다: 눈으로 대상을 즐기거나 감상하다
- 먹다: 음식 등을 입을 통하여 뱃속에 들여보내다
- 거들다: 남이 하는 일을 함께 하면서 돕다
- 정리하다: 흐트러지거나 혼란스러운 상태에 있는 것을 한데 모으거나 치워서 질서 있는 상태가 되게 하다

[31~32] 다음을 읽고 ㉠에 알맞은 것을 고르시오.

31

지하철을 탈 때는 다른 사람에게 피해를 주면 안 됩니다. 어제 지하철을 탔는데 한 사람이 휴대폰으로 영상을 보고 있었습니다. 그 사람은 이어폰을 끼지 않고 소리를 크게 틀어 놓았습니다. 그 모습을 본 한국인 친구가 저런 행동은 다른 사람에게 피해를 준다고 알려주었습니다. 그리고 공공장소에서는 (㉠) 말해주었습니다. 그 말을 듣고 저도 공공장소에서는 예의를 지켜야겠다고 생각했습니다.

① 음량을 키워야 한다고
② 스피커로 들어야 한다고
③ 이어폰을 착용해야 한다고
④ 귀마개를 써야 한다고

유형 ▶ 문맥에 맞는 응용 표현
문제 풀이 TIP ▶
- 음량을 키우다: 소리를 크게 하다
- 스피커로 듣다: 소리가 널리 퍼지도록 듣다
- 이어폰을 착용하다: 이어폰을 귀에 끼우다
- 귀마개를 쓰다: 귀를 막는 도구를 쓰다

32

예전에는 잠을 늦게 자고 식사도 불규칙했습니다. 그러나 건강이 점점 나빠지는 것을 느끼고 (㉠) 결심했습니다. 지금은 같은 시간에 자고 일어나며, 아침 식사도 꼭 챙겨 먹습니다. 특히 기름진 음식은 멀리하고 채소와 과일을 자주 섭취하려고 합니다. 이러한 변화 덕분에 몸이 가벼워지고 건강도 좋아졌습니다.

① 잠을 줄이기로
② 운동을 멈추기로
③ 아침을 거르기로
④ 생활습관을 바꾸기로

유형 ▶ 문맥에 맞는 응용 표현
문제 풀이 TIP ▶
- 잠을 줄이다: 자는 시간을 줄이다
- 운동을 멈추다: 운동을 유지하지 않다
- 아침을 거르다: 아침을 먹지 않다
- 생활습관을 바꾸다: 좋은 생활습관을 들이다

읽고 이해하기

[33~34] 다음을 읽고 질문에 답하시오.

유형 ▶ 문맥에 맞는 지시어와 명사

문제 풀이 TIP ▶
• 물건: 사진, 서랍, 책상
• 기타: 대청소

33 ㉠이 가리키는 것은?

> 최근에 대청소를 하다가 서랍 속에서 오래된 사진 한 장을 발견했습니다. ㉠그것은 제가 초등학생일 때 찍은 것이었습니다. 사진 속 가족의 모습을 보니 그 시절이 떠올라서 아련해졌습니다. 가족들이 그리운 마음에 사진을 액자에 넣어 책상 위에 올려 두었습니다. 지금은 저만 한국에 있어서 가족들을 자주 보지는 못하지만, 사진을 바라보고 있으면 마음이 따뜻해집니다.

① 대청소　　② 사진
③ 서랍　　　④ 책상

유형 ▶ 맞는 내용 고르기

34 위 글의 내용과 같은 것은?

① 친구들과 함께 찍은 사진을 찾았습니다.
② 오래된 사진을 버리고 새 사진을 찍었습니다.
③ 가족과 함께 살고 있어서 가족을 자주 봅니다.
④ 가족사진을 액자에 넣어 책상 위에 두었습니다.

[35~36] 다음을 읽고 질문에 답하시오.

35 아래 글의 내용과 같은 것은?

유형▶ 맞는 내용 고르기

> 지난주에 한글날 기념행사를 보러 서울 광장에 갔습니다. 사람이 정말 많았습니다. 전통 노래 공연도 있었고 한글 퀴즈 대회도 열렸습니다. 저는 공연 관람만 하려고 했지만, '한글로 이름 쓰기' 체험이 재미있어 보여서 참여했습니다. 붓으로 제 이름을 써 보니 새롭고 즐거웠습니다. 행사가 끝난 뒤에는 기념 엽서도 받았습니다. 내년에도 행사에 다시 가 보고 싶습니다.

① 행사는 부산에서 열렸습니다.
② 행사에는 관람객이 거의 없어서 한산했습니다.
③ 저는 '한글로 이름 쓰기' 체험에 참여했습니다.
④ 저는 전통 노래 공연만 보고 바로 집에 갔습니다.

36 아래 글의 내용과 같은 것은?

유형▶ 맞는 내용 고르기

> 요즘 한국은 날씨가 점점 따뜻해지고 있습니다. 겨울에는 추워서 밖에 나가기 싫었지만, 지금은 산책하기 좋은 날씨입니다. 일교차가 크기는 하지만 낮에는 햇볕이 따뜻해서 좋습니다. 공원에는 꽃이 많이 피어서 사람들이 많습니다. 많은 사람들이 운동을 하거나 산책을 합니다. 저도 날씨가 좋을 때는 공원에서 산책도 하고 근처 카페에서 커피를 마시거나 책을 읽습니다. 이런 날씨가 오래 계속되면 좋겠습니다.

① 요즘 낮에는 햇볕이 따뜻합니다.
② 공원에는 아직 꽃이 거의 피지 않았습니다.
③ 저는 겨울에 밖에서 자주 운동을 했습니다.
④ 저는 카페에 가지 않고 집에서만 책을 읽습니다.

유형 ▶ 중심 내용 고르기
문제 풀이 TIP ▶
• 키워드: 한국의 인사 문화, 고개 숙여 인사, 연장자/상사, 좋은 인간관계

[37~38] 다음을 읽고 질문에 답하시오.

37 아래 글의 중심 내용으로 알맞은 것은?

> 한국에서는 처음 만났을 때 하는 인사를 중요하게 여긴다. 처음 만나는 사람에게 인사를 할 때는 가볍게 고개를 숙이면서 해야 한다. 특히 나이가 많은 사람이나 직장에서 상사를 만날 때는 허리를 더 깊이 숙여 인사하기도 한다. 인사를 할 때는 밝은 표정으로 눈을 보면서 인사하는 것이 좋다. 친한 사이가 되면 손을 흔들거나 이름을 부르며 인사를 하기도 한다. 만날 때마다 상황에 맞는 인사를 한다면 좋은 인간관계를 만들 수 있을 것이다.

① 인사 예절은 나이에 따라 달라진다.
② 친한 친구에게는 인사를 하지 않아도 된다.
③ 인사를 할 때는 눈을 마주치지 않아야 한다.
④ 인사 예절은 사람 사이의 관계를 좋게 만들어 준다.

유형 ▶ 제목 찾기
문제 풀이 TIP ▶
• 키워드: 한국의 명절, 설날과 추석, 가족 모임, 세배/성묘/송편

38 아래 글의 제목으로 알맞은 것은?

> 한국에는 설날과 추석이라는 대표적인 명절이 있다. 명절이 되면 많은 사람들이 고향에 내려가 가족과 함께 시간을 보낸다. 설날에는 가족들이 모여서 세배를 한다. 어른들은 아이들에게 덕담을 해 주며, 아이들은 세뱃돈을 받는다. 추석에는 송편을 만들어 먹고 성묘를 가기도 한다. 명절에는 전통 의복인 한복을 입는 사람들도 있고, 윷놀이와 같은 전통 놀이를 즐기기도 한다. 명절에는 오랜만에 가족들이 모여서 시간을 보낼 수 있기 때문에 많은 사람들이 소중하게 생각한다.

① 설날과 추석의 음식 만들기
② 한국의 대표적인 놀이 문화
③ 명절에 고향에 내려가는 방법
④ 한국 사람들이 명절을 보내는 방법

한국 문화

[39~40] 다음 질문에 답하시오.

39 ㉠과 ㉡에 들어갈 숫자로 알맞은 것은?

> 한국의 초등학교 과정은 (㉠)년이고, 중학교 과정은 (㉡)년이다.

① ㉠ 3 - ㉡ 3
② ㉠ 3 - ㉡ 6
③ ㉠ 6 - ㉡ 3
④ ㉠ 6 - ㉡ 6

유형 ▶ 법과 제도
문제 풀이 TIP ▶
- 한국의 교육 과정
  - 초등학교: 6년
  - 중학교: 3년
  - 고등학교: 3년

40 한국의 이민자 정착 프로그램과 그 내용이 맞지 않는 것은?

① 조기적응프로그램 - 한국 입국 초기에 참가하는 프로그램
② 영주·귀화자 맞춤형 통합시민교육 - 국적 취득 후 받는 법령 교육
③ 사회통합프로그램 - 국제결혼의 이해를 높여주기 위한 프로그램
④ 다문화 가족 방문교육 - 다문화 가정 방문으로 진행하는 한국어 교육

유형 ▶ 법과 제도
문제 풀이 TIP ▶
- 한국의 이민자 정착 프로그램
  - 조기적응프로그램: 처음 입국할 때 참여하는 프로그램
  - 영주·귀화자 맞춤형 통합시민교육: 국적 취득, 법질서 등 교육
  - 사회통합프로그램: 한국어와 한국 문화 등 기본소양 교육
  - 다문화가족 방문교육 서비스: 교사가 다문화가정을 방문하여 교육 서비스 제공

[41~44] 다음 질문에 답하시오.

41 한국의 24절기 중 낮의 길이가 가장 긴 날은?

① 동지
② 입춘
③ 추분
④ 하지

유형 ▶ 전통
문제 풀이 TIP ▶
- 한국의 절기
  - 동지: 밤의 길이가 가장 긴 날
  - 입춘: 봄이 시작되는 날
  - 추분: 낮과 밤의 길이가 같아지는 날
  - 하지: 낮의 길이가 가장 긴 날

42 단오의 날짜는?

① 음력 1월 1일
② 음력 4월 8일
③ 음력 5월 5일
④ 음력 8월 15일

유형 ▶ 전통
문제 풀이 TIP ▶
- 한국의 대표 명절
  - 음력 1월 1일: 설날
  - 음력 4월 8일: 석가탄신일
  - 음력 5월 5일: 단오
  - 음력 8월 15일: 추석

| 유형 ▶ 지리와 기후
| 문제 풀이 TIP ▶
| • 한국의 주요 도시
| - 부산광역시
| - 울산광역시
| - 전라북도 전주시
| - 충청북도 청주시

43 한국의 제2의 도시는?

① 부산 ② 울산
③ 전주 ④ 청주

| 유형 ▶ 법과 제도
| 문제 풀이 TIP ▶
| • 행정복지센터의 업무
| - 출생신고 접수
| - 주민등록등본 발급
| - 기초생활보장 신청

44 한국의 행정복지센터에서 처리하는 업무로 맞지 않은 것은?

① 출생신고 접수 ② 주민등록등본 발급
③ 기초생활보장 신청 ④ 체류기간 연장 신청

[45~46] 다음 질문에 답하시오.

| 유형 ▶ 법과 제도
| 문제 풀이 TIP ▶
| • 경범죄의 특징:
| - 타인을 따라다니며 괴롭히는 것도 포함
| - 일상생활에서 자주 일어나며 비교적 가벼운 처벌
| - 쓰레기를 아무 데나 버리는 행위가 대표적

45 한국의 경범죄에 대한 설명으로 맞지 않는 것은?

① 경범죄를 저지르면 징역을 살거나 추방당할 수 있다.
② 다른 사람을 따라다니며 괴롭히는 것도 경범죄에 포함된다.
③ 경범죄는 일상생활에서 빈번히 일어나며 비교적 처벌이 가볍다.
④ 쓰레기를 아무 데나 버리는 행위는 대표적인 경범죄에 해당한다.

| 유형 ▶ 법과 제도
| 문제 풀이 TIP ▶
| • 유통 기한의 특징
| - 유통기한이 지나면 제품 판매 불가
| - 소비기한은 유통기한이 지나도 섭취 가능한 기준
| - 보통 '년, 월, 일'로 표시

46 유통기한에 대한 설명으로 맞지 않는 것은?

① 유통기한과 소비기한은 같은 의미로 사용한다.
② 유통기한이 지나면 제품이 상하지 않았더라도 판매할 수 없다.
③ 소비기한은 유통기한이 지난 뒤에도 섭취할 수 있는 기준이 된다.
④ 유통기한은 보통 '년, 월, 일'로 표기하며, 경우에 따라 시간도 포함된다.

[47~48] 다음 질문에 답하시오.

47 아래 글의 내용과 같은 것은?

> 온돌은 한국의 전통적인 난방 방식이다. 온돌은 불을 때는 아궁이, 열기로 방을 데우는 구들과 연기가 빠져나가는 굴뚝으로 이루어져 있다. 이 구조는 바닥 전체를 천천히 데우기 때문에 방 안이 오랫동안 따뜻하게 유지된다. 또한 아궁이 위에 솥을 걸어 밥을 짓거나, 불을 이용해 요리를 할 수 있어서 일석이조였다. 이처럼 온돌은 단순한 난방을 넘어 한국인의 생활 방식에 밀접하게 연결되어 있다. 특히 강원도처럼 겨울이 길고 추운 지역에서는 온돌이 매우 실용적인 난방 방법이었다. 현대에 와서도 한국 사람들은 온돌에 익숙해서 방바닥을 데우는 방식의 난방을 선호한다. 요즘은 아궁이 대신 보일러를 이용해서 뜨거운 물이 바닥을 지나가며 방을 데우는 방식이 널리 사용되고 있다.

① 구들은 열을 모아 천장을 따뜻하게 해 주는 구조이다.
② 온돌은 난방만을 위한 구조로 요리에는 사용할 수 없다.
③ 오늘날에도 온돌의 원리를 이용한 난방 방식을 사용하고 있다.
④ 온돌은 바닥 전체를 빠르게 데우기 때문에 열이 금방 사라진다.

유형 ▶ 한국문화 읽고 이해하기
문제 풀이 TIP ▶
- 키워드: 온돌, 바닥 난방, 아궁이, 온돌의 구조, 생활 방식의 지혜

유형 ▶ 한국문화 읽고 이해하기
문제 풀이 TIP ▶
• 키워드: 신조어, 사회 변화 반영, 세대 간의 소통, 상황에 맞는 사용

48 아래 글의 주제로 알맞은 것은?

> 사회가 변화하면서 사람들이 사용하는 언어도 달라지고 있다. 과거에는 없었던 새로운 현상이나 사물을 표현하기 위해 신조어가 생겨났다. 신조어는 빠르게 변화하는 사회의 흐름을 반영하는 자연스러운 언어 현상이다. 하지만 신조어를 너무 많이 사용하면 세대 간의 소통이 어려워질 수도 있다. 신조어는 의미 전달이 명확하지 않아 오해를 불러일으킬 수도 있기 때문이다. 따라서 뉴스나 보고서와 같은 공식적인 자리에서는 신조어 사용을 피하는 것이 좋다. 신조어는 편리하고 사회의 특징을 반영하지만 상황에 맞게 적절히 사용하는 태도가 필요하다.

① 공식 문서에서의 신조어 사용 방법
② 세대 갈등을 해결하는 방법인 신조어 사용
③ 기성세대가 신조어를 이해하지 못하는 이유
④ 신조어 사용의 장단점과 바람직한 사용 태도

한국어 활용(주관식)

[49~50] 다음을 읽고 ( )에 알맞은 것을 쓰시오.

49
가: 라만 씨, 아직도 감기가 안 나았어요?
나: 네. 무리해서 ( ) 약을 먹어도 잘 낫지 않네요.
가: 푹 쉬어야 나아요. 오늘은 일찍 주무세요.

유형 ▶ 문맥에 맞는 연결표현 활용
문제 풀이 TIP ▶
• 원인 → –었더니

50
가: 요즘 일을 찾고 있다면서요? 무슨 일을 하고 싶어요?
나: 저는 법원에서 통역하는 일을 하고 싶어요.
가: 법원에서 통역을 하려면 법률 통역 자격증을 미리 ( ).

유형 ▶ 문맥에 맞는 종결표현 활용
문제 풀이 TIP ▶
• 필요/의무 → –어야 하다

구술 시험

※ 구술감독관의 지시에 따라 다음 글을 소리 내어 읽으신 후 질문에 답하여 주시기 바랍니다.
※ 실제 구술시험에서는 질문 내용을 제외한 지문만 수험생에게 제공되오니 유의하시기 바랍니다.

> 한국에서는 대부분의 식당이나 공공장소에서 담배를 피우면 안 된다. 길을 건널 때는 반드시 횡단보도를 이용해야 한다. 횡단보도가 없는 곳에서는 길을 건너지 않는 것이 안전하다. 차를 세울 때도 길가에 아무 데나 주차하지 않고 정해진 주차장에 주차해야 한다. 이러한 규칙을 지키지 않으면 벌금을 내거나 처벌을 받게 된다. 규칙을 지키는 것은 다른 사람을 배려하는 행동이다.

01 위의 글을 소리 내어 읽어보세요.

02 한국에서는 공공장소에서 담배를 피우면 어떻게 되나요?

03 고향에도 이러한 규칙이 있나요?

04 한국에서 다른 사람의 집에 방문해 본 적이 있나요? 한국의 방문 예절에 대해 이야기해 보세요.

05 한국에서는 다문화 가정 및 이민자를 위한 다양한 복지 서비스가 있습니다. 한 가지를 골라 설명해 보세요.

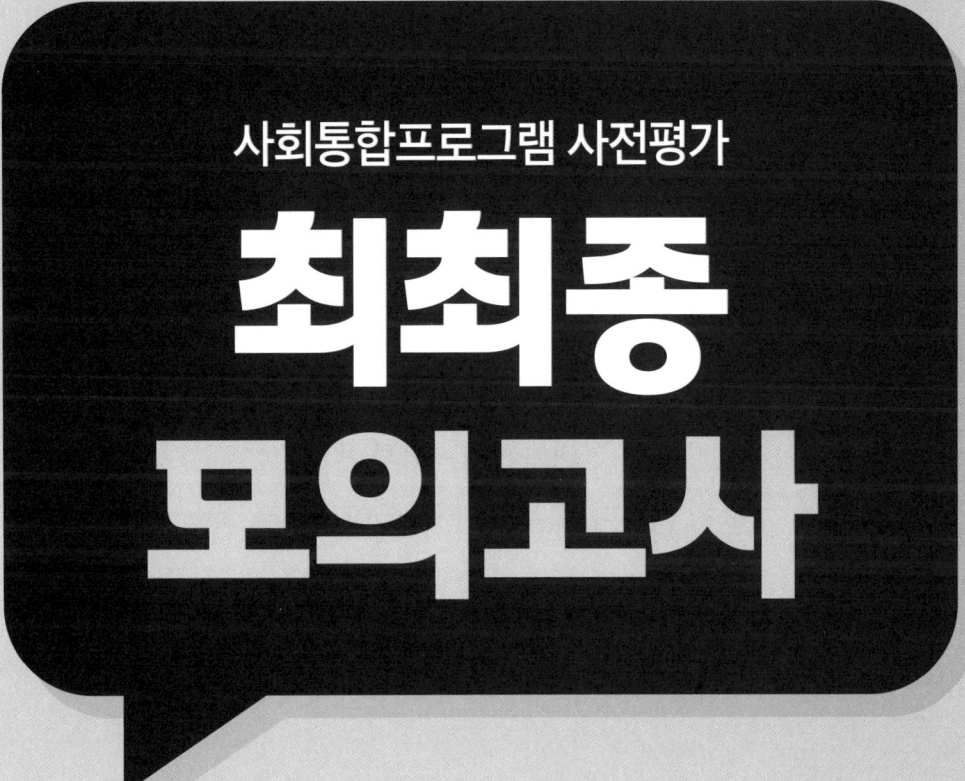

사회통합프로그램 사전평가
최최종 모의고사

시험 직전, 최종 마무리!
실전처럼 훈련하기!

최최종 모의고사 제6회

최최종 모의고사 제7회

제6회 해설강의　제7회 해설강의
바로가기　　　바로가기

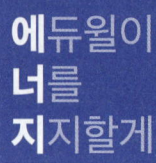

내가 꿈을 이루면
난 다시 누군가의 꿈이 된다.

사회통합프로그램
사전평가 최최종 모의고사
제6회

제6회 해설강의
바로가기

제6회

사회통합프로그램 사전평가 최최종 모의고사

정답 및 해설 p.58

한국어 기초

[01~02] 다음 질문에 답하시오.

01 표지판이 무슨 뜻이에요?

① 직진하세요.
② 왼쪽으로 가세요.
③ 위로 올라가세요.
④ 밖으로 나가세요.

02 다음 (　)에 들어갈 알맞은 것은?

| 아침에 빵(　) 과일을 먹어요. |

① (이)나　　② 부터　　③ 까지　　④ (으)로

한국어 활용 기본

[03~04] 다음 〈보기〉를 참고하여 밑줄 친 부분과 의미가 반대인 것을 고르시오.

―― 보기 ――
가: 방에 책상이 <u>있어요</u>?
나: 아니요. (   ).

❶ 없어요   ② 많아요   ③ 적어요   ④ 좋아요

03 가: 한국 가을이 <u>더워요</u>?
나: 아니요. 한국 가을은 (   ).

① 편해요   ② 많아요   ③ 예뻐요   ④ 시원해요

04 가: 저 사람을 <u>알아요</u>?
나: 아니요. (   ) 사람이에요.

① 보는   ② 만나는   ③ 모르는   ④ 기다리는

[05~06] 다음 (   )에 알맞은 것을 고르시오.

05 이 수업을 들으려면 먼저 수강 (   )을 해야 해요.

① 작성   ② 신청   ③ 참석   ④ 확인

06 저는 과일을 다 좋아하는데 (   ) 수박을 좋아해요.

① 미리   ② 혹시   ③ 특히   ④ 거의

[07~08] 다음 밑줄 친 부분과 의미가 **반대인** 것을 고르시오.

07 가: 신발을 (　　　) 들어가면 안 돼요.
나: 네. 들어가기 전에 신발을 <u>벗을게요</u>.

① 사고　　　　　　　　② 들고
③ 잡고　　　　　　　　④ 신고

08 가: 식당 안이 (　　　) 편인가요?
나: 점심 시간대라서 그런지 <u>시끄럽네요</u>.

① 한산한　　　　　　　② 조용한
③ 어수선한　　　　　　④ 복작대는

[09~10] 다음 (　)에 알맞은 것을 고르시오.

09 이곳이 관광지로 개발되면서 자연 (　　　)이 많이 오염되고 있다.

① 경관　　　　　　　　② 자원
③ 풍경　　　　　　　　④ 환경

10 이 문제를 효과적으로 (　　　) 위해서는 다양한 방안을 검토할 필요가 있다.

① 판단하기　　　　　　② 해결하기
③ 되풀이하기　　　　　④ 마무리하기

[11~12] 다음 ( )에 알맞은 것을 고르시오.

11 잘못을 했을 때는 거짓말을 하기보다 솔직하게 잘못을 인정하는 것이 더 (　　　).

① 같다　　　　　　　　　　　② 낫다
③ 있다　　　　　　　　　　　④ 없다

12 그 영화는 감동적인 (　　　)이 많아서 오랫동안 기억에 남았다.

① 사진　　　　　　　　　　　② 계절
③ 장면　　　　　　　　　　　④ 텔레비전

[13~14] 다음 〈보기〉를 참고하여 밑줄 친 부분과 의미가 비슷한 것을 고르시오.

――― 보기 ―――
가: 와! 단풍이 예쁘네요.
나: 네. 가을이어서 경치가 정말 (　　　).
① 나빠요　　② 어두워요　　③ 비슷해요　　❹ 아름다워요

13 가: 이곳의 인구가 <u>줄고</u> 있다고요?
나: 네. 다른 도시로 옮겨가는 젊은이가 늘면서 인구가 (　　　) 있습니다.

① 사라지고　　　　　　　　　② 감소하고
③ 늘어나고　　　　　　　　　④ 급변하고

14 가: 이 일을 되도록 <u>빨리</u> 처리해 주세요.
나: 네. 알겠습니다. (　　　) 진행하겠습니다.

① 유리하게　　　　　　　　　② 성실하게
③ 신중하게　　　　　　　　　④ 신속하게

한국어 활용 응용

[15~18] 다음 ( )에 알맞은 것을 고르시오.

15 가: 식사는 뭘로 드릴까요?
　　나: 김치찌개 하나 (　　　).

① 주세요　　　　　　　　② 줄게요
③ 줄 거예요　　　　　　　④ 주려고 해요

16 가: 지금 뭐 해요?
　　나: 친구를 (　　　) 커피숍에 가고 있어요.

① 만나면　　　　　　　　② 만나러
③ 만나지만　　　　　　　④ 만나는데

17 가: 시간이 (　　　) 주로 뭘 해요?
　　나: 운동을 하거나 친구를 만나요.

① 있을 때　　　　　　　　② 있으니까
③ 있으면서　　　　　　　④ 있기 때문에

18 가: 드디어 내일이 시험이네요.
나: 네. 이번 시험은 잘 (   ) 좋겠어요.

① 보는 ② 보면
③ 보기로 ④ 본 적이

[19~20] 다음 (   )에 알맞은 것을 고르시오.

19 가: 요즘 바빠요?
나: 네. 회사에 일이 (   ).

① 많거든요 ② 많아 보여요
③ 많은 것 같아요 ④ 많으면 좋겠어요

20 가: 무슨 일을 하세요?
나: 무역 회사에서 번역 일을 (   ).

① 해 봤어요 ② 해야 돼요
③ 하고 있어요 ④ 할 것 같아요

[21~22] 다음 (   )에 알맞은 것을 고르시오.

21 가: 보고서를 다 (   ) 했지요?
나: 아니요. 하지만 거의 다 썼어요. 30분 안에 드리겠습니다.

① 쓴다고　　　　　　　　　② 쓸 만하다고
③ 썼다고　　　　　　　　　④ 쓸 줄 안다고

22 가: 운전을 배우고 있는데 너무 어려워요.
나: 처음엔 다 어려워요. 계속 연습하면 운전실력이 (   ).

① 늘어 보여요　　　　　　② 늘고 있어요
③ 늘면 좋겠어요　　　　　④ 늘게 될 거예요

[23~24] 다음 밑줄 친 부분이 <u>틀린</u> 것을 고르시오.

23 ① 6월이 되니까 날씨가 많이 <u>더워졌어요</u>.
② 아침마다 어머니가 저를 일찍 <u>깨워 주셨어요</u>.
③ 한국 사람들이 저에게 어디에서 <u>왔다고 물어봐요</u>.
④ 한국 친구를 사귀면서 한국어 공부를 <u>시작하게 됐어요</u>.

24 ① 잠을 푹 자야 피곤할 수 있어요.
② 옷이 좀 비싸도 마음에 들면 사세요.
③ 밥을 먹다가 전화가 와서 전화를 받았어요.
④ 퇴근 시간이라서 길이 막힐 텐데 지하철을 타세요.

[25~26] 다음 (　)에 알맞은 것을 고르시오.

25 가: 내일 날씨는 어떤가요?
나: 일교차가 (　　) 감기 조심하시기 바랍니다.

① 크더니　　　　　　　　　② 크므로
③ 크다시피　　　　　　　　④ 큰 데다가

26 가: 여기 자주 오셨어요?
나: 네. 예전에는 주말마다 가족들이랑 같이 (　　).

① 오곤 했어요　　　　　　② 오자고 하려고요
③ 오려던 참이에요　　　　④ 오는지 몰랐어요

[27~28] 다음 밑줄 친 부분이 틀린 것을 고르시오.

27 ① 국적을 취득했지만 영주권 신청을 했어요.
② 미세먼지가 심해서 숨을 쉬는 것조차 힘들어요.
③ 김치야말로 한국을 대표하는 전통적인 음식이지요.
④ 아이치고 게임을 하루라도 안 하는 아이는 없을 거예요.

28 ① 밀린 일을 주말에 다 해 버리느라고 쉬지 못했더니 너무 피곤하네요.
② 이 식당은 저녁에 예약을 하기가 거의 불가능할 정도로 손님이 많아요.
③ 쓰레기 발생량을 줄이지 않는 한 환경오염 문제를 해결하기는 어려울 겁니다.
④ 제가 이미 말씀드렸다시피 1인 가구가 지속적으로 증가하고 있는 것으로 나타날까요?

한국어 활용+읽기

[29~30] 다음을 읽고 ㉠에 알맞은 것을 고르시오.

29
> 요즘 영화 동아리에서 옛날 영화를 함께 보고 감상문을 쓰고 있습니다. 지난주에는 프랑스 영화를 감상했는데, 내용도 좋았지만 특히 분위기가 인상 깊었습니다. 영화를 본 후에는 모여서 함께 토론을 진행했습니다. 그 과정에서 서로의 의견을 (㉠) 시간이 가장 즐거웠습니다. 다음 모임에서는 한국 영화를 볼 예정입니다. 요즈음 전 세계적으로 한국 영화가 유명해져서 아주 기대가 큽니다.

① 나누는   ② 따르는
③ 수용하는   ④ 반박하는

30

지난 주말에 지역 도서관에서 자원봉사를 했습니다. 어린이 책을 정리하고 오래된 책을 닦는 일이었습니다. 생각보다 먼지가 많아서 마스크를 쓰고 일했습니다. 한쪽에서는 선생님께서 아이들을 위해 동화책을 (㉠). 아이들은 선생님이 들려주는 동화에 귀를 기울이며 이야기에 집중했습니다. 우리는 그 모습을 보면서 뿌듯했습니다. 그리고 더 열심히 책을 깨끗하게 닦았습니다. 자원봉사가 끝난 뒤에는 담당 선생님이 고생했다며 따뜻하게 인사해주셨습니다.

① 빌려주셨습니다 ② 읽어주셨습니다
③ 모아주셨습니다 ④ 반납해주셨습니다

[31~32] 다음을 읽고 ㉠에 알맞은 것을 고르시오.

31

주말에 친구와 함께 근처 공원에 갔다. 날씨가 맑고 바람도 선선해서 산책하기에 딱 좋았다. 우리는 잔디밭에 돗자리를 펴고 앉아 오랜만에 도시락을 나눠 먹었다. 도시락을 다 먹고 돗자리에 누워서 친구와 이야기를 나누다가 잠시 하늘을 올려다보았다. 파란 하늘에 흰 구름이 천천히 흘러가는 모습이 무척 인상적이었다. 아무 말 없이 하늘을 (㉠) 나도 모르게 마음이 한결 편안해졌다. 잠시 바쁜 일상에서 벗어나 여유를 즐길 수 있는 소중한 시간이었다.

① 가만히 바라보니 ② 천천히 걸어보니
③ 한참 기다려보니 ④ 차분히 생각해보니

32

한국에서 살다 보면 외국인도 은행 일을 볼 일이 많아요. 월세를 내거나 해외에서 돈을 받거나, 한국에서 번 급여를 관리해야 할 때가 그렇죠. 그래서 한국에 온 지 얼마 안 된 사람들은 보통 제일 먼저 은행 계좌를 만들어요. 그런데 계좌를 만들려면 준비해야 할 서류가 꽤 있어요. 보통 외국인등록증이나 여권이 필요하고, 상황에 따라 재직증명서나 학생증을 내야 할 때도 있어요. 창구에서 신청서를 쓸 때는 (㉠) 정확하게 제출해야 해요. 정보를 빠뜨리거나 잘못 쓰면 계좌 개설이 늦어지거나 어려울 수도 있거든요.

① 급여 관리를 위한 방법을 ② 계좌 개설을 위한 서류를
③ 은행 거래를 위한 규정을 ④ 해외 송금을 위한 절차를

읽고 이해하기

[33~34] 다음을 읽고 질문에 답하시오.

33 ㉠이 가리키는 것은?

> 어제는 머리가 너무 아파서 근처 병원에 갔습니다. 접수 창구에서 이름을 적고 진료 접수를 했습니다. 조금 기다린 후 의사 선생님을 만났습니다. 선생님은 증상을 물어보고 저에게 맞는 약을 처방해 주었습니다. 진료가 끝난 뒤에 진료비를 내고 처방전을 받았습니다. 그리고 병원 옆의 약국에 가서 약을 받았습니다. 집에 와서 ㉠이것을 먹으니 조금 나아졌습니다.

① 약　　　　　　　　　　　② 증상
③ 진료비　　　　　　　　　④ 처방전

34 위 글의 내용과 같은 것은?

① 약사가 약을 처방해 주었습니다.
② 저는 병원에서 주사를 맞았습니다.
③ 저는 병원에서 바로 약을 받았습니다.
④ 저는 어제 머리가 아파서 병원에 갔습니다.

[35~36] 다음을 읽고 질문에 답하시오.

35 아래 글의 내용과 같은 것은?

> 한국은 사계절이 있어서 계절마다 다른 즐거움이 있습니다. 봄에는 벚꽃을 보러 가고, 가을에는 단풍을 구경하러 갑니다. 여름은 덥지만, 시원한 음료나 물놀이를 즐길 수 있어서 괜찮습니다. 겨울은 춥지만 눈이 와서 경치가 아름답습니다. 한국에 와서 눈을 실제로 처음 보고 감동을 받았습니다. 계절에 따라 옷을 바꿔 입는 것도 신선한 경험입니다. 그리고 각 계절마다 즐길 수 있는 음식도 달라서 한국 생활의 재미가 됩니다. 이제는 한국에서 날씨에 따라 생활하는 것이 익숙해졌습니다.

① 계절마다 똑같은 음식을 먹습니다.
② 한국에는 눈이 오지 않아서 아쉽습니다.
③ 저는 눈을 처음 보고 감동을 받았습니다.
④ 저는 계절이 바뀌는 것을 불편하게 생각합니다.

36 아래 글의 내용과 같은 것은?

> 한국에 와서 가장 놀란 것 중 하나는 카페가 매우 다양하다는 점이었습니다. 처음에는 단순히 커피만 파는 곳이라고 생각했는데, 막상 가 보니 전혀 그렇지 않았습니다. 카페마다 인테리어가 독특하고 분위기도 달랐습니다. 조용히 공부할 수 있는 카페도 있고 사진을 찍기 좋은 카페도 있었습니다. 저는 점점 분위기 좋은 카페를 찾아다니는 재미에 빠지게 되었습니다. 요즘에는 주말에 친구들과 카페에서 만나 시간을 보내는 일이 자연스러운 일상이 되었습니다. 이제 카페는 단순히 커피를 마시는 공간이 아니라 하나의 '문화 공간'처럼 느껴집니다.

① 한국의 카페는 인테리어와 분위기가 다양합니다.
② 나는 주로 혼자 카페에 가서 공부하는 것을 즐깁니다.
③ 카페에서 디저트는 먹을 수 없어서 자주 가지 않습니다.
④ 나는 한국의 카페를 단순히 커피만 마시는 곳으로 생각합니다.

[37~38] 다음을 읽고 질문에 답하시오.

37 아래 글의 중심 내용으로 알맞은 것은?

> 한국에서는 쓰레기를 종류에 따라 분리해서 버려야 한다. 보통 플라스틱, 종이, 음식물 등으로 나누어 버린다. 처음에는 무엇을 어디에 버려야 하는지 헷갈렸지만, 아파트에 분리수거장이 따로 있어 차츰 방법을 익힐 수 있었다. 이웃들이 분리배출을 올바르게 하는 모습을 보면서 나도 점점 노력하게 되었고, 이제는 습관이 되어 자연스럽게 실천하고 있다. 분리수거는 환경을 보호하는 중요한 행동이라고 생각하며, 환경을 위하여 앞으로도 꾸준히 실천할 것이다.

① 분리수거가 습관이 되어 자연스럽게 할 수 있다.
② 아파트의 분리수거장에서 분리수거 방법을 익혔다.
③ 한국에서는 종류에 따라 쓰레기를 분리 배출해야 한다.
④ 분리수거를 실천하는 것은 중요하며 환경을 보호하는 행동이다.

38 아래 글의 제목으로 알맞은 것은?

> 한국 친구가 찜질방에 나를 처음 데려갔을 때 처음에는 무엇을 해야 할지 몰랐다. 목욕을 하고 나서 노란 옷으로 갈아입고 찜질방 안으로 들어갔다. 방마다 온도가 달라서 원하는 대로 골라서 쉴 수 있었다. 따뜻한 방에 누워 있으면 피로가 풀리고 몸이 가벼워지는 느낌이었다. 사람들이 맥반석 달걀과 식혜를 먹는 모습을 보고 나도 따라 해 보았다. 휴게공간에서 만화책을 보거나 TV를 보면서 시간을 보내는 것도 즐거웠다. 나는 저녁 쯤에 찜질방에서 나왔지만 밤까지 놀다가 찜질방에서 하룻밤을 보내는 사람들도 있었다. 찜질방은 단순히 씻는 곳이 아니라 휴식과 문화가 있는 공간이었다.

① 찜질방에서 보낸 하루
② 찜질방과 대중목욕탕의 차이
③ 한국의 겨울철 건강 관리법
④ 한국의 대중목욕탕 이용 방법

한국 문화

[39~40] 다음 질문에 답하시오.

39 한국에서 경범죄로 처벌받는 행위로 맞지 <u>않는</u> 것은?

① 침 뱉기 ② 낙서하기
③ 불 태우기 ④ 쓰레기 버리기

40 한국의 명절로 맞지 <u>않는</u> 것은?

① 단오 ② 설날
③ 춘분 ④ 동지

[41~44] 다음 질문에 답하시오.

41 추석에 하는 전통 놀이로 맞지 <u>않는</u> 것은?

① 연날리기 ② 사물놀이
③ 강강술래 ④ 줄다리기

42 한국의 국경일로, 단군이 나라를 세운 것을 기념하는 날은?

① 한글날 ② 삼일절
③ 개천절 ④ 광복절

43 한국에서 70세 생일을 말하는 것은?

① 첫돌　　　　　　　　　② 회갑
③ 고희　　　　　　　　　④ 팔순

44 한국의 유네스코 세계 문화유산이 <u>아닌</u> 것은?

① 창덕궁　　　　　　　　② 불국사
③ 수원 화성　　　　　　　④ 경복궁

[45~46] 다음 질문에 답하시오.

45 한국의 선거에 대한 설명으로 맞지 <u>않는</u> 것은?

① 대통령 후보는 40세 이상이 되어야 출마가 가능하다.
② 국회의원은 4년마다 뽑으며 지역구 의원과 전국구 의원으로 나뉜다.
③ 선거권이 있는 사람이라면 누구나 똑같이 한 표씩만 투표할 수 있다.
④ 대통령은 5년마다 뽑으며, 한 번 당선 되어도 다음 선거에 출마할 수 있다.

46 한국에서 가족을 부르는 호칭으로 맞지 <u>않는</u> 것은?

① 아내는 남편의 누나를 '형님'이라고 한다.
② 남편은 아내의 오빠를 '처형'이라고 한다.
③ 아내는 남편의 아버지를 '아버님'이라고 한다.
④ 남편은 아내의 남동생의 아내를 '처남댁'이라고 한다.

[47~48] 다음 질문에 답하시오.

47 아래 글의 내용과 같은 것은?

> 한복은 한국의 전통 의복으로, 오랜 시간 동안 한국인의 삶 속에서 함께해 온 옷이다. 예전에는 한복을 일상복으로 입었지만, 요즘은 명절이나 결혼식 같은 특별한 날에 주로 입는다. 한복은 색과 모양이 다양하고, 넉넉한 품과 자연스러운 선이 특징이다. 여자의 한복은 보통 저고리와 치마로 구성되고, 남자의 한복은 저고리와 바지로 이루어진다. 예전에는 신분이나 나이에 따라 한복의 색깔을 구별하여 입었지만, 지금은 취향에 따라 색을 자유롭게 고를 수 있다. 요즘에는 전통 한복 외에도 현대적인 디자인을 더한 생활한복도 인기를 끌고 있다.

① 한복은 현재 일상에서 자주 입는 옷이다.
② 남자의 한복은 보통 저고리와 치마로 구성된다.
③ 한복을 입으려면 반드시 특별한 자격이 필요하다.
④ 한복은 다양한 색과 형태로 구성된 전통 의복이다.

48 아래 글의 주제로 알맞은 것은?

> 최근 한국에서는 1인 가구가 빠르게 증가하고 있다. 젊은 세대는 독립적인 삶을 추구하고, 고령층은 혼자 사는 경우가 많아졌기 때문이다. 이러한 변화에 따라 소형 아파트, 원룸, 오피스텔 등 1인 가구를 위한 주거 형태가 다양해졌다. 마트와 편의점에서도 1인분 음식이나 간편식을 쉽게 찾을 수 있다. 이와 더불어, 요리를 하지 않아도 되는 배달 서비스와 밀키트(Meal kit) 시장도 함께 성장하고 있다. 가구와 가전제품도 혼자서 사용하기 좋은 크기와 기능으로 출시되고 있다. 이처럼 1인 가구의 생활 방식이 사회 전반에 영향을 주고 있다. 앞으로도 1인 가구를 위한 서비스와 문화는 계속 확대될 것으로 보인다.

① 한국의 고령 인구 증가 현상
② 편의점에서 판매하는 인기 식품
③ 한국 가전제품의 세계 수출 사례
④ 한국의 1인 가구 증가와 생활의 변화

한국어 활용(주관식)

[49~50] 다음을 읽고 ( )에 알맞은 것을 쓰시오.

49
가: 요즘 날이 너무 더워서 걱정이에요.
나: 그러게요. 우리나라 여름보다 더 더워요.
가: 지구온난화가 더욱 심해지는 모양이에요. 앞으로 환경 보호를 위해서 저희도 (   ) 하겠어요.

50
가: 어? 회사 앞에 식당이 생겼네요.
나: 네. 지난주에 가 봤는데 분위기도 좋고 음식도 (   ).
가: 그래요? 그럼 오늘 점심은 저기에 가서 먹을까요?

구술 시험

※ 구술감독관의 지시에 따라 다음 글을 소리 내어 읽으신 후 질문에 답하여 주시기 바랍니다.
※ 실제 구술시험에서는 질문 내용을 제외한 지문만 수험생에게 제공되오니 유의하시기 바랍니다.

> 요즘 한국에서는 반려동물을 키우는 사람이 많다. 강아지나 고양이를 가장 많이 키운다. 가정에서 함께 생활한다는 의미로 애완동물보다는 반려동물이라고 부른다. 그래서 주변에서도 반려동물을 위한 병원, 미용실, 호텔, 유치원 등을 쉽게 찾을 수 있다. 동물 전용 간식이나 장난감도 예전보다 다양해졌다. 주변에서 반려동물과 산책하는 사람도 많이 보인다. 이처럼 한국에는 반려동물을 소중히 여기는 문화가 정착하고 있다.

01 위의 글을 소리 내어 읽어보세요.

02 반려동물을 위한 시설은 어떤 것이 있나요?

03 고향에도 반려동물 문화가 있나요? 있다면 한국의 반려동물 문화와의 공통점이나 차이점을 설명해 보세요.

04 사교육의 장점과 단점에 대해 이야기해 보세요.

05 한국에서는 근로자를 보호하기 위해 다양한 제도를 시행하고 있습니다. 그중 하나를 설명해 보세요.

사회통합프로그램
사전평가 최최종 모의고사
제7회

제7회 해설강의
바로가기

제7회

정답 및 해설 p.70

한국어 기초

[01~02] 다음 질문에 답하시오.

01 이 사람은 무엇을 하고 있어요?

① 운동하고 있어요.
② 공부하고 있어요.
③ 밥을 먹고 있어요.
④ 잠을 자고 있어요.

02 다음 (   )에 들어갈 알맞은 것은?

> 저는 운동을 좋아해요. 우리 둘째 형(   ) 운동을 좋아해요.

① 만   ② 도   ③ 이나   ④ 하고

한국어 활용 기본

[03~04] 다음 〈보기〉를 참고하여 밑줄 친 부분과 의미가 반대인 것을 고르시오.

―| 보기 |―

가: 방에 책상이 <u>있어요</u>?
나: 아니요. (　　　).

❶ 없어요　　② 많아요　　③ 적어요　　④ 좋아요

03 가: 도서관에 사람이 <u>많아요</u>?
　　 나: 아니요. (　　　).

① 사요　　② 적어요　　③ 쉬워요　　④ 있어요

04 가: <u>자고</u> 있었어요?
　　 나: 아니요. 아까 (　　　).

① 앉았어요　　② 놀았어요　　③ 운동했어요　　④ 일어났어요

[05~06] 다음 (　　)에 알맞은 것을 고르시오.

05 체류 기간을 연장하려고 필요한 (　　　)를 준비하고 있어요.

① 서류　　② 업무　　③ 신고　　④ 평가

06 (　　　) 시간이 있으면 잠깐만 도와주세요.

① 아마　　② 혹시　　③ 미리　　④ 거의

[07~08] 다음 밑줄 친 부분과 의미가 반대인 것을 고르시오.

07 가: 친구에게 선물을 <u>줬어요</u>?
나: 네. 친구가 선물을 (　　　) 기뻐했어요.

① 받고　　　　　　　　② 찾고
③ 준비하고　　　　　　④ 기대하고

08 가: 이제 한국 음식에 많이 <u>익숙해졌지요</u>?
나: 네. 그래도 아직 (　　　) 음식이 있어요.

① 낯선　　　　　　　　② 그리운
③ 신선한　　　　　　　④ 특별한

[09~10] 다음 (　　)에 알맞은 것을 고르시오.

09 요즘에는 많은 사람들이 인터넷을 통해 (　　　)를 얻는다.

① 분야　　　　　　　　② 의무
③ 가치　　　　　　　　④ 정보

10 내가 (　　　) 직장에 들어가기 위해서 다양한 경험을 쌓고 있다.

① 옮기는　　　　　　　② 원하는
③ 결심하는　　　　　　④ 다니는

[11~12] 다음 ( )에 알맞은 것을 고르시오.

11 갑자기 추워진 날씨로 폭설이 내려 교통이 ( ).

① 빨라졌습니다 ② 마비되었습니다
③ 원활해졌습니다 ④ 회복되었습니다

12 공공장소에서 시끄러운 소리를 내면 주변 사람들에게 ( )을/를 줄 수 있다.

① 가해 ② 질서
③ 처벌 ④ 피해

[13~14] 다음 〈보기〉를 참고하여 밑줄 친 부분과 의미가 비슷한 것을 고르시오.

―― 보기 ――
가: 와! 단풍이 예쁘네요.
나: 네. 가을이어서 경치가 정말 ( ).
① 나빠요 ② 어두워요 ③ 비슷해요 ❹ 아름다워요

13 가: 이 선풍기를 고칠 건가요?
나: 네. 반드시 ( ) 수 있었으면 좋겠는데 가능할까요?

① 수리할 ② 작동할
③ 점검할 ④ 해결할

14 가: 내일 우리가 볼 연극이 뭐예요?
나: 아, 내일 우리가 ( ) 연극은 '돈키호테'예요.

① 들을 ② 살필
③ 시청할 ④ 관람할

한국어 활용 응용

[15~18] 다음 (   )에 알맞은 것을 고르시오.

15 가: 점심 메뉴로 뭘 먹을까요?
　　 나: 저는 김밥을 (　　　).

① 먹어 주세요　　　　　　　② 먹지 마세요
③ 먹고 싶어요　　　　　　　④ 먹으러 가요

16 가: 언니가 키가 크네요. 동생도 키가 커요?
　　 나: 아니요. 언니는 키가 (　　　) 동생은 작아요.

① 커서　　　　　　　　　　② 크면
③ 크니까　　　　　　　　　④ 크지만

17 가: 요즘 머리가 자주 아프네요. 어떤 약이 좋을까요?
　　 나: 환자분의 경우에는 머리가 많이 (　　　) 이 약을 드셔 보세요.

① 아플 때는　　　　　　　　② 아프고 나면
③ 아픈 와중에　　　　　　　④ 아플 텐데

18 가: 이 옷을 제가 (　　　) 될까요?
　　나: 그럼요. 사이즈가 어떻게 되세요?

① 입어 봐도　　　　　　　　② 입지 않아도
③ 입을 줄 알아도　　　　　　④ 입은 적이 있어도

[19~20] 다음 (　)에 알맞은 것을 고르시오.

19 가: 내일도 수업에 늦으면 안 돼요.
　　나: 죄송합니다. 내일은 꼭 일찍 (　　　).

① 출석했습니다　　　　　　　② 출석해 보세요
③ 출석하겠습니다　　　　　　④ 출석해도 됩니다

20 가: 오늘 만날 수 있어요?
　　나: 미안해요. 오늘까지 이 일을 다 (　　　). 주말에 만나요.

① 마쳐도 돼요　　　　　　　② 마쳐야 해요
③ 마칠 수 있어요　　　　　　④ 마칠 것 같아요

[21~22] 다음 (　)에 알맞은 것을 고르시오.

21 가: 일요일에도 일을 해요?
　　나: 네. 일요일에 (　　　) 월요일에 쉬어요.

① 일하면서　　　　　　　　② 일하려면
③ 일하는 대신　　　　　　　④ 일하는 데다가

22 가: 어디예요? 커피숍에 도착했어요?
　　나: 네. 지금 커피숍에 (　　　).

① 와 있어요　　　　　　　　② 오고 있어요
③ 온다고 해요　　　　　　　④ 오면 좋겠어요

[23~24] 다음 밑줄 친 부분이 틀린 것을 고르시오.

23 ① 휴대폰이 <u>오래되어서 그런지</u> 자꾸 고장이 나요.
　　 ② 친구가 같이 여행을 <u>가자고 해서</u> 좋다고 했어요.
　　 ③ 검은색 셔츠와 바지를 <u>입어 있는</u> 사람이 제 친구예요.
　　 ④ 어디로 여행을 가면 <u>좋은지 몰라서</u> 인터넷으로 찾아봤어요.

24 ① 선생님이 학생들에게 숙제를 꼭 하게 하셨어요.
② 그 도시는 볼거리가 많아서 한번 여행해 볼 만해요.
③ 앞으로 이 문제를 더 적극적인 자세로 해결해 가겠습니다.
④ 어렸을 때는 운동을 잘 못했는데 커서 운동을 잘해졌어요.

[25~26] 다음 (   )에 알맞은 것을 고르시오.

25 가: 이제 비가 그쳤어요?
나: 네. 오전에는 폭우가 (   ) 지금은 화창하네요.

① 내리도록   ② 내리므로
③ 내리더니   ④ 내린 나머지

26 가: 투이 씨는 아직 안 왔어요?
나: 네. 아까 회의를 하고 있다고 했는데 아직 안 (   ).

① 끝났나 봐요   ② 끝난 척했어요
③ 끝날 수밖에 없어요   ④ 끝난 줄 알았어요

[27~28] 다음 밑줄 친 부분이 **틀린** 것을 고르시오.

27 ① 우리 팀이 우승할 수 있도록 최선을 다하겠습니다.
② 이곳은 시설이 좋을 뿐만 아니라 교통도 불편해요.
③ 친구가 요즘 무리를 하더니 결국 쓰러지고 말았어요.
④ 그 영화의 대사를 거의 다 외울 정도로 여러 번 봤어요.

28 ① 아기가 엄마를 따라 하는 모습이 얼마나 귀여운지 몰라요.
② 성인이라면 누구나 자신의 행동에 책임을 져야 하는 법이에요.
③ 친구가 나를 생각해 준 마음이 너무 감동적이라서 거의 울 뻔했어요.
④ 이 음식을 만든 것은 이번이 처음인데 예전에는 자주 요리하곤 했어요.

한국어 활용+읽기

[29~30] 다음을 읽고 ㉠에 알맞은 것을 고르시오.

29
> 요즘에는 시험 기간이라 도서관에서 공부하는 시간이 많습니다. 매일 아침 일찍 도서관에 (㉠) 자리를 잡습니다. 조용한 분위기에서 집중이 잘 되고, 필요한 자료도 쉽게 찾을 수 있습니다. 가끔 친구들과 휴게실에서 간단한 이야기를 나누기도 합니다. 공부하다가 졸릴 때는 바깥에 나가 도서관 주변을 산책하기도 합니다. 이곳은 저에게 꼭 필요한 공간입니다.

① 와서
② 다녀서
③ 들러서
④ 드나들어서

30

주말에 시립 미술관에서 열린 사진 전시회를 다녀왔습니다. 전시 주제는 '일상의 순간'이었습니다. 작가는 '평범한 거리', '사람', '사물' 등을 사진으로 담아냈습니다. 어떤 사진은 웃음을 주었고, 어떤 사진에서는 슬픔이 느껴졌습니다. 저는 우는 아이를 안고 있는 엄마의 모습을 담은 사진을 한참 (㉠). 사진 한 장으로 이렇게 다양하고 깊은 감정을 느낄 수 있다는 것이 정말 인상적이었습니다.

① 비교했습니다　　　　② 인화했습니다
③ 촬영했습니다　　　　④ 바라보았습니다

[31~32] 다음을 읽고 ㉠에 알맞은 것을 고르시오.

31

이번 학기에 한국에 와서 가장 놀란 점 중 하나는 물가였습니다. 처음에는 편의점에서 삼각김밥이나 음료수를 샀는데, 생각보다 가격이 비싸서 자주 사 먹기 어려웠습니다. 마트에 가 보니 수입 과일과 고기는 더 비싸서 쉽게 사지 못했습니다. 반대로 채소나 김치 같은 한국 음식 재료는 가격이 비교적 저렴했습니다. 그래서 한국 사람들은 장을 볼 때 어디에서 무엇을 사야 할지 잘 따져 보는 것 같았습니다. 요즘에는 시장에 가면 가격이 조금 더 합리적이라서 자주 이용합니다. 여러 번 경험하면서 (㉠) 한국의 물가에 점점 익숙해지는 제 모습을 발견했습니다.

① 자세히 들여다보니　　　　② 무심코 지나쳐보니
③ 꾸준히 비교해 보니　　　　④ 천천히 적응해 보니

32

한국에 와서 특별한 경험 중 하나는 판소리를 직접 감상한 일이었습니다. 판소리는 한국의 전통 음악으로, 한 명의 소리꾼이 북 반주에 맞추어 긴 이야기를 노래하는 공연입니다. 소리꾼이 공연 전체를 이끌어가기 때문에 공연을 감상할 때는 (㉠) 집중해서 듣는 것이 가장 중요합니다. 소리꾼의 목소리는 힘 있고 표현이 다양하며, 북을 치는 고수의 장단은 소리의 흐름을 이끌어 줍니다. 또한 이야기를 이해하려면 가사의 뜻을 잘 들어야 하고, 소리꾼의 몸짓이나 표정에도 주목해야 합니다. 처음에는 가사가 어려워 잘 이해되지 않았지만, 장단과 목소리에 점점 빠져들면서 판소리의 매력을 느낄 수 있었습니다.

① 북을 치는 고수의 장단을　　　　② 소리꾼이 표현하는 목소리를
③ 공연장에서 지켜야 할 예절을　　　　④ 판소리에 담겨 있는 이야기를

읽고 이해하기

[33~34] 다음을 읽고 질문에 답하시오.

33 ㉠이 가리키는 것은?

> 저는 공부할 때 조용한 분위기를 좋아합니다. 그래서 자주 가는 카페가 하나 있습니다. 그곳은 테이블 간격도 넓고 조용한 음악이 나와서 공부하기에 딱 좋습니다. 주로 오후 시간에 카페에 가서 2~3시간 정도 머무릅니다. 노트북을 가져가서 숙제를 하거나 발표 준비를 합니다. 중간에 커피를 마시며 잠깐씩 쉬기도 합니다. 직원들도 친절해서 편하게 공부할 수 있는 분위기입니다. 요즘에는 집보다 ㉠그곳에서 공부하는 시간이 더 많습니다.

① 집
② 마트
③ 카페
④ 도서관

34 위 글의 내용과 같은 것은?

① 저는 사람이 많은 카페에서 공부합니다.
② 저는 노트북을 가지고 다니지 않습니다.
③ 저는 카페에서 공부하는 것을 선호합니다.
④ 저는 카페보다는 집에서 공부하는 시간이 깁니다.

[35~36] 다음을 읽고 질문에 답하시오.

35 아래 글의 내용과 같은 것은?

> 한국에 온 지 얼마 안 되었을 때, 한국의 음식 배달 문화가 신기했습니다. 앱으로 원하는 음식을 고르고 바로 주문할 수 있다는 점이 편리했습니다. 처음에는 앱 사용이 어렵게 느껴졌지만, 몇 번 해 보니 금방 익숙해졌습니다. 가장 자주 시켜 먹는 음식은 김밥과 치킨입니다. 배달이 빠르고 음식도 따뜻하게 와서 만족스러웠습니다. 배달 기사님들께는 간단하게 "감사합니다."라고 인사합니다. 이제는 고향에 있는 친구에게도 한국 배달 문화를 자랑하고 있습니다. 고향 친구가 한국에 오면 한강에서 치킨을 배달시켜 먹어 보고 싶습니다.

① 아직 배달 앱을 사용하지 못합니다.
② 배달 음식은 항상 식어서 아쉽습니다.
③ 한국의 배달 문화가 불편하다고 생각합니다.
④ 배달 음식으로 김밥과 치킨을 자주 먹습니다.

36 아래 글의 내용과 같은 것은?

> 한국에 와서 처음으로 대중목욕탕에 가 본 날을 잊을 수 없습니다. 처음에는 낯선 사람들과 함께 목욕을 해야 한다는 것이 걱정되었습니다. 하지만 친구가 같이 가보자고 해서 용기를 냈습니다. 목욕탕 안은 깨끗하고 따뜻해서 생각보다 편안했습니다. 여러 종류의 사우나도 있어서 흥미로웠습니다. 때밀이 문화도 처음 경험했는데, 시원한 느낌이었습니다. 목욕탕 이용 방법은 친구가 하나하나 알려줘서 어려움이 없었습니다. 요즘은 피곤할 때 혼자서 목욕탕에 가서 사우나도 즐기고 피로를 풀고 오곤 합니다.

① 때밀이는 불편하고 아픈 경험이었습니다.
② 목욕탕은 불편하고 시끄러워서 가지 않습니다.
③ 지금도 목욕탕이 불편해서 혼자 가지 못합니다.
④ 친구가 도와줘서 목욕탕을 이용할 수 있었습니다.

[37~38] 다음을 읽고 질문에 답하시오.

37 아래 글의 중심 내용으로 알맞은 것은?

> 한국의 초·중·고등학교에서는 학생이 실내화를 신는 것이 일반적이다. 모든 학생은 학교에 와서 신발을 갈아신고 교실로 들어간다. 실내화는 보통 개인 사물함에 보관한다. 처음에는 왜 신발을 바꿔 신는지 이해하지 못했다. 하지만 교실을 깨끗하게 유지하고자 하는 목적이 있다는 걸 알게 되었다. 비가 오는 날이나 눈이 내리는 날에도 교실이 더러워지지 않아서 좋다. 학생들은 실내화를 신고 운동장에 나가지 않는다. 실내화를 신는 것은 학교의 청결을 지키는 중요한 규칙이다.

① 실내화는 멋을 내기 위한 패션이다.
② 실내화는 운동할 때 신는 신발이다.
③ 외부 신발로 교실을 출입할 수 있다.
④ 학교에서 실내화를 신는 것은 청결에 중요하다.

38 아래 글의 제목으로 알맞은 것은?

> 작년 겨울, 친구 가족과 함께 김장을 해 본 경험이 있다. 아침부터 김장 재료를 씻고, 배추에 양념을 바르는 일을 도왔다. 날씨는 너무 추웠지만 모두 함께해서 즐거운 분위기였다. 친구 어머니께서는 김장은 온 가족이 모여서 하기 때문에 가족이 더 가까워진다고 말씀하셨다. 김장이 끝난 뒤에는 삶은 고기와 함께 김장 김치를 먹었는데 정말 맛있었다. 그날 만든 김치는 집집마다 나누어 가져가서 겨울부터 다음 해 내내 저장해놓고 먹을 수 있다고 했다. 온 가족의 노력이 들어간 한국의 김장 문화가 인상 깊었다. 한국의 김장은 단순한 전통 요리를 만드는 활동이 아니라 하나의 가족 문화처럼 느껴졌다.

① 한국의 김치 종류
② 김치를 만드는 방법
③ 겨울에 먹는 음식 추천
④ 김장에 담긴 한국의 가족 문화

한국 문화

[39~40] 다음 질문에 답하시오.

39 한국의 삼권분립 제도로 맞지 <u>않는</u> 것은?

① 교육부 ② 사법부
③ 입법부 ④ 행정부

40 국민의 4대 의무로 맞지 <u>않는</u> 것은?

① 국방의 의무 ② 교육의 의무
③ 납세의 의무 ④ 선거의 의무

[41~44] 다음 질문에 답하시오.

41 대한민국의 중앙은행으로 발권은행은?

① 국민은행 ② 대한은행
③ 중앙은행 ④ 한국은행

42 날씨를 관측하고 정보를 모아 날씨를 예보하는 기관은?

① 법원 ② 시청
③ 기상청 ④ 우체국

43 남녀가 부부가 됨을 서약하는 의식으로 초대받은 사람이 축의금을 준비하는 행사는?

① 환갑
② 돌잔치
③ 결혼식
④ 장례식

44 태극기 4괘의 각각의 의미가 아닌 것은?

① 건 – 하늘
② 곤 – 땅
③ 감 – 물
④ 리 – 생명

[45~46] 다음 질문에 답하시오.

45 국민의 기본권에 대한 설명으로 맞지 않는 것은?

① 평등권: 부당하게 차별받지 않을 권리
② 사회권: 인간다운 생활을 보장받을 권리
③ 자유권: 개인의 자유를 침해받지 않을 권리
④ 청구권: 국가의 의사 결정 과정에 참여할 수 있는 권리

46 한국의 국경일에 대한 설명으로 맞지 않는 것은?

① 한글날 – 한글을 창제한 것을 기념하기 위한 날
② 제헌절 – 한국의 헌법이 제정된 것을 기념하기 위한 날
③ 개천절 – 한국이 식민지배에서 벗어나 독립한 것을 기념하는 날
④ 3·1절 – 한국이 식민지배에 항거하고 독립 의사를 세계에 밝힌 것을 기념하는 날

[47~48] 다음 질문에 답하시오.

47 아래 글의 내용과 같은 것은?

> 차례는 한국의 대표적인 전통 의례 중 하나로, 조상에게 예를 표하는 행사이다. 주로 설날이나 추석 아침에 가족이 함께 모여 조상에게 감사의 마음을 전한다. 차례상에는 다양한 음식을 정성껏 차려 놓는데, 지역과 가정에 따라 음식 구성은 조금씩 다르다. 전통적으로는 남자가 제사를 주관했지만, 요즘은 성별과 상관없이 모두가 함께 참여한다. 차례를 지낸 후에는 온 가족이 함께 음식을 나누어 먹으며 대화를 나눈다. 이런 시간은 가족 간의 정을 나누는 중요한 기회가 되기도 한다. 최근에는 간소하게 하는 집도 많고, 여행을 대신 선택하는 가족도 있다. 형태는 달라졌지만 조상을 기리는 마음은 여전히 남아 있다.

① 차례는 이제 거의 사라진 전통이다.
② 차례는 주로 밤에 조용히 혼자 지낸다.
③ 차례상은 전국 어디서나 항상 똑같이 차린다.
④ 요즘에는 가족 모두가 차례에 참여할 수 있다.

48 아래 글의 주제로 알맞은 것은?

최근 한국에서는 무인 가게가 점점 늘어나고 있다. 무인 편의점, 무인 아이스크림 가게, 무인 카페 등 다양한 형태로 확장되고 있다. 이런 가게는 점원 없이 운영되며, 고객이 직접 계산하거나 키오스크를 이용한다. 24시간 운영이 가능하고 인건비를 절약할 수 있어 자영업자에게 인기가 많다. 특히 코로나19 이후 비대면 서비스에 대한 수요가 증가하면서 빠르게 퍼지게 되었다. 하지만 도난이나 결제 오류 등 문제도 있기 때문에 보완이 필요한 부분도 있다. 많은 소비자는 자유롭게 쇼핑할 수 있는 점에서 무인 가게를 편리하다고 느낀다. 이제 무인 가게는 새로운 소비문화로 자리 잡아가고 있다.

① 편의점 점원의 고충
② 한국의 키오스크 사용법
③ 자영업자의 창업 실패 사례
④ 무인 가게 증가와 새로운 소비문화

한국어 활용(주관식)

[49~50] 다음을 읽고 ( )에 알맞은 것을 쓰시오.

49
가: 한국에서는 설날에 꼭 떡국을 먹어야 해요?
나: 한국에서는 설날에 떡국을 먹어야 나이가 한 살 더 많아진다고 생각하거든요.
가: 그렇군요. 선생님 덕분에 한국 문화를 잘 ( ) 되었어요.

50
가: 다음 주에 한국어능력시험이 있지요?
나: 네. 이번에는 꼭 좋은 점수를 ( ).
가: 열심히 준비했으니까 잘 볼 거예요. 힘내세요!

구술 시험

※ 구술감독관의 지시에 따라 다음 글을 소리 내어 읽으신 후 질문에 답하여 주시기 바랍니다.
※ 실제 구술시험에서는 질문 내용을 제외한 지문만 수험생에게 제공되오니 유의하시기 바랍니다.

한국에서는 많은 학생들이 방과 후에 학원에 간다. 학교에서 미처 배우지 못한 내용을 학원에서 더 배울 수 있기 때문이다. 학원에서는 외국어, 수학, 과학 같은 과목을 공부할 수 있다. 자신이 부족한 과목을 집중해서 더 공부할 수 있는 것이다. 대부분의 학생들은 입시를 준비하거나 성적을 올리기 위해 학원을 다닌다. 그리고 미술과 음악, 체육처럼 연습이 필요한 강의를 선택해서 집중적으로 들을 수도 있다. 어릴 때부터 여러 개의 학원을 다니는 학생도 많다. 주말이나 방학에도 학원에 가는 경우가 있다. 학원은 학생들에게 공부하는 습관을 길러 준다. 하지만 쉬는 시간이 부족하다는 의견도 있다.

01 위의 글을 소리 내어 읽어보세요.

02 학원을 다녀서 좋은 점은 무엇인가요?

03 고향에도 사교육이 있나요? 한국과 공통점이나 차이점이 있나요?

04 한국에서 보고 싶은 문화유산이 있나요? 무엇이고, 왜 보고 싶은지 이야기해 보세요.

05 국민의 4대 의무는 무엇입니까? 한 가지를 선택해서 예를 들어 설명해 보세요.

사회통합프로그램 기본소양 평가답안지 □ 사전평가 □ 중간평가 □ 종합평가

사회통합프로그램 기본소양 평가답안지 □ 사전평가 □ 중간평가 □ 종합평가

사회통합프로그램 기본소양 평가답안지 □ 사전평가 □ 중간평가 □ 종합평가

외국인등록번호 / 성명(출입국관리사무소 제출용)

시험지 유형 ⓐ ⓑ

문제 이름

※주관식(단답형) 답은 아래에 기입하십시오.

주관식 1

주관식 2

※감독자만 기입하십시오.
주관식1 주관식2 구술학점 감독 사인

사회통합프로그램 기본소양 평가답안지 □ 사전평가 □ 중간평가 □ 종합평가

사회통합프로그램 기본소양 평가답안지 □ 사전평가 □ 중간평가 □ 종합평가

사회통합프로그램 기본소양 평가답안지 □ 사전평가 □ 중간평가 □ 종합평가

사회통합프로그램 기본소양 평가답안지 □ 사전평가 □ 중간평가 □ 종합평가

외국인등록번호

응시유형 / 문제지 이름 / A / B

객관식

주관식(단답형) 답은 아래에 기입하십시오.

※감독자만 기입하십시오.
주관식1 / 주관식2 / 구술점수 / 감독사항

사회통합프로그램 기본소양 평가답안지 □ 사전평가 □ 중간평가 □ 종합평가

**에듀윌이
너를
지**지할게

ENERGY

삶의 순간순간이
아름다운 마무리이며
새로운 시작이어야 한다.

– 법정 스님

여러분의 작은 소리
에듀윌은 크게 듣겠습니다.

본 교재에 대한 여러분의 목소리를 들려주세요.
공부하시면서 어려웠던 점, 궁금한 점,
칭찬하고 싶은 점, 개선할 점, 어떤 것이라도 좋습니다.

에듀윌은 여러분께서 나누어 주신 의견을
통해 끊임없이 발전하고 있습니다.

에듀윌 도서몰 book.eduwill.net
- 부가학습자료 및 정오표: 에듀윌 도서몰 → 도서자료실
- 교재 문의: 에듀윌 도서몰 → 문의하기 → 교재(내용, 출간) / 주문 및 배송

에듀윌 사회통합프로그램 사전평가
실전 모의고사 10회분 + 무료특강

발행일	2026년 1월 5일 초판
저자	조형일
펴낸이	양형남
개발	정상욱, 남궁현
펴낸곳	(주)에듀윌
등록번호	제25100-2002-000052호
주소	08378 서울특별시 구로구 디지털로34길 55 코오롱싸이언스밸리 2차 3층
ISBN	979-11-360-3875-3(13710)

* 이 책의 무단 인용·전재·복제를 금합니다.

www.eduwill.net
대표전화 1600-6700

에듀윌 사회통합프로그램

한국어 교재 48만 부 판매 돌파
327개월 베스트셀러 1위

에듀윌이 만든 한국어 BEST 교재로
합격의 차이를 직접 경험해 보세요

KBS한국어능력시험

한국실용글쓰기　　ToKL국어능력인증시험　　　　　TOPIK 한국어능력시험

* 에듀윌 KBS한국어능력시험 한권끝장/2주끝장/통기출 600제/통기출 600제②/더 풀어볼 문제집, ToKL국어능력인증시험 한권끝장/2주끝장, 한국실용글쓰기 1주끝장, TOPIK한국어능력시험 TOPIK Ⅰ/Ⅱ/Ⅱ 쓰기(이하 '에듀윌 한국어 교재') 누적 판매량 합산 기준 (2014년 7월~2025년 7월)
* 에듀윌 한국어 교재 YES24 베스트셀러 1위 (2015년 2월, 4월~2025년 7월 월별 베스트. 매월 1위 아이템은 다를 수 있으며, 해당 분야별 월별 베스트셀러 1위 기록을 합산하였음)
* YES24 국내도서 해당 분야별 월별, 주별 베스트 기준

사전평가

실전 모의고사 7회분 해설
무료특강 제공

총 7회분의 상세한 해설 강의로
사전평가 고득점에 가까워집니다

- 前 사회통합프로그램 자문위원의 맞춤형 해설 강의
- 상세한 정답 해설과 오답풀이로 사전평가 완벽 마스터

무료특강 수강 경로

| ▶ 유튜브 '에듀윌 자격증' 채널 | ▶ | '사회통합프로그램' 검색 | ▶ | 원하는 강의 바로 시청 |

'에듀윌 도서몰(book.eduwill.net) 접속 ▶ 동영상 강의실 ▶
'사전평가' 검색'의 경로에서도 수강하실 수 있습니다.

도서몰로
바로 가기

최신판

© eduwill · edugong

에듀윌 사회통합프로그램
사전평가 실전 모의고사 10회분
+무료특강

정답과 해설 (7회분)

중국어 해설
바로가기

에듀윌 사회통합프로그램
사전평가 실전 모의고사 10회분
+ 무료특강

사전평가 실전 모의고사

정답 풀이와 오답 해설

실전 모의고사 제1회
본책 p.10

01	④	02	④	03	②	04	①	05	④
06	③	07	②	08	④	09	④	10	①
11	②	12	①	13	①	14	④	15	③
16	②	17	④	18	③	19	④	20	③
21	②	22	④	23	③	24	②	25	①
26	④	27	①	28	②	29	①	30	①
31	④	32	③	33	②	34	①	35	①
36	①	37	②	38	①	39	②	40	③
41	①	42	④	43	④	44	①	45	④
46	②	47	②	48	③				

49	안 걸리도록/걸리지 않게/걸리지 않도록
50	정해 주세요./제한해 주세요./줄이면 어떨까요?/줄이도록 하는 게 어때요?

구술 01~05　모범답안 참고

한국어 기초

01 ④

출제 유형) 그림에 맞는 명사

'며칠이에요?'는 날짜를 물어보는 질문으로, 시험을 언제 보는지를 묻고 있다. 따라서 대답으로 가능한 날짜 표현으로는 '이십 일(20일)'이 적절하다.

오답 해설
① '두 시예요.'는 시간을 말하는 표현이다.
② '시월이에요.'는 달(월)을 말하는 표현이다.
③ '월요일이에요.'는 요일을 말하는 표현이다.

어휘) '두'와 '시월'
• 두: 숫자 '2'를 뜻한다. '두 개', '두 시', '두 사람' 등으로 단위를 나타내는 말과 함께 쓴다.
• 시월: '10월'을 뜻한다. 발음과 표기 모두 '시월'이 옳은 표현이며, '십월'은 틀린 표현이다.

02 ④

출제 유형) 상황에 맞는 조사

동사 '받다'는 '사람1이 사람2에게서/한테서 무엇을 받다'의 형태로 쓴다. 문장에서 '사람1'자리에 생략된 주어는 '나'이고, '사람2'자리에는 '친구'가 들어가므로, 빈칸에 들어갈 말은 '에게서' 또는 '한테서'가 적절하다.

오답 해설
① '에'는 시간 명사 또는 장소 명사와 함께 쓴다.
　예) 월요일에 보자. / 학교에 가는 길입니다.
② '부터'는 시작되는 지점 또는 시점을 뜻한다.
　예) 나부터 시작할게. / 월요일부터 금요일까지 공부한다.
③ '에서'는 어떤 행동이 일어나는 장소를 나타낼 때 쓴다.
　예) 극장에서 영화를 본다.

한국어 활용 기본

03 ②

출제 유형) 동사의 반대 의미

'일하다'와 의미가 반대인 말은 '쉬다'이다. '휴일'은 일을 하지 않고 쉬는 날을 말한다. 따라서 '휴일이라서 집에서 쉬어요'가 적절하다.

오답 해설
① '걷다'는 '다리를 번갈아 움직여 위치를 옮기다'는 뜻이다.
③ '운동하다'는 '사람이 몸을 단련하거나 건강을 위하여 몸을 움직이다'는 뜻이다.
④ '청소하다'는 '더럽거나 어지러운 것을 쓸고 닦아서 깨끗하게 하다'는 뜻이다.

어휘) '휴일'
일을 하지 않는 날을 말한다. 한국에서는 보통 토요일과 일요일 등의 주말을 휴일이라고 생각한다. 또한 설날, 추석과 같은 명절이나 현충일, 한글날과 같은 기념일도 휴일이다. 국가에서 지정한 휴일은 '공휴일', 휴일이 연속으로 있을 때는 '연휴'라고 부른다.

04 ①

출제 유형) 형용사의 반대 의미

머리가 기냐는 물음에 '아니요'라고 대답하고 있다. 따라서 '길다'와 반대 의미를 가진 '짧다'가 적절하다.

오답 해설
② '예쁘다'는 '생긴 모양이 아름다워 눈으로 보기에 좋다'는 뜻이다. 의미가 반대인 말로는 '못생기다, 못나다' 등이 있다.
③ '얇다'는 두께가 두껍지 아니하다'는 뜻이다. 의미가 반대인 말은 '두껍다'이다.

④ '적다'는 '양이나 정도가 일정한 기준에 미치지 못하다'는 뜻이다. 의미가 반대인 말은 '많다'이다.

> **어휘** '머리'
> 어깨 위 얼굴을 포함한 부분 전체를 '머리'라고 부른다. 또한, 얼굴에서 이마가 있는 부위나 머리카락을 줄여서 '머리'라고 하기도 한다.
> 예 머리가 아프다. → 얼굴에서 이마가 있는 부위
> 　　머리를 숙여라. → 어깨 위 얼굴을 포함한 부위
> 　　머리를 안 감은 지 오래되었다. → 머리카락

05 ④

출제 유형 문맥에 맞는 명사

'계좌'는 은행에서 돈을 넣거나 뺄 수 있는 통장이다. '개설'은 은행에서 새로운 계좌를 마련하는 것이다. '계좌를 개설하다'는 '계좌를 만들다'는 뜻이다.

> **오답 해설**
> ① '출금'은 '돈을 내어 쓰거나 내어줌'을 뜻한다.
> 　예 명절이라서 그런지 유난히 출금하는 사람이 많다.
> ② '결제'는 '금액을 주고받아 거래 관계를 끝맺음'을 뜻한다.
> 　예 제가 이미 결제했어요.
> ③ '납부'는 '세금이나 공과금 등을 냄'을 뜻한다.
> 　예 이번 달 전기 요금을 납부했어요.

> **어휘** 금융 활동 관련 표현
>
> | (계좌를) 만들다 | 개설하다 |
> |---|---|
> | (돈을) 넣다 | 입금하다 |
> | (돈을) 빼다 | 출금하다 |
> | (돈을) 보내다 | 송금하다 |
> | (세금/공과금을) 내다 | 납부하다 |

06 ③

출제 유형 문맥에 맞는 부사

'밤늦게까지 일을 하다'는 '잠을 못 자다'의 원인이다. 이때 잠을 얼마나 못 자는지 꾸며줄 수 있는 말로는 '충분히'가 적절하다.

> **오답 해설**
> ① '미리'는 '어떤 일이 생기기 전에, 또는 어떤 일을 하기에 앞서'라는 뜻이다.
> ② '혹시'는 '그럴 리는 없지만 만일에'라는 뜻이다.
> ④ '골고루'는 '여럿이 차이가 없이 엇비슷하거나 같게'라는 뜻이다.

> **어휘** '요즘'
> '요즈음'의 준말로, 바로 얼마 전부터 현재까지 이어져 오는 시간을 나타낸다.
> 예 요즘 잠을 잘 못 잔다.

07 ②

출제 유형 동사의 반대 의미

물건을 책상 위에 올리냐는 질문에 '아니요'로 대답하고 있다. 따라서 '올리다'와 의미가 반대인 '내리다'에 행동이 완료된 상태가 유지됨을 나타내는 '-어 놓다'를 결합한 '내려 놓다'가 적절하다.

> **오답 해설**
> ① '보내다'는 '사람이나 물건 등을 다른 곳으로 가게 하다'는 뜻이다. 의미가 반대인 말은 '받다'이다.
> ③ '받다'는 '다른 사람이 주거나 보내는 물건 등을 가지다'는 뜻이다. 의미가 반대인 말은 '보내다'이다.
> ④ '옮기다'는 '어떤 것을 한 곳에서 다른 곳으로 자리를 바꾸게 하다'는 뜻이다.

> **문법** '-어 놓다'
> 앞에 동사로 오는 행동을 끝내고 그 결과가 유지될 때 쓴다. 비슷한 뜻으로 '-어 두다'와 바꾸어 쓸 수 있다.
> 예 밥을 해 놓았어(=해 두었어).
> 　　택배를 받아 놓았다(=받아 두었다).
> 　　물건을 잘 옮겨 놓았니(=옮겨 두었니)?

08 ④

출제 유형 형용사의 반대 의미

국물이 짜냐는 질문에 '아니요'라고 대답하면서 '소금을 더 넣으면 좋겠다'고 하고 있다. 따라서 '짜다'와 반대의 의미이면서 이유를 나타내는 '-니까'와 결합한 '싱거우니까'가 적절하다.

> **어휘** 맛을 나타내는 표현
> • **시원하다**: 맛을 표현하는 '시원하다'는 온도를 나타낼 때와 다른 의미로 쓰인다. 주로 뜨거운 국물의 맛이 개운하고 입안이 맑은 느낌일 때 쓴다.
> 　예 오늘은 국물이 시원한 콩나물국을 먹고 싶다.
> • **매콤하다**: '맵다'를 강조해서 쓰는 맛 표현이다. 매우면서도 입안을 톡 쏘는 맛이 있을 때 주로 쓴다.
> 　예 이 라면은 매콤해서 계속 먹게 된다.
> • **가볍다**: 음식의 구성이 단순하거나 간단함을 나타낼 때 쓴다.
> 　예 속이 안 좋을 때는 식사를 가볍게 하는 것이 좋다.

09 ④

출제유형 문맥에 맞는 명사

'금연구역'은 담배를 피우면 안 되는 구역을 의미한다. 따라서 금지된 행위를 하는 사람이 받을 수 있는 것으로는 '처벌'이 적절하다.

오답 해설

① '수당'은 '일을 하고 그 대가로 받는 돈'을 뜻한다.
   예 주말에 알바를 하고 수당을 받았다.
② '규칙'은 '여러 사람이 함께 지키기로 정한 법칙이나 질서'를 뜻한다.
   예 학교에서는 규칙을 잘 지켜야 한다.
③ '확인'은 '어떤 일을 마친 후에 잘못된 것이 없는지 알아보는 것'을 뜻한다.
   예 아직 확인이 끝나지 않았다.

어휘 '피다'와 '피우다'

- **피다**: '꽃봉오리가 벌어지다', '사람의 혈색이 좋아지다' 등의 뜻이다. '-이/가 피다'의 형태로 쓴다.
   예 꽃이 빨리 피면 좋겠다.
      요즘 철수 얼굴이 많이 피었다.
- **피우다**: '연기를 생기게 하다', '타게 하다' 등의 뜻이다. '-을/를 피우다'의 형태로 쓴다.
   예 담배를 피우는 사람이 많다.
      산에서 불을 피우면 안 된다.

참고 '피우다'는 '피다'의 사동사(행동을 직접 하지 않고 다른 사람에게 하게 함을 나타내는 동사)로, 두 동사를 혼동하여 쓰지 않도록 주의해야 한다.
   예 담배를 피는(× → 피우는) 사람이 많다.
      산에서 불을 피면(× → 피우면) 안 된다.

10 ①

출제유형 문맥에 맞는 동사

'보험'은 일어날 수 있는 손해에 대비하는 제도를 의미한다. 따라서 스마트폰을 잃어버렸을 때를 대비해서 보험에 가입할 필요가 있다. '스마트폰을 분실하다+(분실에) 대비하다+보험에 가입하다'의 세 문장이 결합한 구조이다.

오답 해설

② '신고하다'는 '사람이 사실을 기관이나 상사에게 진술하여 보고하다'는 뜻이다.
   예 도둑을 경찰서에 신고하였다.
③ '처리하다'는 '문제가 없도록 마무리를 짓다'는 뜻이다.
   예 일을 침착하게 처리한다.
④ '문의하다'는 '모르거나 궁금한 것을 물어서 의논하다'는 뜻이다.
   예 자세한 내용은 본사에 문의하세요.

어휘

- **대비하다**: 어떤 사건이 생길 때를 미리 생각하여 준비하다.
   예 우리는 앞으로 일어날 일에 잘 대비해야 한다.
- **분실하다**: 어떤 것을 잃어버리다. 대화할 때는 '분실하다'보다 '잃어버리다'를 더 많이 쓴다.
   예 신분증을 분실한 경우에는 재발급을 받아야 합니다.
      길에서 돈을 잃어버렸어요.

11 ②

출제유형 문맥에 맞는 형용사

면접에 갈 때의 옷차림은 예의를 갖추어 깔끔하게 입어야 한다. 따라서 면접에 맞는 옷차림과 어울리는 표현으로는 '단정하다'가 적절하다.

오답 해설

① '활발하다'는 '사람, 성격, 태도 등이 생기있고 힘차다'는 뜻이다. '옷차림이 활발하다'는 어색한 표현이다.
   예 내 친구는 성격이 활발해요.
③ '헐렁하다'는 '헐거운 듯한 느낌이 있다'는 뜻이다. 옷이 커서 몸에 잘 맞지 않을 때 쓰는 표현이다.
   예 살이 빠져서 바지가 헐렁하다.
④ '풍부하다'는 '넉넉하고 많다'는 뜻으로, 부피보다는 양이 많거나 넉넉할 때 쓰는 표현이다.
   예 그 배우는 감정이 풍부하다.

어휘

- **취업**: 회사에 채용되어 일자리를 구한 상태를 뜻한다.
   예 좋은 회사에 취업하기 위해서 열심히 공부하고 있다.
- **옷차림**: 옷을 입은 모양새를 뜻하며, '복장'과 바꾸어 쓸 수 있다.
   예 상황에 맞는 옷차림을 하는 것은 사회생활에서 매우 중요하다.

12 ①

출제유형 문맥에 맞는 명사

사업이 잘되어서 생활이 안정적이 되려면 수익이 늘어나야 한다. '수익'은 노력(노동)을 해서 얻은 이익을 말한다. 주로 돈(재산)을 뜻한다. 따라서 '수익이 늘어나니까 생활이 훨씬 안정적'이 된다는 표현이 적절하다.

오답 해설

② '비용'은 '어떤 일을 하는 데 드는 돈'을 뜻한다.
   예 비용이 들다.
③ '부담'은 '비용을 지불해야 하는 책임을 지는 것'을 뜻한다.
   예 생활비를 각자 부담하기로 했다.
④ '지출'은 '어떤 목적을 위하여 돈을 쓰는 것'을 뜻한다.
   예 이번 달에는 지출이 꽤 컸다.

> **어휘**
> - **잘되다**: 일이나 현상 등이 아주 좋게 이루어질 때 쓴다.
>   예 올해는 농사가 잘되어서 풍년이다.
> - **안정적**: 어떤 상태가 불안정하게 바뀌지 않고 일정하게 유지되는 것을 말한다.
>   예 우리는 안정적인 직업을 원한다.

13 ①

출제유형 동사의 비슷한 의미

'가방이 좀 큰 것 같다'+'다른 것으로 바꿀 수 있나?' 구조의 문장 결합이다. 큰 가방을 작은 가방(다른 것)으로 바꾸고 싶다는 뜻이다. '바꾸다'는 어떤 것을 다른 것으로 '교환하다' 또는 '교체하다'와 같은 말이다.

오답 해설

② '대여하다'는 '빌리다'와 비슷한 말이다.
   예 도서관에서 책을 대여할(≒빌릴) 수 있어요.
③ '예매하다'는 '표를 사다'와 비슷한 말이다.
   예 다음 주에 함께 볼 영화표를 예매했어요(≒샀어요).
④ '적립하다'는 '금액이나 포인트 등을 모으다'는 뜻으로, '쌓다'와 비슷한 말이다.
   예 이곳에서 물건을 사면 포인트를 적립할(≒쌓을) 수 있습니다.

> **문법** 비슷한 말의 정의와 쓰임
> '비슷한 말'이란 두 어휘의 뜻이 서로 비슷한 것을 의미하며, '유의어'라고도 한다. 모든 유의어끼리 항상 바꾸어 쓸 수 있는 것은 아니며, 문맥이나 문법에 따라서 바꾸어 쓰지 못하는 경우도 있다.
>   예 친구에게 돈을 빌렸어요. (○)
>   친구에게 돈을 대여했어요. (×)
>   이곳에서 물건을 사면 포인트를 적립해 줍니다. (○)
>   포인트를 쌓아 줍니다. (×)

14 ④

출제유형 형용사의 비슷한 의미

'음식을 많이 하다'는 '음식이 많이 만들거나 준비하다'는 뜻이다. '음식을 많이 준비하는 것이 좋다'는 표현에서의 '많이'는 '넉넉하게'와 비슷한 의미이다.

오답 해설

① '유창하다'는 '말을 하거나 글을 읽는 것을 매우 잘하다'는 뜻이다.
   예 동생은 영어를 유창하게 구사한다.
② '꼼꼼하다'는 '빈틈이 없이 차분하고 조심스럽다'는 뜻이다.
   예 어머니는 집 안을 꼼꼼하게 쓸고 닦는다.
③ '신선하다'는 '새롭고 산뜻하다'는 뜻이다.
   예 제철에 나는 과일은 신선하다.

> **문법** '-게'
> 앞의 내용이 뒤에 오는 것의 목적이나 결과, 방식, 정도 등이 되도록 만들어 주는 연결 어미이다. '음식을 넉넉하게 준비하다'는 말은 '음식이 많이 필요하다'는 의미를 나타낸다.

한국어 활용 응용

15 ③

출제유형 동사 '가다'의 종결표현 활용

이번 주말에 무엇을 할지 묻는 질문에 '날씨가 좋으니까'라고 이유를 들면서 대답하고 있다. 따라서 어떤 일을 하려는 계획이나 생각을 나타내는 '-(으)ㄹ까 봐요'를 활용한 '가 볼까 봐요'가 적절하다.

오답 해설

① '갔어요(가다+었+어요)'는 과거의 사실을 나타낼 때 쓴다.
   예 어제는 날씨가 좋아서 공원에 갔어요.
② '가고 싶었어요(가다+-고 싶다+었+어요)'는 과거의 소망을 나타낼 때 쓴다.
   예 날씨가 좋아서 공원에 가고 싶었어요.
④ '가지 않았어요(가다+-지 않다+었+어요)'는 과거에 하지 않은 행동을 나타낼 때 쓴다.
   예 날씨가 좋지 않아서 공원에 가지 않았어요.

> **문법** '-(으)ㄹ까 봐요'
> 어떤 일을 하려는 계획이나 생각을 나타내는 표현으로, 주로 자신의 생각을 나타낼 때 쓴다.
>   예 (저는) 밥을 먹지 말까 봐요. (○)
>   그는 밥을 먹지 말까 봐요. (×)

16 ②

출제유형 형용사 '따뜻하다'의 연결표현 활용

'오늘 날씨가 춥다'는 말에 '어제와 비교하여 오늘은 춥다'고 대답하고 있다. 따라서 강조의 의미를 나타내는 표현으로 '따뜻했는데'가 적절하다.

오답 해설

① '따뜻해서(따뜻하다+-어서)'는 이유나 원인을 나타낼 때 쓴다.
   예 오늘은 따뜻해서 옷을 가볍게 입었어요.
③ '따뜻해지려고(따뜻하다+-어지다+-려고)'는 곧 일어날 상태의 변화를 나타낼 때 쓴다.
   예 눈이 녹는 것을 보니 날이 따뜻해지려고 하나 봐요.
④ '따뜻했으니까(따뜻하다+었+-니까)'는 과거의 원인, 근거, 전제를 나타낼 때 쓴다.

예 어제는 날씨가 따뜻했으니까 오늘도 그럴 거예요.

> **문법** '-었는데'
> 앞뒤의 말을 비교하거나 강조할 때 쓴다. 현재를 나타내는 '-는데'는 동사와만 결합하지만, 과거를 나타내는 '-었는데'는 형용사와도 결합할 수 있다.
> 예 그 담요는 참 따뜻하는데. (×) → 그 담요는 참 따뜻했는데. (○)

17 ④

출제유형 동사 '가다'의 연결표현 활용

서울역에 가기 위해서 몇 번 버스를 타야 하는지 묻고 있다. 어딘가로 가기 위한 목적을 나타낼 수 있는 표현으로는 '가려면'이 적절하다.

> **오답 해설**
> ① '가서(가다+-어서)'는 가는 원인이나 근거를 나타낼 때 쓴다.
> 예 서울역에 가서 밥을 먹었어요.
> ② '가고(가다+-고)'는 전후 상황을 연결하거나 연속되는 동작을 나타낼 때 쓴다.
> 예 나는 서울역으로 가고, 친구는 용산역으로 가야 해요.
> ③ '가니까(가다+-니까)'는 가는 이유나 원인을 나타낼 때 쓴다.
> 예 서울역에 가니까 기차를 탈 수 있었어요.

> **문법** '-려면'
> 어떤 일이 이루어지기 위해서라는 의미로 쓰인다. 이 연결 어미가 쓰인 표현 뒤에는 보통 '-어야 한다', '-면 되다'가 결합한다.
> 예 일이 잘되려면 계획을 잘 세워야 한다.
> 학교에 가려면 500번 버스를 타면 됩니다.

18 ③

출제유형 동사 '다니다'의 연결표현 활용

어떻게 지내는지 묻는 말에 '회사를 다니다, 인터넷 수업을 듣다'로 대답하고 있다. 두 행위가 동시에 이루어지고 있으므로 '다니면서'가 적절하다.

> **오답 해설**
> ① '다녔는데(다니다+었+-는데)'는 과거의 일을 비교나 강조할 때 쓴다.
> 예 지난달까지는 회사를 다녔는데 이번 달은 쉬고 있어요.
> ② '다니거나(다니다+-거나)'는 선택을 나타낼 때 쓴다.
> 예 돈을 벌려면 회사를 다니거나 장사를 해야 해요.
> ④ '다닐 텐데(다니다+-(으)ㄹ 텐데)'는 미래의 추측을 나타낼 때 쓴다.
> 예 한국어를 할 수 있어야 한국에 있는 회사를 다닐 텐데요.

> **문법** '-(으)면서'
> '-(으)면서'에 결합된 동사와 그 뒤에 오는 행동이 동시에 이루어질 때 쓴다. 이렇게 두 개 이상의 동작이 함께 일어나는 것을 '동시 동작'이라고도 한다.
> 예 밥을 먹다+텔레비전을 본다.=밥을 먹으면서 텔레비전을 본다.

19 ④

출제유형 동사 '여행하다'의 종결표현 활용

한국에서의 여행 경험을 묻는 질문에 대답해야 하므로 '여행한 적이 있어요'가 적절하다.

> **오답 해설**
> ① '여행하고 있어요(여행하다+-고 있다+어요)'는 현재 진행 중인 상황을 나타낼 때 쓴다.
> 예 지금 부산을 여행하고 있어요.
> ② '여행하기로 했어요(여행하다+-기로 하다+었+어요)'는 미래의 계획이나 결정한 일을 말할 때 쓴다.
> 예 이번 여름 휴가 때는 부산을 여행하기로 했어요.
> ③ '여행할 것 같아요(여행하다+-(으)ㄹ 것 같다+아요)'는 가능성을 말할 때 쓴다.
> 예 이번 휴가에는 부산을 여행할 것 같아요.

> **문법** '-(으)ㄴ 적이 있다'
> 과거의 경험을 말할 때 쓸 수 있으며 '-어 본 적이 있다'와 바꾸어 쓸 수 있다. 그런데 '-(으)ㄴ 적이 있다'는 한 번의 경험을 명확하게 이야기할 때 쓰고 '-어 본 적이 있다'는 경험한 것을 단순하게 표현할 때 쓰기에 더 적절하다.
> 예 거기에 간 적이 있다. → 경험 또는 명확한 한 번의 사실
> 거기에 가 본 적이 있다. → 단순한 과거의 경험

20 ③

출제유형 동사 '보다'의 종결표현 활용

시험을 볼 것이냐는 질문에 '아니요'로 대답했으므로 이유를 제시하면서 미래의 계획을 나타내는 '다음에 보려고 해요'가 적절하다.

> **오답 해설**
> ① '보세요(보다+-(으)시다+에요)'는 다른 사람에게 권하거나 요청할 때 쓴다.
> 예 이번 시험은 꼭 보세요.
> ② '보는 중이에요(보다+-는 중이다+에요)'는 진행 중인 상태를 나타낼 때 쓴다.
> 예 아까부터 시험을 보는 중이에요.
> ④ '볼 수 없어요(보다+-(으)ㄹ 수 없다+어요)'는 동작을 하지 못하는 상황을 나타낼 때 쓴다.
> 예 이번에는 접수를 놓쳐서 시험을 볼 수 없어요.

문법 '-(으)려고 하다'

미래에 어떤 것을 하겠다는 계획이나 생각을 나타낼 때 쓰며, '-(으)ㄹ 거예요'와 바꾸어 쓸 수 있다. '-(으)려고 하다'는 미래에 할 행동을 곧 시작할 것임을 강조하는 의미가 있다.
- 예 시험을 보려고 해요. → 시험을 곧 볼 예정
  시험을 볼 거예요. → 시험을 볼 계획이 있음

21 ②

출제 유형 형용사 '바쁘다'의 연결표현 활용

'-을 텐데 무엇을 해주셔서 감사하다'는 감사 표현이 있다. 이때 '-을 텐데'에 상대방의 상황을 추측하는 말을 쓸 수 있다. 따라서 '바쁘실 텐데 먼 곳까지 와주셔서 감사하다'는 표현이 적절하다.

오답 해설

① '바쁘시면(바쁘다+시+-(으)면)'은 높임말이 포함된 미래의 일에 대해 가정할 때 쓸 수 있다.
- 예 바쁘시면 나중에 오셔도 돼요.

③ '바쁘시고 해서(바쁘다+시+-고 해서)'는 높임말이 포함된 뒷말의 이유를 말할 때 쓸 수 있다.
- 예 대리님이 바쁘시고 해서 못 오신대요.

④ '바쁘신 데다가(바쁘다+시+-(으)ㄴ 데다가)'는 높임말이 포함된 여러 이유나 원인을 나열할 때 쓸 수 있다.
- 예 바쁘신 데다가 몸까지 안 좋으셔서 많이 힘드셨죠?

문법 '-(으)ㄹ 텐데'

이야기의 대상이 되는 것을 추측할 때 또는 당연하다고 생각하는 사실을 말할 때 쓰는 표현이다.
- 예 다리가 아플 텐데 더 뛸 수 있겠어요?
  그렇게 많이 먹으면 배탈이 날 수 있을 텐데요.

22 ④

출제 유형 동사 '야근하다'의 종결표현 활용

쉬는 것이 어떻겠냐는 물음에 오늘까지 일을 마무리하느라 야근을 해야 한다고 대답하고 있다. 따라서 반드시 해야 하는 일임을 나타내는 '야근할 수밖에 없어요'가 적절하다.

오답 해설

① '야근하면 안 돼요(야근하다+(으)면 안 되다+어요)'는 금지해야 할 것을 나타낼 때 쓸 수 있다.
- 예 무리해서 늦게까지 야근하면 안 돼요.

② '야근하는 줄 알았어요(야근하다+-는 줄 알다+았+어요)'는 알고 있었던 일을 언급하거나 잘못 알고 있었던 사실을 말할 때 쓸 수 있다.
- 예 일이 많아서 오늘 야근하는 줄 알았어요.

③ '야근할 걸 그랬어요(야근하다+-(으)ㄹ 걸 그러다+았+어요)'는 과거에 하지 못한 일에 대한 후회를 나타낼 때 쓸 수 있다.
- 예 이럴 줄 알았으면 어제 야근할 걸 그랬어요.

문법 '-(으)ㄹ 수밖에 없다'

오직 그것 외에 다른 방법이 없을 때 쓴다.
- 예 어제 집에 일찍 갈 수밖에 없었다.
  학생으로서 나는 매일매일 열심히 공부할 수밖에 없다.

23 ③

출제 유형 문맥에 맞는 연결표현

'우리 회사는 월급이 많다+그 대신에+일도 쉽고 편하다'의 구조로 결합한 문장이다. '그 대신에'는 앞뒤 상황이 반대이거나 자연스럽게 연결되지 않을 때 써야 한다. 따라서 '우리 회사는 월급이 '많은 대신에' 일이 많고 어려워요.' 또는 '우리 회사는 월급이 '많기 때문에' 일이 많고 어려워요.'와 같이 쓰는 것이 적절하다.

문법 '-(으)ㄴ 대신에'

앞과 뒤의 행동이나 상태가 다르거나 반대일 때 또는 앞말이 나타내는 행동에 대한 보상이나 대가를 말할 때 쓴다.
- 예 그 꽃은 예쁜 대신에 빨리 진다. → 앞뒤의 상태가 다름
  밥 사 주는 대신에 이것 좀 도와줘. → 보상 또는 대가

24 ②

출제 유형 문맥에 맞는 종결표현

'-고 말다'는 어떤 행동이 결과로 이어질 때 쓴다. 주로 '결국' 등과 호응하여 부정적인 결과를 나타낼 때 쓰는 표현이므로 문장에서 호응이 어색하다고 볼 수 있다. 따라서 '열심히 노력했다. 그래서 결국 성공하게 되었다.' 등의 표현이 적절하다.

문법 진행의 표현

- -어 있다: 과거에 시작된 동작이 종료된 상태가 현재 혹은 특정 시점까지 지속되고 있음을 나타낸다.
  - 예 그곳에 먼저 가 있을게. → 가는 동작이 종료됨
    책이 잘 꽂혀 있다. → 과거부터 책이 책장에 꽂혀 있음
- -고 있다: 과거에 시작된 동작이 현재 시점까지 멈추지 않고 지속되고 있는 상태를 나타낸다.
  - 예 지금 그곳으로 가고 있어. → 가는 동작이 현재까지 진행 중임
    책을 책장에 꽂고 있다. → 현재 책을 꽂고 있는 중인 상태

25 ①

출제 유형 동사 '하다'의 연결표현 활용

죽 대신에 밥을 먹어도 되는지 묻는 환자에게 '식사를 해도 되지만 너무 맵거나 짠 음식을 피해야 한다'고 의사가 설명

하고 있다. 이때 쓸 수 있는 표현으로는 가능한 것에 대해 조건을 붙이는 '-되'가 적절하다.

> **오답 해설**
> ② '할수록(하다+-(으)ㄹ수록)'은 어떤 행동을 계속하게 되면서 뒤의 행동이 함께 더해질 때 쓴다. 주로 '-(으)ㄹ수록 -하다'의 형태로 쓴다.
> 예 식사를 많이 할수록 살이 쪄요.
> ③ '한 나머지(하다+-(으)ㄴ 나머지)'는 행동 이후의 결과를 강조할 때 쓴다.
> 예 점심에 과식한 나머지 저녁까지 배가 불렀다.
> ④ '하기 위해서(하다+-기 위해서)'는 앞말의 행동이 목표일 때 쓴다.
> 예 식사를 하기 위해서 식당에 갔어요.

> **문법** '-되'
> '그런데' 등의 연결어와 함께 앞뒤 내용을 연결하는 표현이다. '무엇을 하되 조심해야 하는 상황'과 같이 어떤 일이 진행될 때 함께 오는 조건 등에 쓴다.
> 예 그곳에 가도 된다. + 그런데 조심해야 한다.
> → 그곳에 가되 조심해야 한다.

26 ④

출제 유형 동사 '하다'의 종결표현 활용

배가 고프니 무엇을 먹으면 어떠냐는 말에 맞장구를 치고 있다. 다른 사람이 말한 것을 본인도 마침 생각하고 있을 때 쓸 수 있는 표현으로는 '하려던 참이었어요'가 적절하다.

> **오답 해설**
> ① '할 만해요(하다+-(으)ㄹ 만하다+어요)'는 어떤 행동을 할 수 있음을 나타낼 때 쓴다.
> 예 지금은 그 이야기를 할 만한 상황이 아니에요.
> ② '하나 봐요(하다+-나 보다+아요)'는 어떤 상황이나 행동의 원인을 유추함을 나타낼 때 쓴다.
> 예 이제 그 이야기를 하나 봐요.
> ③ '할지도 몰라요(하다+-(으)ㄹ지도 모르다+아요)'는 어떤 상황이나 행동을 추측함을 나타낼 때 쓴다.
> 예 그 이야기를 할지도 몰라요.

> **문법** '-려던 참이다'
> 어떤 행동을 마침 시작하려고 마음먹었을 때 또는 시작하려고 했을 때의 상황을 나타내는 표현이다. 주로 대화 상황에서 상대방이 하는 말에 공감할 때나 어떤 행동을 하는지 확인할 때의 대답으로 쓴다.
> 예 가: 철수야, 이제 출발해야지.
> 나: 네, 저도 막 일어나려던 참이었어요.

27 ①

출제 유형 문맥에 맞는 연결표현

'-느라(고)'는 앞말이 뒷말의 목적이나 원인이 될 때 쓴다. '사고가 나느라고 지각하다'는 지각하기 위해서 사고가 났음을 의미하므로 인과관계의 호응이 어색하다. 지각한 이유를 제시하는 표현으로는 '오는 길에 사고가 나서 지각했어요.' 등이 적절하다.

> **문법** '-느라고'
> 이유를 나타내는 표현으로는 '-니까', '-어서', '-느라고', '-탓에', '-덕분에' 등이 있다. 이중에 '-느라고'는 주로 어떤 일을 하는 것 때문에 '바쁘다', '애쓰다', '힘들다' 등의 표현과 함께 쓴다.
> 예 더운 여름에 여기까지 오느라고 힘들었겠어요.
> 그 일을 하느라고 바빠서 약속에 늦었다.

28 ④

출제 유형 문맥에 맞는 종결표현

'짜증이 나다'와 '화를 내다'는 호응이 자연스러운 표현이다. 그러나 연결표현 '-지만'을 쓸 때는 앞뒤의 내용이 반대가 되어야 하므로 '짜증이 났지만 화를 참다' 등의 표현이 적절하다.

> **문법** '-고 말다'
> 앞말의 행동이나 상황이 끝내 이루어짐을 강조할 때 쓴다. 일이 이루어진 것에 대한 긍정적이거나 부정적인 느낌을 나타낼 때 쓰는 표현이다.
> 예 그와 나는 마주 보고 웃고 말았다.
> 결국 사고가 나고 말았어요.

한국어 활용 + 읽기

29 ①

출제 유형 문맥에 맞는 종결표현

빈칸 앞에서 '어제는 어머니 생신이었지만 고향에 만나러 갈 수 없어서'라고 하였으므로 '미리 선물을 보냈습니다'가 적절하다.

> **오답 해설**
> ②③④ 선물을 '기대하다', '받다', '기다리다'는 글쓴이가 아닌 어머니가 할 수 있는 생각이나 행동에 해당한다.

> **어휘** '미리'
> '어떤 일이 생기기 전에' 또는 '어떤 일을 하기에 앞서'의 뜻을 가진 부사어이다. 주로 과거시제와 결합하여 그 행동을 이미 완료하였음을 나타내거나 과거에 하지 않은 행동을 후회할 때 쓴다.
> 예 재료들을 어제 미리 사 두었다. → 행동의 완료
> 재료들을 미리 사둘 걸 그랬다. → 하지 않은 행동의 후회

30 ①

출제 유형 문맥에 맞는 연결표현

친구들이 다들 바쁘다고 했지만 고향의 명절을 떠올리기 위해서 모이기로 하였으므로 '시간을 내서 만나다'는 표현이 적절하다.

오답 해설

② '시간을 보내다'는 어떤 일정으로 인해 시간이 지나감을 의미한다.
③ '시간이 남다'는 바쁘지 않아서 다른 일을 할 수 있는 시간이 있다는 의미이다.
④ '시간을 아끼다'는 불필요하거나 걸리는 시간을 줄인다는 의미이다.

31 ④

출제 유형 문맥에 맞는 응용 표현

사물 인터넷이란 사람 없이 기기끼리 서로 정보로 소통하는 기술을 말한다. 빈칸 뒤에서 스마트폰에서 보낸 날씨에 대한 정보를 전기 주전자가 받아서 물을 끓이고, 옷장은 따뜻한 옷을 꺼내고, 차는 내부 온도를 올려둔다고 하였다. 따라서 문맥상 기기끼리 '정보를 주고받다'가 적절하다.

오답 해설

① 기기가 함께 움직이면서 작동하는 방식에 대해서는 제시되어 있지 않다.
②③ '소식을 전하다'와 '이야기를 나누다'는 인간끼리 소통할 때 쓸 수 있는 표현이다.

문맥 이해하기

긴 문장을 여러 개의 짧은 문장으로 나누면 이해가 쉽다. 이때, 연결 표현으로 쓰인 '접속사+서술어'로 문장과 문장을 연결해주도록 한다.
예를 들어 오늘 날씨가 갑자기 추워진다는 뉴스를 스마트폰이 접하게 <u>되면</u> 그 소식이 전기 주전자에 <u>전해져서</u> 따뜻한 커피를 만들기 위해 물을 끓이기 시작한다.
→ ❶ 예를 들어 오늘 날씨가 갑자기 추워진다는 뉴스를 스마트폰이 접하게 <u>된다</u>.
 ❷ <u>그러면</u> 그 소식이 전기 주전자에 <u>전해진다</u>.
 ❸ <u>그래서</u> 따뜻한 커피를 만들기 위해 물을 끓이기 시작한다.

32 ③

출제 유형 문맥에 맞는 응용 표현

더운 여름을 시원하게 보내기 위해 바람이 잘 통하도록 집을 짓는다고 하였다. 더울 때 바람이 잘 통하면 더운 공기가 빠지면서 시원해진다. 따라서 '바람의 흐름으로 기온을 낮출 수 있다'는 표현이 적절하다.

오답 해설

① '바람이 천천히 흐르다'는 바람이 흐르는 속도가 느리다는 뜻이다.
② '바람이 정확히 벽에 부딪히다'는 바람의 방향이 벽을 향한다는 뜻이다.
④ '바람이 기온을 완전히 유지해주다'는 바람이 일정한 기온이 되도록 도와준다는 뜻이다.

읽고 이해하기

33 ②

출제 유형 문맥에 맞는 지시어와 명사

지시어가 나타내는 대상은 지시어를 포함하는 문장 앞이나 뒤에서 바로 찾을 수 있다. 앞 문장에서 '제가 사는 동네에는 문화센터가 있습니다'라고 하였으므로 장소를 의미하는 '여기'가 지시하는 곳은 '문화센터'가 적절하다.

오답 해설

①③ '인터넷'과 '요가 수업'은 장소가 아니므로 '여기'라는 지시어를 쓸 수 없다.
④ '우리 동네'는 운동을 배우는 장소가 아니므로 적절하지 않다.

어휘 '여기', '거기', '저기'

이들은 각각 '이곳', '그곳', '저곳'의 또 다른 구어체 표현이라고 할 수 있다.
예 <u>이곳(=여기)</u>은 경치가 좋다.
 <u>그곳(=거기)</u>에 가면 좋은 사람들을 만날 수 있다.
 <u>저곳(=저기)</u>에서 잠시 쉬었다 가면 좋겠다.

34 ①

출제 유형 맞는 내용 고르기

다음 주 월요일부터 요가 수업이 시작된다고 하였다.

오답 해설

② 문화센터에는 수영부터 테니스까지 여러 가지 운동 수업이 있으며 신청한 수업은 요가라고 하였다.
③ 문화센터 홈페이지에서 수업을 신청했다고 하였다.
④ 인터넷으로 프로그램을 찾아보았다고 하였다.

문맥 이해하기

글을 읽을 때 공간이나 거리를 나타내는 표현(우리 동네, 문화센터), 시간을 나타내는 표현(다음 주), 행동을 나타내는 표현(신청하다, 시작하다, 사귀고 싶다) 등에 주의하여 읽어야 한다. 지시어를 묻는 문제는 바로 앞과 뒤에 오는 문장으로 문맥을 파악하고, 이미 제시된 단어가 정답인지 확인해보는 것이 좋다.

35 ①

출제 유형 맞는 내용 고르기

이번 주말에 결혼하는 한국 친구에게 결혼식에 초대하는 청첩장을 받았다고 하였다. 따라서 글의 내용과 같은 것은 '저는 한국 친구의 결혼식에 초대받았습니다.'이다.

오답 해설
② 한국 친구의 결혼식에 입고 갈 정장을 샀다고 하였다.
③ 한국 사람의 결혼식에 가본 적이 없다고 하였으므로 친구에게 한국의 결혼식을 설명해 줄 수 없다.
④ 다른 친구들이 같이 결혼식에 가자고 해서 함께 가기로 했다고 하였다.

문맥 이해하기
글을 읽고 내용을 파악하기 위해서는 선지와 글의 내용이 일치하는지 비교해본다.
① 저는 한국 친구의 결혼식에 초대받았습니다.
→ 글에서 "이번 주말에 한국 친구가 결혼을 해요. 친구가 저에게 청첩장을 보내 주었는데"라고 하였으므로 일치한다.
② 저는 결혼하는 친구에게 정장을 선물하려고 합니다.
→ 글에서 "결혼식에 입고 갈 정장도 한 벌 사고"라고 하였으므로 일치하지 않는다.
③ 저는 친구에게 한국의 결혼식을 설명해 주었습니다.
→ 글에서 "한국 사람의 결혼식에 가본 적이 없어서"라고 하였으므로 일치하지 않는다.
④ 저는 회사 일이 바빠서 친구의 결혼식에 가지 못합니다.
→ 글에서 "다른 친구들이 같이 결혼식에 가자고 해서 저도 함께 가기로 했어요."라고 하였으므로 일치하지 않는다.

36 ②

출제 유형 맞는 내용 고르기

'주말 아침에 일찍 일어나는 것이 힘들어서 쉬고 싶을 때도 있었지만'에서 수업을 위해 주말 아침에 일찍 일어나야 함을 알 수 있다.

오답 해설
① 평일에는 회사 일 때문에 바빠서 수업을 듣기 어려웠다고 하였다.
③ 수업을 끝까지 다 듣고 마무리를 할 수 있게 되어서 보람을 느낀다고 하였으므로 포기하지 않았음을 알 수 있다.
④ 수업에서는 선생님의 설명을 듣고 친구들과 말하기 연습을 열심히 했다고 하였다.

문맥 이해하기
글을 읽고 내용을 파악하기 위해서는 선지와 글의 내용이 일치하는지 비교해본다.
① 회사 일이 끝나고 저녁에 한국어를 배웠습니다.
→ 글에서 "평일에는 회사 일 때문에 바빠서 수업을 듣기가 어려웠습니다."라고 하였으므로 일치하지 않는다.
② 수업 때문에 주말 아침에 일찍 일어나야 하였습니다.
→ 글에서 "주말 아침에 일찍 일어나는 것이 힘들어서"라고 하였으므로 일치한다.
③ 한국어 공부가 어려워서 중간에 수업을 포기하였습니다.
→ 글에서 "수업을 끝까지 다 듣고 마무리를 할 수 있게 되어서"라고 하였으므로 일치하지 않는다.
④ 시험을 잘 보려고 수업이 끝난 후에 혼자서 연습을 하였습니다.
→ 글에서 "수업 시간에는 선생님의 설명을 잘 듣고, 친구들과 말하기를 열심히 연습한 것"이라고 하였으므로 일치하지 않는다.

37 ③

출제 유형 중심 내용 고르기

일상에서 교통 법규를 지켜야 하는 이유에 대한 글이다. 첫 문장과 글의 마지막 문장에 나타난 내용으로 보아 '기본적인 교통 법규를 잘 지키면 사고가 나지 않는다.'가 글의 중심 내용으로 적절하다.

오답 해설
① 교통 법규를 위반하면 교통사고가 많이 발생한다.
② 교통 법규는 반드시 지켜야 한다고 하였다.
④ 상황에 따라 교통 법규를 지킬지를 판단하는 내용은 제시되어 있지 않다.

중심 내용 파악하기
글의 중심 내용은 중심 문장의 내용을 조합하여 찾을 수 있다.
❶ 일상에서 일어나는 교통사고의 상당수는 교통 법규를 잘 지키면 예방할 수 있다.
❷ 그러므로 교통 법규는 반드시 지켜야 한다.
→ 중심 내용: 기본적인 교통 법규를 잘 지키면 사고가 나지 않는다.

38 ④

출제 유형 제목 찾기

주제를 나타내는 마지막 문장에서 '그러므로 일을 잘하려면 직장에서 인간관계를 신경 써야 한다.'고 하였다. 따라서 글의 제목으로는 '직장에서의 인간관계의 중요성'이 적절하다.

오답 해설

①②③ '직장생활의 어려움', '인맥 관리의 필요성', '효율적인 업무 처리 방식'이 글에 제시되어 있지만 글의 제목으로 보기는 어렵다.

글의 제목 파악하기

정답이 아닌 선지의 내용도 글의 내용과 일치할 수 있기 때문에, 중심문장에 있는 내용과 글의 세부적인 내용을 전체적으로 포함하여 나타낼 수 있는 표현을 주제로 보는 것이 좋다.

중심 문장 그러므로 일을 잘하려면 직장에서 인간관계를 신경 써야 한다.
→ 글의 제목: 직장에서의 인간관계의 중요성

한국 문화

39 ②

출제 유형 법과 제도

한글날은 10월 9일로, 세종대왕의 한글 창제와 반포를 기념하는 날이다.

한국 역사 문화

한글날은 세종대왕이 1443년에 만들고 1446년에 널리 알린 훈민정음의 창제와 반포를 기념하여 제정한 국경일이다. 한글날은 「국경일에 관한 법률」에 따른 대한민국의 법정 공휴일이다. 한글날을 포함한 대한민국의 5대 국경일에는 태극기를 게양한다.

- **삼일절(3월 1일):** 1919년 3월 1일에 일본의 식민 통치에 항거하여 독립선언서를 발표한 것을 기념하는 날
- **제헌절(7월 17일):** 대한민국 헌법 제정을 기념하는 날
- **광복절(8월 15일):** 대한민국 정부 수립을 기념하는 날
- **개천절(10월 3일):** 고조선 건국을 기념하고, 홍익인간 정신을 기리는 날
- **한글날(10월 9일):** 세종대왕이 한글을 창제하고 반포한 것을 기념하는 날

40 ③

출제 유형 지리와 기후

춘천은 강원특별자치도에 위치한 도시로, 강원특별자치도청과 여러 관공서 및 공공기관의 지역 본부가 자리하고 있다.

오답 해설

① 전주는 전라도에 위치한 도시로, 역사, 문화예술, 관광의 중심도시이다.
② 청주는 충청도에 위치한 도시로, 충청도 제2의 도시이며 교육의 도시이다.
④ 경주는 경상도에 위치한 도시로, 한국의 옛 나라 중 하나인 신라의 수도였다.

한국 역사 문화

경주에는 사찰, 유적, 석탑 등 많은 신라시대 문화재가 보존되어 있으며 유네스코에 등재된 세계문화유산이 많다. 불국사와 석굴암(1995년 등재), 경주역사유적지구(2000년 등재), 한국의 역사마을 양동마을(2010년 등재), 옥산서원(2019년 등재)이 그것이다.

41 ①

출제 유형 전통

'온돌'은 한국의 전통적인 난방 방식이다.

오답 해설

② '기와'는 한국의 전통 가옥인 한옥의 지붕을 덮는 건축 재료를 말한다.
③ '부엌'은 음식을 만드는 공간으로, 난방과는 관련이 없다.
④ '마루'는 한국의 전통 가옥인 한옥에서 방과 방 사이에 깔아둔 바닥을 이르는 말로, 여름철에 시원함을 느낄 수 있도록 만든다.

한국 전통 문화

온돌은 열기로 바닥을 따뜻하게 데우는 방식이다. 사계절이 뚜렷한 한국의 기후적 특징에 따라 온돌이 발전하였다. 처음에는 아궁이에서 불을 때는 방식으로 시작하였으나, 기술의 발달로 바닥에 뜨거운 물을 순환시키거나 열선을 이용하여 바닥을 데우는 형태로 발전하였다.

42 ②

출제 유형 지리와 기후

사계절을 가진 한국의 여름에는 날씨가 덥다. 더운 여름에 얼음낚시를 하지 않는다.

오답 해설

① 봄은 겨울이 지나고 꽃이 피기 시작하는 계절이기 때문에 지역별 꽃 축제 등을 통해 꽃구경을 즐겨 한다.
③ 가을에는 날이 시원해지면서 단풍이 물들고 지역 곳곳에서 단풍놀이를 즐길 수 있다.
④ 겨울에는 기온이 낮아지고 눈이 많이 온다. 사람들은 눈이 온 풍경도 감상하고, 여러 가지 활동도 하면서 눈꽃축제를 즐긴다.

한국 전통 문화

한국은 봄, 여름, 가을, 겨울 사계절이 있으며, 태양의 위치에 따라 전통적인 방식의 24절기로 구분한다.

봄	입춘, 우수, 경칩, 춘분, 청명, 곡우
여름	입하, 소만, 망종, 하지, 소서, 대서
가을	입추, 처서, 백로, 추분, 한로, 상강
겨울	입동, 소설, 대설, 동지, 소한, 대한

43 ④
출제유형 역사

한국 지폐 오만 원권에는 신사임당이 그려져 있다.

오답 해설
① 율곡 이이 선생은 오천 원권에 그려져 있다. 조선 시대의 유명한 학자로, 어머니 신사임당과 함께 우리나라를 대표하는 위인이다.
② 충무공 이순신 장군은 조선 시대 수군(해군)을 이끌었던 유명한 장군으로, 대한민국에서 가장 많이 유통되었던 백 원짜리 동전에 그려져 있다.
③ 세종대왕은 만 원권 지폐에 그려져 있으며, 조선 시대 네 번째 왕으로 한글 창제 등 위대한 업적을 가지고 있다.

44 ①
출제유형 역사

첨성대는 신라 시대에 지어진 석조건축물로 세계에서 현존하는 가장 오래된 천문대이다.

오답 해설
②③④ 광화문, 경회루, 창덕궁은 조선 시대에 지어진 건축물이다.

45 ③
출제유형 전통

송편은 추석에 만들어 먹는 전통 음식으로 떡의 한 종류이다.

오답 해설
① 설날(구정)은 음력으로 새해가 시작되는 날이다. 신정은 양력으로 새해가 시작되는 날이다.
② 부모님과 일가친척 어른들께 세배를 드린다.
④ 돌아가신 조상을 위해 차례를 지내는 날이다.

한국 전통 문화
설날 아침에는 조상에게 새해 인사를 드리는데, 이것을 '차례를 지낸다'고 한다. 이는 전통적인 의식이지만 현대사회에서는 종교가 달라지면서 차례를 지내지 않기도 한다. 차례상에는 떡국과 과일, 그리고 여러 가지 한국 음식 등을 올린다.

46 ④
출제유형 법과 제도

건강보험료는 소득과 재산에 따른 등급에 맞춰 부과한다.

오답 해설
① 자녀 양육비는 소득 수준에 따라 다양한 지원을 받을 수 있다. 한국에는 부모급여, 가정양육수당, 아동수당, 한부모가족 아동양육비 등 다양한 양육비 지원 제도가 있다.
② 한국은 초등학교부터 중학교까지는 의무교육이다. 고등학교는 의무교육이 아니지만 무상교육으로 제공된다.
③ 한국의 최저임금은 2026년 기준 10,320원(시급)이며, 근로자는 최저임금 이상의 월급을 받을 수 있다.

한국 사회 문화
2025년 기준 아동의 양육비는 여성가족부 홈페이지에서, 의무교육은 교육부 홈페이지에서, 최저임금은 고용노동부 홈페이지에서, 건강보험료는 국민건강보험 홈페이지에서 각각 확인할 수 있다.

47 ②
출제유형 한국문화 읽고 이해하기

'나이가 든 기성세대가 업무 처리보다 상대방의 기분이나 직장 내 분위기를 고려하여 직접적으로 말하지 않고 돌려서 말하는 경향이 있다'고 기성세대와 신세대를 비교하여 서술하고 있다.

오답 해설
① 신세대는 명확한 업무 지시를 선호한다고 하였다.
③ 기성세대는 직장 내의 행사에 꼭 참여해야 한다고 생각한다고 하였다.
④ 선호하는 소통 방식에 대한 세대 간의 의견 차이는 매우 큰 편이라고 하였다.

어휘 '돌려서 말하다'
이야기를 할 때 상대방의 기분을 상하지 않게 하기 위해서 직접적인 표현을 피하는 것을 뜻한다.
예 배가 고프네요.
→ 식사 시간이 되지 않았나요?

48 ③
출제유형 한국문화 읽고 이해하기

노인의 비중이 높아지는 것과 노인 인구 증가로 인해 발생되는 문제를 이야기하고 그 해결 방안을 설명하고 있다. 따라서 글의 주제로는 '고령화 시대의 대처 방법'이 적절하다.

오답 해설
① 노후 준비의 필요성도 제시되었지만, 세부사항에 해당한다.
② 한국의 경제와 의료 수준이 높아지는 것이 평균 수명 증가의 원인으로 제시되었지만, 세부사항에 해당한다.
④ 경제 발전과 의료 수준의 관계에 대해서는 제시되어 있지 않다.

어휘

- **과도해지다**: '과도(過度)'는 '정도에 지나침'을 말한다. '과도해지다(과도하다+-어지다)'는 필요 이상으로 많아진 상태가 된 것을 의미한다.
  예) 너무 과도한 경쟁은 좋지 않다. / 학교 간 경쟁이 과도해져서 사회 문제가 되고 있다.
- **고령화**: '한 사회에서 노인의 인구 비율이 높은 상태로 나타나는 일'을 말한다.
  예) 우리나라도 고령화 현상이 나날이 늘고 있다.

한국어 활용(주관식)

49 안 걸리도록/걸리지 않게/걸리지 않도록

출제 유형 문맥에 맞는 연결표현 활용

감기에 걸린 학생들이 결석을 한 상황이다. 상대방이 감기에 걸리지 않기를 바라는 표현으로는 '감기에 안 걸리도록 조심하세요.', '감기에 걸리지 않게 조심하세요.', '감기에 걸리지 않도록 조심하세요.' 등의 표현이 적절하다.

문법 '-지 않도록'

뒷말의 행동에 대한 의도나 목적이 부정의 의미를 담고 있을 때 쓴다. '안 -도록'의 형태와 바꾸어 쓸 수 있다.
예) • 그곳에 가지 않도록 조심해야 한다.
    =그곳에 안 가도록 조심해야 한다.
    • 음식이 너무 짜지지 않도록 소금을 조금만 넣어야 한다.
    =음식이 너무 안 짜지도록 소금을 조금만 넣어야 한다.

50 정해 주세요./제한해 주세요./줄이면 어떨까요?/줄이도록 하는 게 어때요?

출제 유형 문맥에 맞는 종결표현 활용

'가'의 고민에 대해서 '나'가 게임을 너무 많이 하는 아이를 위한 방법을 제안하고 있다. 게임을 못하게 할 수는 없으므로 게임을 하는 시간을 조금씩 줄이거나 게임하는 시간을 정해 주는 정도의 표현이 적절하다.

문법 제안의 표현

- **-도록 하는 게 어때요?**: 상대방에게 정중하게 제안할 때 쓴다.
  예) 이번 일은 김 팀장이 맡도록 하는 게 어때요?
- **-면 어떨까요?**: 이 표현 역시 상대방에게 정중하게 제안할 때 자주 쓰는 표현이다.
  예) 이번 일은 김 팀장이 맡으면 어떨까요? / 우리 이번 주말 말고 다음 주말에 만나면 어떨까요?

구술시험 [01~05]

01

참고 발음과 띄어쓰기에 유의하여 정확하고 큰 목소리로 읽으세요.

02

모범답안

재활용 쓰레기와 일반 쓰레기를 구분해서 버려야 합니다.

03

모범답안

[1] 재활용이 되는 쓰레기나 음식물 쓰레기 등을 구분해서 버리지 않으면 벌금을 내야 합니다.
[2] 쓰레기는 반드시 정해진 장소에 버려야 합니다. 그렇지 않으면 벌금을 내야 합니다.

04

모범답안

[1] 고향에서도 한국처럼 재활용 쓰레기를 구분해서 버립니다. 그래도 한국과 우리나라의 규칙이 다를 수 있기 때문에 항상 규정을 잘 확인해야 합니다.
[2] 한국에서는 식당에서 사람들이 시끄럽게 떠들지 않습니다. 우리나라에서는 밥 먹을 때 사람들이 큰소리로 대화를 합니다. 하지만 한국에서 밥을 먹을 때는 조용히 이야기합니다.

05

모범답안

선거는 모든 나라에서 중요합니다. 국민을 대표하는 사람을 뽑는 과정이기 때문입니다. 한국의 민주주의는 세계 여러 나라가 부러워합니다. 사회 곳곳에서 민주적 절차를 잘 지키기 때문입니다. 선거는 한국의 올바른 민주주의를 가장 잘 보여주는 제도입니다. 저는 한국 문화가 세계에서 사랑받는 것은 민주주의 덕분이라고 생각합니다. 그래서 한국 사회에서 선거는 무엇보다 중요합니다.

실전 모의고사 제2회

본책 p.30

01	③	02	④	03	①	04	②	05	④
06	②	07	①	08	①	09	②	10	①
11	③	12	①	13	①	14	②	15	②
16	①	17	②	18	④	19	③	20	①
21	④	22	③	23	③	24	①	25	①
26	②	27	③	28	④	29	③	30	①
31	③	32	③	33	③	34	②	35	③
36	①	37	③	38	④	39	③	40	①
41	①	42	③	43	②	44	④	45	③
46	③	47	④	48	③				

49 만들어/요리해

50 쉬어보는 게 어때요?/마음을 편안하게 가져 보세요.

구술 01~05　**모범답안**　참고

한국어 기초

01 ③

출제유형 그림에 맞는 명사

냉장고와 식탁 등을 볼 때 부엌(주방)임을 알 수 있다.

오답 해설
① 방에는 침대와 옷장, 서랍장 등이 있다.
② 거실에는 소파와 테이블, 텔레비전 등이 있다.
④ 화장실에는 변기와 세면대, 거울 등이 있다.

어휘
- **부엌**: 부엌은 주로 가정집에서 요리를 할 수 있는 공간을 말한다.
- **주방**: 주로 식당에서 요리 및 조리를 할 수 있는 공간을 말한다.

02 ④

출제유형 상황에 맞는 조사

사과와 수박을 비교하여 말하고 있으므로 두 대상을 비교할 수 있는 조사 '보다'가 적절하다.

오답 해설
① 조사 '는'은 문장의 주어나 강조의 뜻을 나타낼 때 쓴다.
　예 차는 이미 떠났다.
② 조사 '도'는 이미 어떤 것이 포함되고 그 위에 더해질 때 쓴다.
　예 내년에도 또 놀러 오렴.
③ 조사 '를'은 행동의 간접적인 목적물이나 대상, 수단이 되는 사물임을 나타낼 때 쓴다.
　예 나무를 심다.

문법 '은/는'
강조의 뜻을 나타내거나 문장의 주어를 나타낼 때 쓴다. 문맥에 따라 문장의 주어를 나타낼 때는 '이/가'와 바꾸어 쓸 수 있지만, 강조의 뜻을 나타낼 때는 바꾸어 쓰면 의미가 어색해진다.
　예 오늘은 날씨가 맑다. → 주어 '오늘' 강조
　　 오늘이 날씨가 맑다. → 어색한 표현
　예 그 빵은 먹으면 안 된다. → 주어 '빵' 강조
　　 그 빵이 먹으면 안 된다. → 어색한 표현

한국어 활용 기본

03 ①

출제유형 형용사의 반대 의미

산이 높냐는 질문에 '아니요'로 대답했으므로 '높다'와 의미가 반대인 '낮아요'가 적절하다.

오답 해설
② '넓다'는 '면이나 바닥 등의 면적이 크다', '너비가 크다'는 뜻이며, 의미가 반대인 말은 '좁다'이다.
③ '밝다'는 '불빛이나 빛깔 등이 환하거나 산뜻하다', '분위기, 표정 등이 좋아 보이거나 그렇게 느껴지다'는 뜻이며, 의미가 반대인 말은 '어둡다'이다.
④ '복잡하다'는 '일이나 감정 등이 여러 가지로 얽혀 있다', '복작거리어 혼잡스럽다'는 뜻이며, 의미가 반대인 말은 '단순하다, 간단하다' 등이 있다.

어휘 '복잡하다'
'일이나 감정이 여러 가지로 얽혀 있다', '복작거리어 혼잡스러운 상태'의 뜻으로 쓴다. 의미에 따라 두 방향으로 반대 의미를 가진다.
- 복잡하다 ↔ 단순하다(일의 성격)
　예 그 일은 매우 단순하다.
- 복잡하다 ↔ 간단하다(일의 방법)
　예 그 일의 해결 방법은 매우 간단하다.

04 ②

출제유형 형용사의 반대 의미

날씨가 덥냐는 질문에 '아니요'로 대답하고 있으므로 '덥다'와 의미가 반대인 '춥다'가 적절하다.

오답 해설
① 날씨가 '맑다'는 '구름이나 안개가 끼지 않고 햇빛이 밝다'는 뜻이며, 의미가 반대인 말은 '흐리다'이다.

③ 날씨가 '흐리다'는 '하늘에 구름이나 안개 등이 끼어 햇빛이 밝지 못하다'는 뜻이다.
④ 날씨가 '따뜻하다'는 '덥지 않을 정도로 온도가 알맞게 높다'는 뜻이다. 의미가 반대인 말은 날씨가 '춥다', '쌀쌀하다' 등이 있다.

> **어휘** '따뜻하다'
>
> '덥지 않을 정도로 온도가 알맞게 높다', '감정, 태도, 분위기 등이 정답고 포근하다'의 뜻으로 쓴다. 의미에 따라 두 방향으로 반대 의미를 가진다.
> • 따뜻하다 ↔ 춥다/쌀쌀하다(날씨 등)
>   예 날씨가 따뜻하다. ↔ 날씨가 춥다 / 쌀쌀하다.
> • 따뜻하다 ↔ 차다/차갑다(감정, 사물 등)
>   예 음식이 따뜻하다. ↔ 음식이 차다 / 차갑다.

05 ④

출제 유형 문맥에 맞는 명사

빈칸 뒤의 '창문을 열다'와 가장 자연스럽게 연결할 수 있는 행동으로는 '청소'가 적절하다.

오답 해설

① '세탁'은 '주로 기계를 이용하여 더러운 옷이나 이불 등을 빠는 일'을 뜻하며, '빨래'와 바꾸어 쓸 수 있다.
  예 세탁 후 옷감이 줄어들 수 있습니다.
② '요리'는 '주로 가열하여 여러 조리 과정을 거쳐 음식을 만듦'의 뜻이다.
  예 요리 솜씨가 좋다.
③ '준비'는 '미리 마련하여 갖춤'의 뜻이다.
  예 손님을 맞이할 만반의 준비를 끝냈다.

06 ②

출제 유형 문맥에 맞는 부사

'아침에 일어나다'는 상황과 호응하는 말로는 '일찍'이 적절하다.

오답 해설

① '자주'는 '같은 일을 잇따라 잦게'라는 뜻이다.
③ '어쩌다'는 '뜻밖에 우연히', '이따금 또는 가끔가다가'라는 뜻이다.
④ '갑자기'는 '미처 생각할 겨를도 없이 급히'라는 뜻이다.

> **어휘** '자주'와 '가끔'
>
> 어떤 현상이나 일이 반복되는 도수를 '빈도'라고 하는데, 빈도가 잦으면 '자주', 빈도가 낮으면 '가끔'이라고 한다. '자주'와 '가끔' 등의 빈도를 나타내는 말에는 수치로 나타낼 수 있는 정확한 기준이 적용되지 않을 때가 많기 때문에 문맥으로 의미를 파악하는 경우도 있다.
>
> 예 가: 일주일에 운동을 얼마나 자주 하세요?
>   나: 저는 일주일에 두 번 정도로 가끔 합니다.
>   가: 네? 일주일에 두 번이면 자주 운동하시는 거 아닌가요?

07 ①

출제 유형 동사의 반대 의미

장 본 것을 냉장고에 '넣는다'고 하였다. '한정된 공간 속으로 들게 하다'는 뜻의 동사 '넣다'와 반대 의미를 가진 말로는 '꺼내다'가 적절하다.

오답 해설

② '바꾸다'는 '원래 있던 것을 없애고 다른 것으로 채우거나 대신하다'는 뜻이다.
③ '옮기다'는 '어떤 곳에서 다른 곳으로 자리를 바꾸게 하다'는 뜻이다.
④ '닫다'는 '열린 것을 도로 제자리로 가게 하여 막다'는 뜻이며, 의미가 반대인 말은 '열다'이다.

> **문법** '-(으)ㄹ게요'
>
> 말하는 사람이 자신의 계획을 말하거나 약속할 때 쓰는 표현이다. 말하는 사람이 주어(1인칭)가 아닐 때는 '-(으)ㄹ 거예요' 또는 '-게 할게요'로 바꾸어 쓴다.
> 예 제가 거기에 갈게요. (○) / 그가 거기에 갈게요. (×)
>   그가 거기에 갈 거예요. (○) / 그를 거기에 가게 할게요. (○)

08 ①

출제 유형 동사의 반대 의미

'돈을 찾다'는 계좌에서 돈을 빼는 것을 뜻하며, '출금하다'로도 쓸 수 있다. '돈을 찾다', '돈을 빼다'와 반대 의미를 가진 말로는 '돈을 넣다', '입금하다' 등이 있다. 빈칸 앞에는 '돈'이 제시되어 있으므로 동사 '넣다'를 활용한 '넣고'가 적절하다.

어휘 금융 활동과 관련된 표현

계좌를 만들다	계좌를 개설하다
(돈을) 넣다	입금하다
(돈을) 찾다/빼다	출금하다
(돈을) 보내다	송금하다
(다른 나라의 돈으로) 바꾸다	환전하다

09 ②

출제 유형 문맥에 맞는 명사

컴퓨터는 오래 쓸수록 속도가 느려지기 때문에 주기적으로 필요 없는 파일을 지우는 것이 좋다. 따라서 '지우다'와 같은 의미의 '삭제'가 적절하다.

오답 해설

① '검색'은 '책이나 컴퓨터에서 목적에 따라 필요한 자료들을 찾아내는 일'을 뜻한다.
  예 이 앱은 장소 검색이 가능하다.
③ '연결'은 '사물과 사물을 서로 잇거나 현상과 현상이 관계를 맺게 함'을 뜻한다. '파일을 연결하다'는 표현은 어색하며, 여러 개의 파일을 모으는 것을 '파일을 합친다'의 표현으로 쓸 수 있다.
  예 서비스 장애로 인터넷 연결이 끊어졌다.
④ '저장'은 '물건이나 재화 등을 모아서 간수함'을 뜻한다.
  예 작업하던 문서를 닫기 전에는 꼭 저장 버튼을 눌러야 한다.

10 ①

출제 유형 문맥에 맞는 동사

중요한 이메일을 보내기 전에 해야 할 행동으로는 내용을 '검토하다'가 적절하다. '검토하다'는 '어떤 사실이나 내용을 분석하여 따지다'는 뜻이다.

오답 해설

② '변경하다'는 '다르게 바꾸어 새롭게 고치다'는 뜻이다.
  예 계획을 변경하다.
③ '전송하다'는 '전하여 보내다'는 뜻이다.
  예 메신저로 파일을 전송할게요.
④ '추천하다'는 '남에게 권하다', '책임지고 소개하다'는 뜻이다.
  예 여행지로 추천할 곳이 있나요?

어휘 업무와 관련된 표현

	쓰다/작성하다	지금 이메일을 쓰고/작성하고 있습니다.
이메일을	보내다/전송하다	1시에 이메일을 보냈습니다/전송했습니다.
	삭제하다	불필요한 이메일은 바로 삭제합시다.
파일을	첨부하다	이메일에 첨부한 파일을 확인해주세요.

11 ③

출제 유형 문맥에 맞는 형용사

'학생들이 쉽게 이해하다'와 자연스럽게 연결될 수 있으면서 '설명'과 어울리는 말로는 '모자람이 없이 넉넉하다'는 의미의 '충분하다'가 적절하다.

오답 해설

① '깨끗하다'는 '때나 찌꺼기 등이 없다', '가지런히 잘 정돈되어 말끔하다', '맛이 개운하다'는 뜻이다.
  예 방 안이 깨끗하다.

② '화려하다'는 '환하게 빛나며 곱고 아름답다', '어떤 일이나 생활 등이 대단하거나 사치스럽다'는 뜻이다.
  예 가수의 의상이 화려하다.
④ '까다롭다'는 '조건 등이 복잡하거나 엄격하여 다루기에 순탄하지 않다'는 뜻이다.
  예 절차가 까다롭고 복잡하다.

12 ①

출제 유형 문맥에 맞는 명사

교통법규를 지키지 않았을 때 부과되는 돈은 '벌금'이라고 한다.

오답 해설

② '식비'는 먹는 데 쓰이는 생활비를 말한다.
③ '등록금'은 주로 학교 등의 교육기관에 교육을 신청하고 수업의 대가로 지불하는 돈을 말한다.
④ '관리비'는 주로 집이나 사무실 등을 관리해주는 대가로 내는 돈을 말한다.

어휘 비용을 나타내는 말

지불하는 비용을 뜻하는 말은 쓰임이나 성격에 따라 '-금, -비, -료, -세' 등을 뒷말로 붙여 쓴다.

-금	주거나 받는 돈 자체	등록금(교육과정 등을 등록하여 내는 돈)
		상금(상으로 주는 돈)
		벌금(위반하여 내는 돈)
-비	어떤 활동에 드는 비용	식비(식사에 드는 돈)
		교통비(교통수단 이용에 드는 돈)
		관리비(시설, 물건 등을 관리하는데 드는 돈)
-료	사용, 서비스에 대한 대가	수업료(수업을 듣는 데 드는 돈)
		관람료(공연 등을 관람하기 위해 내는 돈)
		입장료(장소에 들어가기 위해 내는 돈)
-세	(주로) 국가에 내는 돈 (=세금)	종합소득세(여러 가지 소득을 종합하여 부과하는 세금)
		상속세(재산을 상속받을 때 국가에 내는 세금)
		취득세(부동산이나 차량 등을 구입할 때 내는 세금)

참고 '전기세', '수도세' 등의 표현도 많이 사용하지만 공공 서비스에 대한 대가로 지불하는 돈이기 때문에 '전기요금', '수도요금' 등의 표현으로 쓰는 것이 더 정확하다.

13 ①

출제 유형 동사의 비슷한 의미

비행기 표를 사려면 무엇이 필요하냐는 질문에 여권으로 본인 확인 후에 살 수 있다고 대답하고 있다. '사다'와 바꾸어 쓸 수 있는 말은 '구매하다'이므로, '-ㄹ 수 있다'에 높임표현을 더한 '구매하실 수 있습니다'가 적절하다.

오답 해설

② '반납하다'는 '도로 바치다'는 뜻이다. '돌려주다'와 비슷한 말이다.
  예) 회사에 물품을 반납하다.
③ '등록하다'는 '일정한 자격을 얻기 위하여 단체나 학교 등에 문서나 이름을 올리다'는 뜻이다.
  예) 지난달에 영어학원에 등록했다.
④ '환불하다'는 '이미 지불한 돈을 되돌려주다'는 뜻이다.
  예) 불량품은 전액 환불해드립니다.

문법 '-어 드리다'

앞말의 행동이 다른 사람에게 영향을 주거나, 다른 사람을 위한 행동일 때 '-어 주다'를 쓰며, '-어 드리다'는 '-어 주다'의 높임 표현이다.
예) 제가 (당신의) 옷을 걸어 드리겠습니다.
  (제가 당신의) 짐을 올려 드리겠습니다.

14 ②

출제 유형 형용사의 비슷한 의미

수업이 어렵다는 학생의 말에 선생님이 복습과 예습을 많이 해야 한다고 말하면서 제시할 수 있는 이유로는 '복잡하기 때문에'가 적절하다.

오답 해설

① '쉽다'는 '하기가 까다롭거나 힘들지 않다'는 뜻이다. '수월하다'와 비슷한 말이다.
  예) 이 책의 내용은 다소 쉽다.
③ '지루하다'는 '시간이 오래 걸리거나 같은 상태가 오래 계속되어 따분하고 싫증이 나다'는 뜻이다.
  예) 여름밤은 무덥고 지루했다.
④ '유용하다'는 '쓸모가 있다'는 뜻이다.
  예) 이 안내책자는 꽤 유용하다.

문법 '-(하)기 때문에'

앞말이 원인, 뒷말이 결과를 나타내며, '-해야 한다', '-수 없다', '-되었다' 등의 어미와 함께 쓰인다.
예) 볕이 따갑기 때문에 선크림을 꼭 발라야 한다.
  그 지역은 일요일에 음식점이 문을 닫기 때문에 도시락을 준비하는 것이 좋다.

어휘 '복잡하다'의 반대말

무엇이 복잡한지의 대상에 따라 반대 의미를 가진 말이 달라질 수 있다.

문제, 일 등의 물리적인 대상	예) 문제가 복잡하다 ↔ 문제가 쉽다/단순하다 길이 복잡하다 ↔ 길이 한적하다
감정	예) 마음이 복잡하다 ↔ 마음이 편안하다

한국어 활용 응용

15 ②

출제 유형 동사 '시작하다'의 연결표현 활용

회의가 언제 시작되는지 묻는 질문에 팀원들이 모두 모인 후에 회의를 시작할 예정이라고 대답해야 하므로 '시작하려고'가 적절하다.

오답 해설

① '시작하고(시작하다+-고)'는 두 가지 이상의 상황이나 행동을 나열하거나, 앞말과 뒷말 사이에 의미상 관계가 있을 때 쓴다.
  예) 회의에 참석하는 인원을 확인하고 회의를 시작합시다.
③ '시작하면서(시작하다+-면서)'는 두 가지 이상의 상황이나 행동이 동시에 이뤄질 때 쓴다.
  예) 회의하면서 여러 안건을 논의할 예정입니다.
④ '시작하자마자(시작하다+-자마자)'는 앞말의 동작이 이루어지고 곧 뒷말의 상황이나 동작이 일어날 때 쓴다.
  예) 정각이 되자마자 회의가 시작되었다.

문법 '-려고 하다'

어떤 행동을 할 의도를 가지고 있거나, 곧 일어날 동작이나 상태의 변화를 나타낼 때 쓴다. 대부분의 경우에 미래를 나타내는 다른 표현인 '-(으)ㄹ 것이다'와 바꾸어 쓸 수 있다.
예) 점심으로 햄버거를 먹으려고 합니다.
  카페에서 친구를 만나려고 해요.

16 ①

출제 유형 동사 '가다'의 연결표현 활용

학생이 머리가 아프다는 말에 선생님이 집에서 쉬라고 대답하고 있다. '집에 가다'와 '쉬다'는 순서대로 이어지는 행동이므로 동작의 순서를 나타낼 수 있는 '집에 가서 쉬다'가 적절하다.

오답 해설

② '가더니(가다+-더니)'는 과거의 상황이나 행동에 뒤이어 일어난 상황을 이어주거나, 앞말이 뒷말의 원인일 때 쓴다.
  예) 어제부터 머리가 아프더니 오늘은 기침도 나요.

③ '가니까(가다+-니까)'는 앞말이 뒷말의 원인, 근거, 전제 등이 됨을 나타내거나 먼저 제시된 상황이나 행동과 관련된 다른 사실을 이어서 설명할 때 쓴다.
   예 머리가 아프니까 집에가서 쉴게요.
④ '가지만(가다+-지만)'은 앞에 말한 것과 반대되는 내용을 뒤에서 이어 말할 때 또는 어떤 내용을 인정하면서 그에 얽매이지 않는 내용을 이어 말할 때 쓴다.
   예 머리가 아프지만 견딜 수 있어요.

문법 순서를 나타내는 '-어서'
시간의 선후 관계를 나타낼 때와 이유, 근거, 수단, 방법 등을 나타낼 때 쓴다. 시간의 선후 관계를 나타낼 때는 앞말과 뒷말의 순서대로 상황이나 동작이 진행됨을 나타낸다.
예 지금 집에 있다.+학교에 갈 것이다.+그곳에서 공부를 할 것이다.
   → 학교에 가서 공부를 할 것이다.

17 ②

출제 유형 동사 '있다'의 연결표현 활용
콘서트 티켓이 있으니 공연을 함께 보러 가자고 제안하는 대화이다. 따라서 어떤 것을 제안하면서 전제되는 조건을 말할 때 쓸 수 있는 '있는데'가 적절하다.

오답 해설
① '있어야(있다+-어야)'는 주로 '하다' 동사와 결합하여 의무를 나타낼 때 쓴다.
   예 콘서트를 보려면 티켓이 있어야 합니다.
③ '있어도(있다+-어도)'는 '그래도'의 의미를 포함하는 표현으로, 가정이나 양보(반대)의 뜻을 나타낼 때 쓴다.
   예 콘서트 티켓이 있어도 신분증 확인이 필요해요.
④ '있으니까(있다+-니까)'는 앞말이 뒷말의 원인, 근거, 전제 등이 되거나 먼저 제시된 상황이나 행동과 관련된 다른 사실을 이어서 설명할 때 쓴다.
   예 티켓이 있으니까 콘서트에 입장할 수 있어요.

문법 '-는데'
뒷말에 나올 일을 설명, 물음, 요청, 제안하기 위하여 관련된 상황을 미리 말할 때 쓴다.
예 그 사람이 오늘 학교에 가는데, 함께 갈까요?
   이 물건이 싼데, 사는 게 어때요?

18 ④

출제 유형 동사 '만들다'의 종결표현 활용
김치를 만들어 본 경험을 묻는 질문에 '아니요'라고 부정하면서 김치를 만드는 것은 이번이 처음이라고 말하고 있다. 따라서 경험이 없음을 나타내는 '만든 적이 없어요'가 적절하다.

오답 해설
① '만드는군요(만들다+-는군+요)'는 '-구나'의 줄임말로 새롭게 알게 된 사실에 주목할 때 쓴다.
   예 이번에는 배추김치를 만드는군요.
② '만들었거든요(만들다+었+-거든+요)'는 과거시제로 듣는 사람이 모르고 있을 내용을 가르쳐줄 때 쓴다.
   예 지난주에는 파김치를 만들었거든요.
③ '만들어보세요(만들다+-어 보다+세요)'는 어떤 일을 권유할 때 쓴다.
   예 여름이니까 열무김치를 만들어 보세요.

문법 '-(으)ㄴ 적이 있다'와 '-어 본 적이 있다'
자신의 경험을 말할 때 쓰는 표현이다. 단순히 경험한 사실을 나타낼 때는 두 표현을 모두 쓸 수 있지만, 직접적으로 경험의 행동을 강조할 때는 '-(으)ㄴ 적이 있다'를 쓴다.
예 제주도 여행을 한 적이 있다. = 제주도 여행을 해 본 적이 있다.
   → 모두 단순한 경험
   전주에 간 적이 있지? → 행동 강조
   ≠ 전주에 가 본 적이 있지? → 단순한 경험

19 ③

출제 유형 형용사 '피곤하다'의 종결표현 활용
잠을 잘 못 잤다는 상대방의 말에 동조와 추측의 의미를 함께 표현할 수 있는 '피곤하겠어요'가 적절하다.

오답 해설
①②④ 행동의 주체가 쓸 수 있는 표현이다.
① '피곤했어요(피곤하다+었+어요)'는 과거의 사실을 나타낼 때 쓴다.
   예 그저께 잠을 잘 못 자서 어제 많이 피곤했어요.
② '피곤하네요(피곤하다+-네+요)'는 현재의 상태를 나타낼 때 쓴다.
   예 어젯밤에 잠을 잘 못 잤더니 오늘은 피곤하네요.
④ '피곤하거든요(피곤하다+-거든+요)'는 상대방이 모르는 내용을 알려주거나 의미를 강조할 때 쓴다.
   예 잠을 잘 못 자면 피곤하거든요.

문법 문장의 인칭
인칭에 따라서 종결 어미 또는 문법 호응이 달라지므로 주의해야 한다.
• 1인칭: 말하는 사람이 자기 또는 자기를 포함한 무리를 말할 때
   예 나는 학생이다.
      우리는 소풍을 간다.
• 2인칭: 듣는 사람을 지칭할 때
   예 너는 성실한 사람이다.
      자네는 쓸모 있는 사람이 될 것이라고 믿네.

- **3인칭**: 화자와 청자(1인칭과 2인칭) 이외의 사람을 지칭할 때
  예) 그는 정직한 사람이다.
  그 사람들은 정류장에 서 있었다.

20 ①

출제유형 형용사 '재미있다'의 종결표현 활용

공연이 재미있었냐는 질문에 '네'라는 긍정으로 대답했으므로 과거 시제를 포함한 '재미있었어요'가 적절하다.

오답 해설

② '재미있을 거예요(재미있다+-(으)ㄹ 거예요)'는 미래의 일이나 계획을 나타내는 표현으로, 이미 일어난 사실을 과거 표현으로 묻고 답할 때는 쓸 수 없다.

③ '재미있을 수 있어요(재미있다+-(으)ㄹ 수 있어요)'는 어떤 상황이나 일이 가능하거나 어떤 일을 할 수 있는 능력이 있음을 나타낼 때 쓴다.

④ '재미있을 줄 몰랐어요(재미있다+-(으)ㄹ 줄 몰랐어요)'는 어떤 정보를 모르고 있거나 예상했던 것과 반대일 때 쓸 수 있다. 기본형은 '-는지 알다/모르다'의 형태로 긍정과 부정을 모두 나타낼 수 있다.

21 ④

출제유형 동사 '늦다'의 연결표현 활용

지각을 반복하는 상황에 대해 '죄송합니다'라고 사과하고 있다. 따라서 동사 '늦다'를 활용하여 금지 또는 예방의 의미를 포함하는 '늦지 않도록 노력하겠습니다'가 적절하다.

오답 해설

① '늦는다면(늦다+-는다면)'은 어떤 사실을 가정하여 조건으로 여길 때 쓴다.
  예) 회사에 늦는다면 미리 상사에게 연락해서 알려야 한다.

② '늦더라도(늦다+-더라도)'는 가정이나 양보의 뜻을 나타낼 때 쓴다.
  예) 아무리 늦더라도 미리 연락을 줘야 합니다.

③ '늦을 텐데(늦다+-(으)ㄹ 텐데)'는 말하는 사람이 어떤 내용을 추측할 때 쓴다.
  예) 차가 막혀서 출근이 늦을 텐데 걱정이네요.

문법 '-지 않도록'
앞말이 뒷말의 목적, 결과, 방식, 정도를 나타낼 때 쓰는 '-도록'에 부정의 표현 '않'이 결합한 형태이다. 앞말에 오는 행동을 부정하며 노력하겠다는 의지를 나타내거나 주의 또는 당부의 의미를 담을 때 쓴다. 의지를 나타내는 의미일 경우 '-겠다', '-(으)ㄹ 것이다' 등과 함께 쓴다.
예) 이번 시험에 떨어지지 않도록 공부를 열심히 하겠다.

22 ③

출제유형 형용사 '어렵다'의 종결표현 활용

문법이 어려워서 모르겠다는 말에 동의하면서 도움을 줘도 될지 제안하고 있으므로 추측의 표현 '아마'와 호응할 수 있는 '어려운 것 같아요'가 적절하다.

오답 해설

① '어렵지 않아요(어렵다+-지 않다+아요)'는 앞말이 그러하지 않다는 부정의 표현이다.
  예) 이 단계의 문법은 어렵지 않아요.

② '어렵기는요(어렵다+-(하)기는+요)'는 앞말을 부정하는 표현이다.
  예) 문법이 어렵기는요. 오히려 쉬운 걸요.

④ '어려운 줄 알았어요(어렵다+-ㄴ 줄 알다+았+어요)'는 어떤 것을 알고 있음을 나타내는 표현이다.
  예) 선생님이 미리 얘기해주셔서 문법이 어려운 줄 알고 있었어요.

23 ③

출제유형 문맥에 맞는 연결표현

'추워도'는 뒤에 의미가 반대되는 표현이 와야 하므로 '추워도 두꺼운 옷을 입으세요'는 어색한 표현이다. '춥다'와 '두꺼운 옷을 입다'는 자연스럽게 호응하므로 이유를 나타내는 연결표현을 활용해야 한다. 따라서 '추우니까' 또는 '추울 테니' 등이 적절하다. '두꺼운 옷'보다 '두터운 옷'이 더 적절한 표현이지만, 일상적으로는 '두꺼운 옷'이라는 표현을 주로 쓴다.

24 ①

출제유형 문맥에 맞는 종결표현

'어제'는 과거, '만나겠어요'는 미래를 나타내므로 시제의 호응이 맞지 않다. 따라서 과거 표현인 '어제'와 시제를 일치시킨 '만났어요' 등이 적절하다.

25 ①

출제유형 동사 '오다'의 연결표현 활용

얼마나 되었냐는 질문에 올해로 5년이 되었다고 대답하고 있으므로 제시된 동사 '오다'에 시간이나 기간을 나타내는 표현을 결합한 '온 지'가 적절하다.

오답 해설

② '오도록(오다+-도록)'은 목적이나 결과를 나타낼 때 쓴다.
  예) 다음에는 늦지 않게 오도록 하세요.

③ '오게 되면(오다+-게 되면)'은 외부의 영향으로 어떤 것이 조건이 될 때 쓴다.
  예) 한국에 다시 오게 되면 연락 주세요.

④ '오기 때문에(오다+-기 때문에)'는 이유를 나타낼 때 쓴다.
  예) 비가 세차게 오기 때문에 소풍은 취소해야겠어요.

> **문법** '(시간/기간이) 얼마나 됐어요?'
> 어떤 일이 진행된 시간이나 기간 등을 물을 때 쓴다. 기다리는 시간 또는 어떤 일의 기간이나 소요시간 등이 궁금할 때 주로 쓴다.
> **예** 차가 떠난 지 얼마나 됐어요?
> 한국에 온 지 얼마나 됐어요?
> 그 사람을 기다린 지 얼마나 됐어요?

26 ②

출제유형 동사 '취소하다'의 종결표현 활용

어제 영화를 봤냐는 물음에 '일이 생겨서'라고 약속이 취소된 이유를 들고 있으므로 과거 시제를 포함한 '취소해야 했어요'가 적절하다.

오답 해설

① '취소해야 돼요(취소하다+-어야 되다+어요)'는 행동을 할 필요가 있을 때 쓴다.
　예 친구가 못 온다고 연락이 와서 예매한 표를 취소해야 돼요.
③ '취소하려고 해요(취소하다+-려고 하다+어요)'는 행동할 의도가 있을 때 쓴다.
　예 시간이 안 돼서 약속을 취소하려고 해요.
④ '취소하려던 참이었어요(취소하다+-(으)려던 참이다+었+어요)'는 가까운 미래에 행동할 생각이 있을 때 쓴다.
　예 지금 막 영화 예매를 취소하려던 참이었어요.

> **문법** '-어야 하다'
> 의무 또는 어떤 일을 반드시 할 수밖에 없는 상황을 말할 때 쓴다.
> **예** 4시까지 반드시 거기에 가야 한다.
> 우리는 이번 시험에 꼭 합격해야 한다.

27 ③

출제유형 문맥에 맞는 연결표현

'-거나'는 나열된 행동 중에 하나를 선택할 때 쓴다. '도서관에 가다'와 '책을 빌리다'는 둘 중 하나를 선택하는 표현이 아닌 '책을 빌리다'가 도서관에 가서 할 수 있는 행위에 해당한다. 따라서 시간의 전후 관계를 나타낼 수 있는 '도서관에 가서 책을 빌렸어요'가 적절하다.

> **문법** '-거나'
> 나열된 동작이나 상태 또는 대상 중에서 어느 것이든 선택될 수 있을 때 쓴다. 이때, 대상이 동일한 상태에서 서술어를 선택하거나, 서술어가 동일한 상태에서 대상을 선택하는 방향으로 문맥의 호응을 맞춰야 한다.
> **예** 도서관에 가거나 가지 않거나 정하지 못했다.
> → 동사를 기준으로 선택
> 서점에 가거나 도서관에 가는 것 중에 무엇이 더 좋을까요?
> → 장소를 기준으로 선택

28 ④

출제유형 문맥에 맞는 종결표현

'-ㄴ데요?'는 자신의 상황이나 말을 직접적으로 표현할 때 쓰며, '-(으)ㄴ다는데요?'는 다른 사람의 상황이나 말을 간접적으로 전달할 때 쓴다. 따라서 주어와 호응할 수 있는 서술 표현으로는 '저는 그 사람을 자주 만나는데요?'가 적절하다.

한국어 활용+읽기

29 ③

출제유형 문맥에 맞는 종결표현

지금 살고 있는 집은 회사와 마트가 멀리 떨어져 있고, 지하철역도 멀어서 대중교통 이용이 어렵다고 하였다. 또한 지금 살고 있는 집의 계약이 끝나기 전에 이사갈 집을 찾으려고 한다고 하였다. 따라서 소망을 나타낼 수 있는 '교통이 편리한 곳으로 이사를 가고 싶습니다'가 적절하다.

30 ①

출제유형 문맥에 맞는 연결표현

영화와 연극을 비교하면서 공연장에서 공연이 즉석으로 이루어지는 것이 연극의 특징이라고 말하고 있다. 따라서 '공연장에서 배우들의 연기를 직접 볼 수 있어서'가 적절하다.

오답 해설

② '듣다'는 청각을 나타내는 동사이므로 '배우들의 목소리를 듣다'와 같이 표현할 수 있다.
③ '느끼다'는 감각을 나타내는 동사이므로 '공연장의 분위기를 느끼다'와 같이 표현할 수 있다.
④ '구경하다'는 시각을 나타내는 동사는 맞지만 공연을 관람하는 것보다는 가벼운 느낌을 나타내기 때문에 '연기를 직접 보다'처럼 집중하는 행위를 표현하기에는 다소 어색하다.

31 ③

출제유형 문맥에 맞는 응용 표현

중고 거래는 사용하던 물건을 사거나 파는 행위이다. 빈칸 뒤에서 '물건을 저렴하게 살 수 있는' 중고 거래의 장점에 대해서 말하고 있으므로 중고 상품이 '정가보다 저렴하다'는 표현이 적절하다.

오답 해설

① '무게보다 가볍게'는 실제보다 물건의 무게가 가벼울 때 쓸 수 있다.
② '품질보다 견고하게'는 품질에 비해 물건이 튼튼할 때 쓸 수 있다.
④ '크기보다 넉넉하게'는 물건이 크기에 비해 여유 공간이 충분할 때 쓸 수 있다.

32 ③

출제 유형 문맥에 맞는 응용 표현

한국에서 쓰레기를 분리배출하는 방법을 설명하고 있다. 플라스틱, 병, 종이 등은 분리 수거함에 버린다고 하였으므로 '재활용이 가능한'이 적절하다.

오답 해설

① '자주 사용하는'은 같은 물건을 높은 빈도로 여러 번 씀을 뜻한다.
② '깨끗하게 세탁한'은 때나 찌꺼기가 없게 말끔히 빨래한다는 뜻이다.
④ '오래 쓸 수 있다'는 긴 시간동안 사용할 수 있다는 뜻이다.

읽고 이해하기

33 ③

출제 유형 문맥에 맞는 지시어와 명사

'우리 동네에 있는 박물관 옆의 도서관에 자주 간다'고 하였으므로 장소를 의미하는 '그곳'이 지시하는 곳은 '도서관'이 적절하다.

어휘 '이곳', '그곳', '저곳'
각각 '여기', '거기', '저기'의 문어체 표현이다.
예 이곳(=여기)은 경치가 좋다.
그곳(=거기)에 가면 좋은 사람들을 만날 수 있다.
저곳(=저기)에서 잠시 쉬었다 가면 좋겠다.

34 ②

출제 유형 맞는 내용 고르기

도서관의 운영시간은 오전 9시부터 오후 9시까지라고 하였다.

오답 해설

① 도서관에서는 한 번에 다섯 권까지 책을 빌릴 수 있다고 하였다.
③ 도서관에서는 컴퓨터와 프린터를 사용할 수 있다고 하였다.
④ 일주일에 서너 번 정도 도서관을 이용한다고 하였다.

문맥 이해하기

글을 읽을 때 공간의 거리를 나타내는 표현(집 근처), 시간을 나타내는 표현(요즘, 오전 9시부터 오후 9시까지), 행동을 나타내는 표현(가다, 찾다, 빌리다) 등에 주의하여 읽으며 글에 제시된 내용이 선지와 일치하는지 비교해본다.

35 ③

출제 유형 맞는 내용 고르기

시장에 가서 떡볶이와 어묵을 사 먹었다고 하였으므로 '저는 전통시장에서 음식을 사 먹었습니다.'가 적절하다.

오답 해설

① 시장에서 친구를 기다렸다고 제시되지 않았으며, 다음에는 반 친구들과 전통시장에 함께 가고 싶다고 하였다.
② 전통시장에서 일한 경험에 대해 제시되지 않았다.
④ 지난 주말에 전통시장에 가서 음식을 사 먹고 다양한 물건을 샀다고 하였다.

문맥 이해하기

① 전통시장에서 친구를 기다렸습니다.
→ 글에서 제시되지 않았으므로 일치하지 않는다.
② 전통시장에서 일한 경험이 있습니다.
→ 글에서 제시되지 않았으므로 일치하지 않는다.
③ 전통시장에서 음식을 사 먹었습니다.
→ 글에서 "떡볶이와 어묵을 사 먹었는데"라고 하였으므로 일치한다.
④ 전통시장에 갔지만 아무것도 사지 않았습니다.
→ 글에서 "떡볶이와 어묵을 사 먹었는데"라고 하였으므로 일치하지 않는다.

36 ①

출제 유형 맞는 내용 고르기

한국의 계절이 봄이라서 날씨가 따뜻하고 꽃도 많이 피어서 산책하기에 좋다고 하였다.

오답 해설

② 벤치에 앉아서 커피를 마시기도 한다고 하였지만, 음악을 듣는지는 제시되어 있지 않다.
③ 공원에서 산책을 하고 회사에 출근한다고 하였다.
④ 저녁에 공원에서 산책하는지는 글에 제시되어 있지 않다.

문맥 이해하기

글의 내용과 같은 혹은 같지 않은 것을 고르는 문제에서는 글에 제시되어 있지 않은 내용을 추측하는 것에 주의해야 한다. 즉, 글의 내용에서 이어질 수 있는 행동을 예측하지 않도록 해야 한다.

① 요즘 한국의 날씨가 좋아서 산책하기에 좋다.
  → 글에서 "날씨가 따뜻하고 꽃도 많이 피어서 산책하기에 좋습니다"라고 하였으므로 일치한다.
② 가끔 벤치에 앉아서 음악을 들으면 마음이 편해진다.
  → 글에서 가끔 벤치에 앉아서 커피를 마시기도"라고 하였으므로 일치하지 않는다.
③ 아침에 공원에서 산책을 하는 날은 회사에 가지 않는다.
  → 글에서 "출근하기 전에 집 근처 공원에서 산책을 합니다"라고 하였으므로 일치하지 않는다.
④ 저녁에는 공원에 산책하는 사람이 없어서 공원이 조용하다.
  → 글에서 "운동하는 사람도 많고", "반려견과 함께 산책하는 사람도 자주 볼 수 있습니다"라고 하였으므로 일치하지 않는다.

37 ③

출제 유형 중심 내용 고르기

한국의 대중교통은 많은 사람들이 이용하기 때문에 지켜야 할 예절도 많다. 또한 노인이나 몸이 불편한 사람, 임산부를 위해서 자리를 비워 두는 배려의 문화도 있다. 따라서 글의 중심 내용으로는 '많은 사람들이 이용하기 때문에 배려와 예절이 중요하다.'가 적절하다.

오답 해설

① 노약자석은 노인이나 몸이 불편한 사람을 위해서 비워 두는 자리이다.
② 한국의 대중교통은 정해진 운행 시간에 따라 운행된다.
④ 지하철이나 버스 안에서 큰소리로 통화하는 행동은 예의에 어긋난다고 하였으나 전화 통화를 하면 안 된다는 내용은 제시되어 있지 않다.

중심 내용 파악하기

글의 중심내용은 보통 글의 앞부분이나 뒷부분에 있다. 그런데 이 글처럼 앞이나 뒤에 분명하게 드러나지 않은 글도 있다. 이때, 글의 세부적인 내용만 담고 있는 것보다는 더 넓은 범위에서 글의 내용을 포함할 수 있는 표현을 찾는 것이 좋다.

38 ④

출제 유형 제목 찾기

첫 문장에서 '한국에서는 나이에 따라 말하는 방식이 달라진다'고 하였으며, 마지막 문장에서 '한국어를 배울 때는 나이나 관계에 따라 달라지는 표현도 함께 배우는 것이 중요하다'고 하였다. 따라서 글의 제목으로는 '나이에 따라 달라지는 한국의 언어문화'가 적절하다.

오답 해설

① 한국어를 빨리 배우는 방법은 글에 제시되어 있지 않다.
② 나이에 대한 내용이 제시되어 있지만, 글의 제목으로 보기 어렵다.
③ 처음 만난 사람과 친해지는 방법은 글에 제시되어 있지 않다.

글의 제목 파악하기

글의 제목은 지문에서 중심문장을 찾아서 파악할 수 있다. 그러나 글에 직접적으로 글의 제목에 해당하는 표현이 제시되지 않는 경우도 있다. 이때는 중심문장의 문장을 포함할 수 있는 표현을 찾아서 글의 제목으로 적절한지 판단해야 한다.

중심 문장 ❶ 한국에서는 나이에 따라 말하는 방식이 달라진다.
❷ 그래서 한국어를 배울 때는 언어뿐만 아니라 나이나 관계에 따라 달라지는 표현도 함께 익히는 것이 중요하다.
→ 글의 제목: 나이에 따라 달라지는 한국의 언어 문화

한국 문화

39 ③

출제 유형 법과 제도

한국 대통령의 임기는 5년 단임제이며, 국회의원은 4년으로 임기를 수행한다.

한국 사회 문화

대통령의 임기는 대한민국 헌법 제70조에 따라 5년으로 정해져 있으며, 중임(重任; 현직자의 차기 재임)할 수 없다. 국회의원의 임기는 대한민국 헌법 제42조에 따라 4년으로 규정하고 있으며 중임이 가능하다.

40 ①

출제 유형 법과 제도

보건소는 의료 진료 또는 예방접종이나 건강 검진 등을 받는 곳이다. 세금은 세무서, 각종 금융기관, 인터넷 전자납부 등으로 납부할 수 있다.

한국 사회 문화

보건소	진료, 예방접종, 건강 검진 등
소방서	화재 진압, 인명 구조 등
우체국	우편, 택배, 금융, 보험 등
행정복지센터 (주민센터)	민원서류 발급, 문화·복지·교육 프로그램 및 시설 운영

41 ①
출제 유형 **전통**

대한민국의 최대 명절인 설날에는 여러 가지 전통 음식을 먹으며, '떡국'은 대표적인 설 명절 음식이다.

한국 사회 문화
한국에는 설날 아침에 떡국을 먹어야 나이를 한 살 더 먹는다고 생각하는 문화가 있다.

42 ③
출제 유형 **역사**

6·25 전쟁이라고도 불리는 한국전쟁은 1950년 6월 25일부터 1953년 7월 27일까지 3년 1개월 동안 이어졌다.

오답 해설
① 병자호란은 1637년 1월 3일부터 1637년 2월 24일까지 치러진 전쟁이다. 청나라가 조선을 침략한 전쟁이다.
② 청일전쟁은 1894년 7월 25일부터 1895년 4월 17일까지 치러진 전쟁이다. 조선과 청나라 만주, 산둥성 일대에서 벌어진 청나라와 일본 제국의 전쟁이다.
④ 동학농민운동은 1894년 조선 시대의 백성들이 당시의 체제와 구조에 저항하여 일으킨 대규모 민중 항쟁이다.

43 ②
출제 유형 **역사**

경주에 위치한 불국사는 1995년 유네스코(UNESCO)에서 제정한 세계문화유산으로 등재되었다.

오답 해설
① 경복궁은 서울에 있는 조선 시대 왕궁이다. 1963년 사적 제117호로 국가 문화유산에 지정되었다.
③ 청계천은 서울에 있는 하천이다.
④ N서울타워는 서울 남산에 있는 타워로, 서울을 대표하는 랜드마크이다.

한국 역사 문화
한국에는 다양한 유네스코 세계문화유산이 있다. 주요 유산으로는 석굴암과 불국사, 해인사 장경판전, 종묘, 창덕궁, 화성, 경주 역사유적지구, 고창·화순·강화의 고인돌 유적, 제주 화산섬과 용암동굴 등이 있다.

44 ④
출제 유형 **전통**

한국의 명절은 조상께 감사를 표하고 가족 간의 정을 나누며 전통문화를 계승하는 민족적인 의미를 가진 날을 의미한다. 대표적인 명절은 설날, 추석, 단오, 한식, 칠석 등이 있다. 한글의 창제와 반포를 기념하는 '한글날'은 명절에 해당하지 않는다.

한국 역사 문화
한글날은 세종대왕이 한글을 창제하고 반포한 사실을 기념하고 한글의 우수성을 널리 알리기 위해서 지정된 국경일로, 매년 10월 9일이며 대한민국의 법정 공휴일이다.

45 ③
출제 유형 **사회문화**

집들이는 이사를 한 사람이 새로 이사한 집에 가족이나 친한 사람들을 초대하는 것이므로 이사를 한 후에 해야 한다.

한국 사회 문화
한국에는 집들이 문화가 있다. 가족이나 가까운 사람들을 초대하여 이사한 집을 구경시켜주고 함께 음식을 나누며 즐거운 시간을 보낸다. 집들이에 초대된 손님은 세제, 휴지 등 새로 이사한 집에 필요한 실용적인 물건을 선물로 준비한다.

46 ③
출제 유형 **정치와 경제**

한국의 투표용지에는 후보자의 이름이 쓰여 있다. 이름이 쓰여진 옆칸에 선거용 도장을 찍어야 한다.

47 ④
출제 유형 **한국문화 읽고 이해하기**

한국 사람들의 주거 문화에 대한 글이다. 글의 첫 부분에서 '한국 사람들은 옛날부터 지금까지 집의 위치나 방향, 주변 환경 등을 중요하게 생각하며 이러한 것들이 그곳에 사는 사람의 행복을 결정한다고 믿어왔다'고 하였다.

오답 해설
① 과거에는 집 앞에 물이 흐르고 집 뒤에 산이 있는 곳을 명당이라고 하였다.
② 한국의 겨울은 길고 추워서 해가 잘 드는 남쪽으로 집과 대문의 방향을 둔다고 하였다.
③ 요즘은 학군이 갖춰져 있고 교통이 편리한 곳을 선호한다고 하였다.

한국 사회 문화
한국인들은 주거지를 매우 중요하게 생각하는데, 그 위치를 보는 기준을 '풍수지리'라고 한다. 바람과 물과 땅의 형태라는 의미를 지니며, 전통적으로 집터를 정하거나 국가의 중요한 건축물을 세울 때 매우 중요한 기준이 된다.

48 ③

출제 유형 한국문화 읽고 이해하기

스마트폰의 부정적 영향에 대한 글이다. 글의 첫 부분에 스마트폰의 보편화에 따른 장점과 단점이 제시되어 있으며, 글의 끝 부분에서 '과유불급(過猶不及)'이라는 사자성어와 함께 스마트폰을 적당히 사용하는 것에 대해서 말하고 있다. 따라서 글의 주제로는 '스마트폰 사용의 문제점과 올바른 사용'이 적절하다.

오답 해설
① 인간관계, 소통 방식 등에 대해 제시되어 있지 않다.
② 스마트폰 사용의 여러 문제점에 대해서는 제시되어 있지만 해결 방법은 제시되어 있지 않다.
④ 디지털 시대, 기술 교육 등에 대해 제시되어 있지 않다.

읽고 생각하기
글에서 주제를 찾으려면 글 전체에서 반복되거나 중심적으로 사용된 어휘와 서술어를 파악하는 것이 좋다. 이 글에서는 '스마트폰', '문제점', '중독 문제', '심각하다', '우려의 목소리', '좋지 않다' 등의 단어를 찾아볼 수 있다. 따라서 주제를 나타내는 문장은 핵심 어휘를 포함하면서 글의 내용을 요약할 수 있는 문장이어야 한다.

한국어 활용(주관식)

49 만들어/요리해

출제 유형 문맥에 맞는 연결표현 활용

식당에서 이루어지는 대화이다. 손님이 음식이 너무 맵다고 했으므로 그 대답으로 적절한 대답은 음식을 새로 만들어 주겠다는 내용이어야 한다. 따라서 무엇을 해주겠다는 공손한 표현인 '-어 드리다'를 활용한 '새로 만들어 드리겠습니다.' 또는 '새로 요리해 드리겠습니다' 등이 적절하다.

문법 '-어 드리다'
'-어 주다'의 높임 표현으로 앞말의 행동이 다른 사람에게 영향을 주거나, 다른 사람을 위한 행동일 때 쓴다.
예 제가 (짐을) 올려 드리겠습니다.

50 쉬어보는 게 어때요?/마음을 편안하게 가져 보세요.

출제 유형 문맥에 맞는 종결표현 활용

일 때문에 힘든 상황의 상대방에게 위로의 말이나 조언을 해 주는 상황이다. 산책을 하거나 좋아하는 음악을 들어보는 것을 권하고 있으므로 '쉬어보는 게 어때요?' 또는 '마음을 편안하게 가져 보세요.' 등의 표현이 적절하다.

문법 '-는 게 어때요?'
상대방에게 권유하거나 조언할 때 쓰며, 격식과 예의를 갖추는 사이가 아닌 서로 친밀감이 있는 사이에서 주로 사용한다.
예 이거 사는 게 어때요?
일요일에 거기에 가는 게 어때요?

구술시험 [01~05]

01

참고 발음과 띄어쓰기에 유의하여 정확하고 큰 목소리로 읽으세요.

02

모범답안

생활습관병이라고 합니다. 이것은 잘못된 생활습관과 관련이 있기 때문이라고 합니다.

03

모범답안

[1] 아플 때는 바로 병원에 가서 진료와 적절한 치료를 받고 있습니다.
[2] 기름진 음식이나 인스턴트 식품을 적게 먹고 균형 잡힌 식사를 하려고 노력합니다.

04

모범답안

[1] 한국의 교육은 국가에서 많은 지원을 하고 있습니다. 초등학교와 중학교는 의무 교육이며 무상으로 제공됩니다. 고등학교도 의무 교육은 아니지만 무상으로 지원되고 있습니다.
[2] 한국은 글로벌코리아장학금(GKS) 프로그램, 교환학생 제도, 각종 대학교의 한국어학당 운영 등 외국인 유학생을 위한 교육에도 많은 노력을 기울이고 있습니다.

05

모범답안

저출산 문제는 한국만의 문제가 아니라 전 세계적인 문제입니다. 한국에서는 저출산 문제를 해결하기 위해 신혼부부 지원, 출산 비용 지원, 아동 수당 확대, 육아 휴직 제도 등을 시행하고 있습니다. 또한 신혼부부의 주택 구입 지원, 아동 출산 가구의 세금 공제, 다자녀 가구의 초중고 교육비 지원 등 다양한 정책도 확대하고 있습니다.

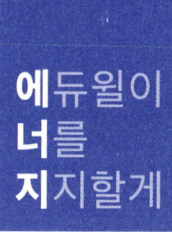

당신이 상상할 수 있다면 그것을 이룰 수 있고,
당신이 꿈꿀 수 있다면 그 꿈대로 될 수 있다.

– 윌리엄 아서 워드(William Arthur Ward)

실전 모의고사 제3회
본책 p.50

01	②	02	①	03	④	04	②	05	①
06	③	07	②	08	①	09	③	10	①
11	①	12	②	13	④	14	④	15	①
16	④	17	②	18	④	19	③	20	④
21	②	22	①	23	②	24	④	25	③
26	①	27	②	28	③	29	①	30	②
31	①	32	④	33	②	34	④	35	③
36	④	37	④	38	②	39	④	40	①
41	③	42	③	43	①	44	②	45	①
46	①	47	③	48	④				

| 49 | 떨어질 리가/(당연히) 합격할 수밖에 |
| 50 | 실수를 했어요/실수를 한 것 같아요/잘 못 봤어요/잘 못 본 것 같아요 |

구술 01~05 **모범답안** 참고

한국어 기초

01 ②

출제 유형 그림에 맞는 명사

빨간색 테두리와 중앙의 사선은 금지를 나타내므로 '사진을 찍지 마세요'의 의미를 담고 있다.

오답 해설
① 음료 또는 음식을 섭취하지 말라는 표시이며, 주로 공공장소에서 볼 수 있다.
③ 전화 벨소리를 꺼놓으라는 표시이며, 공연장, 극장, 전시장, 박물관 등에서 볼 수 있다.
④ 흡연이 금지된 장소임을 나타내는 표시이며, 지정된 흡연 구역 이외에는 모든 곳에서 금연해야 한다.

어휘 '픽토그램'
문자를 대신하여 의미를 직관적으로 이해할 수 있는 그림문자를 말한다. 픽토그램은 문자가 아닌 그림으로 의미를 전달하기 때문에 만국 공통으로 쓰인다.

▲ 픽토그램의 예

02 ①

출제 유형 상황에 맞는 조사

'(으)로'는 움직임이나 변화의 방향, 물건의 재료나 원료, 일의 수단이나 도구, 일의 방법, 방식, 원인, 이유, 지위, 신분, 자격, 시간 등을 나타낼 때 쓰는 조사이다. 문장에서는 수단이나 도구의 의미로 쓰였다. 앞말에 받침이 없으면 '로'로, 있으면 '으로'로 쓴다.

오답 해설
② '까지'는 어떤 일이나 상태 등의 범위의 끝을 나타낼 때 쓰며, 앞에는 시작을 나타내는 '부터'나 출발을 나타내는 '에서'가 온다.
예 12시까지 오세요.
③ '에서'는 장소, 출발점, 출처, 행동이나 상태, 판단이 적용되는 범위를 나타낼 때 쓴다.
예 학교에서 공부해요.
④ '에게'는 어떤 행동이 미치거나 행동을 일으키는 대상임을 나타내거나 소속, 위치 등을 나타낼 때 쓴다.
예 영희에게 선물을 받았다.

문법 '(으)로'
쓰임이 매우 다양하므로, 의미를 구분하여 알아두면 좋다.

방향	서울대입구역으로 가 주세요.
재료/원료	김치로 다양한 요리를 만들어요.
수단/도구	약으로 병을 고치다.
방법/방식	우리는 이 물건을 대량으로 구입하였다.
지위/신분	회원으로 가입하다.
자격	한국은 음식이 맛있기로 유명하다.
원인/이유	무슨 일로 오셨어요?
시간	시험 시간을 한 시간으로 제한했다.

한국어 활용 기본

03 ④

출제 유형 동사의 반대 의미

창문을 열었냐는 질문에 '아니요'로 대답하고 있으므로 '열다'와 의미가 반대인 '닫다'가 적절하다.

오답 해설
① '타다'는 크게 두 가지 의미로 구분된다. '탈것 등에 몸을 얹다'는 뜻일 때 의미가 반대인 말은 '내리다'이다. '불씨나 높은 열로 불이 붙어 번지거나 불꽃이 일어나다'는 뜻일 때 의미가 반대인 말은 '끄다'이다.

② '사다'는 '값을 치르고 물건이나 권리를 자기 것으로 만들다'는 뜻이며, 의미가 반대인 말은 '팔다'이다.
③ '입다'는 '옷 등을 몸에 두르다'는 뜻이며, 의미가 반대인 말은 '벗다'이다.

문법 '-어 놓다'
앞에 동사로 오는 행동을 끝내고 그 결과가 유지될 때 쓴다.
예 바람이 들어와서 문을 닫았어요. → 객관적인 사실 전달
   바람이 들어와서 문을 닫아 놓았어요. → 문이 닫힌 상태가 유지되고 있음을 강조

04 ②

출제 유형 형용사의 반대 의미

시험이 어려웠냐는 질문에 '아니요'로 대답하고 있으므로 '어렵다'의 반대말인 '쉽다'가 적절하다.

오답 해설
① '많다'는 '양, 정도 등이 일정한 기준 이상이다'는 뜻이며, 의미가 반대인 말은 '적다'이다.
③ '필요하다'는 '반드시 요구되는 바가 있다'는 뜻이며, 의미가 반대인 말은 부정어를 사용하여 '불필요하다', '필요하지 않다' 등으로 쓸 수 있다.
④ '즐거워하다'는 '즐겁게 여기다'는 뜻이며, 의미가 반대인 말은 '괴로워하다' 등이 될 수 있다.

05 ①

출제 유형 문맥에 맞는 명사

이사를 하면 사는 곳의 주소가 바뀌는데, '주소를 변경하다'와 같은 의미로 쓸 수 있다.

오답 해설
② '가입'은 '조직이나 단체 등에 들거나, 서비스를 제공하는 상품 등을 신청함'을 뜻한다. '가입 신고'는 의미상 호응이 어색한 표현이다.
예 산악회에 가입을 신청했다.
③ '분실'은 '모르는 사이에 물건 등을 잃어버림'을 뜻한다. '분실 신고'는 '잃어버린 것을 알린다'는 의미이기 때문에 제시된 대화에서는 적절하지 않다.
예 분실의 위험이 크다.
④ '정리'는 '흐트러지거나 혼란스러운 상태에 있는 것을 모으거나 치워서 질서 있는 상태가 되게 함', '체계적으로 분류하고 종합함' 등의 뜻이 있다. '정리 신고'는 호응이 어색한 표현이다.
예 파일 정리가 잘 되어 있다.

어휘
신고: 국민이 법령의 규정에 따라 행정 관청에 일정한 사실을 진술·보고하는 것을 의미한다.
예 변경 사항이 생기면 해당 관청에 신고해라.

06 ③

출제 유형 문맥에 맞는 부사

건강하게 살기 위한 조건이 되면서 '운동하다'와 호응하는 표현으로는 '한결같이 부지런하고 끈기가 있는 태도로'라는 의미의 '꾸준히'가 적절하다.

오답 해설
① '특히'는 '보통과 다르게'라는 의미이다.
② '바로'는 일정한 방향이나 장소, 부근 등을 말할 때 쓴다.
④ '골고루'는 '차이가 없이 엇비슷하거나 같게', '두루두루 빼놓지 아니하고'라는 의미이다.

07 ④

출제 유형 동사의 반대 의미

'잊다'는 '한번 알았던 것이나 기억해 두어야 할 것을 기억하지 못하다'는 뜻이다. '잊다'와 의미가 반대인 말로는 '기억하다'가 적절하다.

오답 해설
① '선택하다'는 '여럿 가운데서 필요한 것을 골라 뽑다'는 뜻이다.
② '확인하다'는 '틀림없이 그러한가를 알아보거나 인정하다'는 뜻이다.
③ '알아보다'는 '조사하거나 살펴보다'는 뜻이다.

문법 '-지 말다'
앞말의 행동을 하지 못하게 함을 나타낼 때 쓴다. 구어체에서는 주의를 주는 의미로 '-지 마세요'의 형태로 활용한다.
예 가다 → 가지 말다 예 거기에 가지 마세요.
   먹다 → 먹지 말다 예 그 음식을 먹지 마세요.
   잊다 → 잊지 말다 예 저를 잊지 마세요.

08 ①

출제 유형 형용사의 반대 의미

'편하고 이로우며 이용하기 쉽다'는 뜻의 '편리하다'와 의미가 반대인 말로는 '불편하다'가 적절하다.

오답 해설
② '한적하다'는 '한가하고 고요하다'는 뜻이다.
예 한적한 시골길을 걸었다.
③ '부족하다'는 '필요한 양이나 기준에 미치지 못해 충분하지

않다'는 뜻이다.
    예 문제를 풀 시간이 부족하다.
④ '유명하다'는 '이름이 널리 알려져 있다'는 뜻이다.
    예 온양은 온천으로 유명하다.

09 ③
출제유형 문맥에 맞는 명사

광고는 판매를 목적으로 제품이나 서비스의 좋은 점을 널리 알리는 행위이다. 따라서 광고가 증가시키는 대상으로는 '소비'가 적절하다.

오답 해설
① '문제'는 해결하기 어렵거나 난처한 대상을 의미한다.
    예 노후 대비가 큰 문제이다.
② '경제'는 인간의 생활에 필요한 것들을 생산·분배·소비하는 모든 활동을 의미한다.
    예 경제가 안정되다.
④ '물가'는 물건의 값으로, 여러 가지 상품이나 서비스의 가치를 나타내는 개념을 의미한다.
    예 물가가 내리다 / 뛰다 / 비싸다.

> **어휘**
> 경제 관련 표현은 뉴스 보도나 기사를 통해 의미를 파악해두는 것이 좋다. 용어가 다소 어렵다면 영어 또는 자국어 표현을 연결하여 알아두면 쉽게 이해할 수 있다.
> 예 한국 경제 지표가 상승하고 있다. 소비자 물가 지수는 전년 동월 대비 1.9% 상승하여 안정세를 보이고 있다.
> 경제 지표(economic indicator) / 소비자 물가 지수(consumer price index) / 대비(=~와 대비하여, compared to) / 상승하다(rise, increase) / 안정세(stability)

10 ①
출제유형 문맥에 맞는 동사

'시대가 급변하다'와 '전통을 (   )'가 상반되는 의미라는 것을 알 수 있다. 따라서 '급변하다'는 '바뀌다'로, 괄호 안의 동사는 '지키다'의 의미가 되기 위해서는 '보존하다'가 적절하다.

오답 해설
② '개발하다'는 '산업이나 경제를 발전하게 하다', '새로운 물건을 만들거나 새로운 생각을 내어놓다'는 뜻이다.
    예 관광지로 개발할 계획이다.
③ '창조하다'는 '전에 없던 것을 처음으로 만든다'는 뜻이다.
    예 유행을 창조하다.
④ '지정하다'는 '가리켜 확실하게 정하다'는 뜻이다.
    예 모일 장소를 지정하다.

11 ②
출제유형 문맥에 맞는 형용사

회사의 근무 환경을 나타내는 '출퇴근 시간'과 자연스럽게 호응할 수 있는 어휘로는 '자유롭다', '정확하다', '유동적이다' 등이 될 수 있다. 따라서 '출퇴근 시간이 자유롭다'가 적절하다.

오답 해설
① '원만하다'는 '성격이 모난 곳 없이 부드럽고 너그럽다', '일의 진행이 순조롭다'는 뜻으로 '출퇴근 시간'과의 호응이 어색하다.
    예 성격이 원만해서 친구가 많다.
③ '부정확하다'는 '바르지 않거나 확실하지 않다'는 뜻이다. '출퇴근 시간이 불확실하다'는 표현은 다소 어색하며, 출퇴근 시간이 '정확한' 또는 '정해져 있는' 등의 표현이 적절하다.
    예 통계 수치가 부정확하다.
④ '합리적이다'는 '일이나 제도가 사리나 실상에 맞아 알맞다'는 뜻이다.
    예 모든 법칙이 합리할 수는 없다.

12 ①
출제유형 문맥에 맞는 명사

마음이 힘들 때 '혼자서 고민하다'와 비교할 수 있는 행위가 와야 하므로 '상담을 받다'가 적절하다.

오답 해설
② '공감'은 '남의 감정, 의견, 주장에 대하여 자기도 그렇게 느낌'을 뜻한다.
    예 대중에게 공감을 얻었다.
③ '소통'은 '뜻이 서로 통하여 오해가 없음'을 뜻한다.
    예 차량의 원활한 소통이 이루어지다.
④ '적응'은 '일정한 조건이나 환경 따위에 맞추어 응하거나 알맞게 됨'을 뜻한다.
    예 시차 적응이 어렵다.

> **어휘** 비슷하지만 잘 생각해 보면 다른 어휘 이해하기
> 상담, 공감, 소통, 적응 등의 단어는 '심리' 등의 같은 주제 안에서 쓰일 수 있는 어휘이다. 이렇게 함께 묶이는 어휘를 구분할 때는 간단한 문장에 적용하여 문맥을 파악하고, 호응이 잘 이루어지는지를 이해하며 학습해야 어휘의 의미를 정확하게 이해할 수 있다.
> 예 그는 진학 문제로 선생님과 상담하였다.
>   그 의견은 많은 공감을 얻었다.
>   서로의 의견 소통이 잘 이루어지다.
>   그 사람은 새로운 환경에 적응을 잘한다.

13 ②

출제 유형 동사의 비슷한 의미

서류를 '내다'는 표현과 바꾸어쓸 수 있는 말로는 '제출하다'가 적절하다.

오답 해설

① '활용하다'는 '도구나 물건 등을 충분히 잘 이용하다'는 뜻이다.
  예 공터를 주차 공간으로 활용하다.
③ '추천하다'는 '어떤 조건에 적합한 대상을 책임지고 소개하다'는 뜻이다.
  예 선생님께서 나를 이 회사에 추천하셨다.
④ '해결하다'는 '제기된 문제를 해명하거나 얽힌 일을 잘 처리하다'는 뜻이다.
  예 갈등을 해결하다.

문법 '-어 주다'
앞말의 행동이 다른 사람에게 영향을 주거나, 다른 사람을 위한 행동일 때 쓴다. 높임 표현은 '-어 드리다'이다.
  예 내가 (너의) 옷을 걸어 줄게.
     (제가) 안내를 도와드리겠습니다.

14 ④

출제 유형 형용사의 비슷한 의미

'심한 말'은 정도를 지나치거나 예의에 어긋나는 말을 의미한다. 따라서 '심하다'와 비슷한 의미를 가진 말로는 '지나치다'가 적절하다.

오답 해설

① '두렵다'는 '어떤 대상을 무서워하여 마음이 불안하다', '마음에 꺼리거나 염려스럽다'는 뜻이다.
  예 아무것도 두려울 것이 없다.
② '솔직하다'는 '거짓이나 숨김이 없이 바르고 곧다'는 뜻이다.
  예 내 친구는 솔직한 성격이다.
③ '어색하다'는 '잘 모르거나 만나고 싶지 않았던 사람과 마주 대하여 자연스럽지 못하다', '격식이나 규범, 관습 등에 맞지 않아 자연스럽지 않다'는 뜻이다.
  예 낯선 사람과 마주 보고 앉아 있기가 어색하다.

문법 '동사/형용사+(으)ㄴ 명사'의 구조
명사 앞에 형용사 또는 동사가 와서 뒤에 오는 명사를 꾸며주는 구조이다. 이 구조는 '명사+동사/형용사' 형태의 주술구조로 바꿀 수도 있다.

동사형용사+명사	주어+서술어(동사/형용사)
심한 말	말이 심하다.
갔던 곳	그곳에 갔었다.
먹은 요리	요리를 먹었다.

한국어 활용 응용

15 ①

출제 유형 동사 '먹다'의 종결표현 활용

식당을 제외한 도서관 안의 공간에서는 음식물 섭취가 금지되어 있다. 대답에서 죄송하다는 사과의 말과 함께 밖에 나가서 먹겠다고 하였으므로 금지를 나타낼 수 있는 표현으로 '먹지 마세요'가 적절하다.

오답 해설

② '먹을 거예요(먹다+-(으)ㄹ 거예요)'는 미래의 계획이나 어떤 일을 하려는 의지를 나타낼 때 쓴다.
  예 간식은 도서관 밖으로 나가서 먹을 거예요.
③ '먹고 싶어요(먹다+-고 싶어요)'는 어떤 행동을 하기 원할 때 쓴다.
  예 도서관을 나가면 간식을 먹고 싶어요.
④ '먹으러 가요(먹다+-(으)러 가요)'는 이동의 목적을 나타낼 때 쓴다.
  예 도서관에서 나가면 간식을 먹으러 가요.

문법 '-지 마세요'
앞말의 행동을 하지 못하게 함을 나타낼 때 쓰며, 주로 금지 행동에 대한 안내를 목적으로 활용되는 표현이다.
  예 여기에서 담배를 피우지 마세요.
     수업에 늦게 오지 마세요.

16 ④

출제 유형 형용사 '좋다'의 연결표현 활용

오늘 무엇을 할지 묻는 질문에 같이 산책을 하자고 청유형으로 대답하고 있다. 산책을 제안하는 이유인 '날씨'와 호응할 수 있는 서술어로는 '좋으니까'가 적절하다.

오답 해설

① '좋고(좋다+-고)'는 두 가지 이상의 상황이나 행동을 나열할 때 쓴다.
  예 날씨도 좋고 기분도 좋아요.
② '좋아서(좋다+-어서)'는 시간적 선후 관계를 나타내거나 이유, 근거, 수단, 방법 등을 나타낼 때 쓰지만, 청유형 문장과는 호응이 어색하다.
  예 날씨가 좋아서 산책하기에 좋네요.
③ '좋지만(좋다+-지만)'은 어떤 내용을 인정하면서 그에 매이지 않는 내용을 이어 말할 때 쓴다.
  예 지금 날씨가 좋지만 산책은 다음에 해요.

문법 '이유나 원인의 '-니까', '-어서'
두 표현은 평서문에서는 대부분 바꾸어 쓸 수 있으나, 청유문에서는 '-니까'와의 연결이 자연스럽다.
예 평서문 예 더우니까 아이스크림을 먹었어요. / 더워서 아이스크림을 먹었어요.
청유문 예 더우니까 아이스크림을 먹읍시다. (자연스러운 표현)
더워서 아이스크림을 먹읍시다. (어색한 표현)

17 ②

출제유형 동사 '쉬다'의 연결표현 활용

쉬는 날의 계획을 묻는 질문에 미래에 대한 희망을 나타낼 수 있는 '-(으)면 좋겠다'를 활용한 표현으로 대답하고 있다. 따라서 '쉬면 좋겠어요'가 적절하다.

오답 해설

① '쉬러(쉬다+-러)'는 가거나 오는 동작의 목적을 나타낼 때 쓴다.
예 쉬러 고향집에 다녀올까 해요.

③ '쉬려고(쉬다+-려고)'는 떤 행동을 할 의도를 가지고 있을 때 쓴다.
예 주말에는 집에서 푹 쉬려고 해요.

④ '쉬면서(쉬다+-면서)'는 두 가지 이상의 상황이나 행동이 동시에 이루어질 때 쓴다.
예 쉬면서 책을 읽을 계획이에요.

문법 '-(으)면 좋겠다'
다가올 일에 대한 희망을 말할 때 쓴다. 일어날 확률이 낮거나 없는 일을 가정하면서 희망을 나타낼 때도 쓸 수 있다.
예 빨리 여름이 오면 좋겠어요. → 다가올 일에 대한 희망
키가 크면 좋겠어요. → 일어날 확률이 낮거나 없는 일에 대한 가정과 희망

18 ④

출제유형 동사 '회의하다'의 연결표현 활용

어제 전화를 왜 안 받았냐는 질문에 못 받았다고 대답하고 있다. 따라서 전화를 받지 못한 이유를 제시할 수 있는 '회의하느라고'가 적절하다.

오답 해설

① '회의하려고(회의하다+-려고)'는 어떤 행동을 할 의도를 가지고 있거나, 곧 일어날 동작이나 상태의 변화를 나타낼 때 쓴다.
예 회의가 끝나면 전화하려고 했어요.

② '회의하면서(회의하다+-면서)'는 두 가지 이상의 상황이나 행동이 동시에 이뤄질 때 쓴다.
예 회의하면서 휴대폰 확인을 할 수가 없었어요.

③ '회의했더니(회의하다+았+-더니)'는 과거의 상황이나 행동에 뒤이어 일어난 상황을 이어주거나 앞말이 뒷말의 원인일 때 쓰는 '-더니'의 과거 표현이다.
예 회의에 너무 집중했더니 전화가 온 줄도 몰랐어요.

문법 '-느라(고)'와 '-어서'
'-니까', '-는 탓에', '-는 통에'처럼 앞말이 뒷말의 이유나 원인을 나타낼 때 쓴다. 그런데 이 표현은 그것과 결합한 동사의 행동이 유지된다.
예 일을 하느라고 전화 온 것을 몰랐다. → 일을 하는 중에 전화가 와서 몰랐음.
그러나, 형용사는 동작이 유지되는 것이 아니라 상태가 지속되는 것이기 때문에 '-느라고'를 적용하면 어색한 표현이 된다.
예 바빠서 못 갔다. / 바쁘니까 못 올 수 있다. (○)
바쁘느라고 못 갔다. / 바쁘느라고 못 올 수 있다. (×)
또한, 행동의 지속성(동작의 연속된 시간)이 이유로 연결되지 않을 때도 어색한 표현이 된다. 이 경우 '-어서'를 사용하는 것이 적절하다.
예 밥을 많이 먹어서 배가 아프다. (○)
밥을 많이 먹느라고 배가 아프다. (×)

19 ③

출제유형 동사 '오다'의 종결표현 활용

날씨를 묻는 질문의 대답으로 구름이 많이 끼었다고 하면서 '곧'이라는 미래 표현이 쓰였으므로 추측을 나타낼 수 있는 '비가 올 것 같다'가 적절하다.

오답 해설

① '왔어요(오다+았+어요)'는 어떤 일이 과거에 이미 종료된 상태일 때 쓴다.
예 구름이 많이 끼더니 비가 왔어요.

② '오나 봐요(오다+-나 보다+아요)'는 말하는 사람의 추측을 나타낼 때 쓰지만, 문장에서는 '곧'과의 호응이 되지 않는다.
예 우산 쓰는 사람들을 보니 밖에 비가 오나 봐요.

④ '오는 편이에요(오다+-는 편이다+어요)'는 어떤 일에 대해 대체로 어떤 쪽에 가깝다고 평가할 때 쓴다.
예 이렇게 구름이 끼면 비가 오는 편이에요.

20 ④

출제유형 동사 '이야기하다'의 종결표현 활용

지금 시간이 괜찮으니 이야기하라고 대답하였으므로 지금 이야기를 할 수 있는지를 묻는 질문이 와야 한다. 따라서 가능성을 물을 수 있는 '이야기할 수 있어요?'가 적절하다.

오답 해설

① '해야 돼요(하다+-야 되다+어요)?'는 행동을 할 의무나

필요성을 물을 때 쓸 수 있다.
- 예 지금 이야기해야 돼요?

② '하고 있어요(하다+-고 있다+어요)?'는 행동이 진행 중인지를 물을 때 쓸 수 있다.
- 예 영수 씨와 이야기하고 있어요?

③ '하기로 했어요(하다+-기로 하다+었+어요)?'는 행동을 할지 결정했는지를 물을 때 쓸 수 있다.
- 예 영수 씨와 이따 이야기하기로 했어요?

21 ②

출제 유형 동사 '되다'의 종결표현 활용

회사에서 일한 기간을 묻는 질문의 대답으로 '이제 거의 3년'이라는 기간이 제시하고 있으므로 '되어 가요'가 적절하다.

오답 해설

① '될 만해요(되다+-(으)ㄹ 만하다+어요)'는 가능성의 정도를 나타낼 때 쓸 수 있다.
- 예 여기서 근무한 지 3년째면 웬만큼은 적응이 될 만해요.

③ '되어 있어요(되다+-어 있다+요)'는 과거에 시작하여 완료된 상태가 현재까지 이어질 때 쓸 수 있다.
- 예 기록을 보면 3년 근속이라고 되어 있어요.

④ '된다고 해요(되다+-다고 하다+어요)'는 알고 있는 사실을 간접적으로 전할 때 쓸 수 있다.
- 예 여기서 근무한 지 올해로 3년째가 된다고 해요.

문법 간접인용

보통 3급 초반 수준에서 배우는 간접인용 표현은 다른 사람이 한 말을 또 다른 사람에게 전달할 때 쓴다.
- 예 철수: 저 올해로 3년째 이 회사에서 일하고 있어요.
  영희: 네? 지금 철수 씨가 몇 년째 이 회사에서 일한다고 말했어요?
  광수: 아, 철수 씨가 이 회사에 다닌 지 3년이 된다고 했어요.

22 ①

출제 유형 동사 '읽다'의 연결표현 활용

책을 다 읽었냐는 물음에 '아니요'라고 대답하고 있다. 행동의 순서가 '책을 읽다 → 졸리다 → 책을 다 못 보다'의 흐름이 되어야 하므로 '책을 읽다가'가 적절하다.

오답 해설

② '읽어도(읽다+-어도)'는 '그래도'의 의미를 포함하는 표현으로, 가정이나 양보(반대)의 뜻을 나타낼 때 쓴다.
- 예 책을 읽어도 내용이 이해하기 어려워요.

③ '읽는 데다가(읽다+-(으)ㄴ 데다가)'는 어떤 동작이나 상태와 비슷한 다른 동작이나 상태가 더해질 때 쓴다.
- 예 책을 읽는 데다가 영화도 봐야 해요.

④ '읽어 가지고(읽다+-어 가지고)'는 주로 구어에서 앞말이 뒷말의 방법, 원인, 이유를 나타낼 때 쓴다.
- 예 밤늦게 책을 읽어 가지고 잠이 부족하네요.

문법 '-다가'

어떤 행동이나 상태가 중단되고 뒷말의 행동이나 상태로 전환될 때 쓴다.
- 예 학교에 가다가 친구를 만났다.
  여행을 하다가 지갑을 잃어버렸다.

23 ②

출제 유형 문맥에 맞는 연결표현

'-(으)ㄴ 데다가'는 어떤 동작이나 상태와 비슷한 다른 동작이나 상태가 더해질 때 쓰며, 앞뒤의 동작이나 상태가 '긍정-긍정', '부정-부정'으로 동일하게 연결되어야 한다. 따라서 '집이 넓은 데다가'(긍정) 뒤에 이어질 내용은 긍정이어야 하므로 '빛이 잘 안 들어요'(부정)이 올 수 없다. '빛이 잘 들어요'(긍정)의 의미로 연결하는 것이 적절하다.

24 ③

출제 유형 문맥에 맞는 종결표현

'-(으)라고 하다'는 행동을 할 대상이 있을 경우에 쓸 수 있는 표현으로 앞말에 형용사가 올 수 없다. 사실을 객관적으로 전달하는 표현으로는 '-고 하다'이므로 '맑다고 했어요'가 적절하다.

25 ③

출제 유형 형용사 '부족하다'의 연결표현 활용

요즘 바쁘냐는 질문에 '일이 많다'고 대답하고 있다. '잠 잘 시간이 부족하다'는 것이 '일이 많다'는 상황을 강조하는 표현이 되어야 하므로 '잠잘 시간도 부족할 정도로'가 적절하다.

오답 해설

① '부족할수록(부족하다+-(으)ㄹ수록)'은 앞말의 상황이나 정도에 따라 뒷말도 더하거나 덜하게 됨을 나타낼 때 쓴다.
- 예 잠이 부족할수록 점점 피곤해져요.
  이 책은 읽을수록 감동을 준다.

② '부족하든지(부족하다+-든지)'는 어떤 것을 선택해도 관계없을 때 쓴다.
- 예 일이 바빠서 잠잘 시간이 부족하든지 말든지 신경쓸 겨를이 없다.
  어디에 살든지 고향은 늘 그립다.

④ '부족한 나머지(부족하다+-(으)ㄴ 나머지)'는 앞말의 상태나 행동의 결과로 뒷말의 결과가 일어났음을 말할 때 쓴다.
- 예 잠잘 시간이 부족한 나머지 늦잠을 자서 지각했어요.
  너무 피곤한 나머지 깜빡 졸고 말았다.

26 ①

출제유형 동사 '내다'의 종결표현 활용

'화를 냈어요'가 들어갈 수 있는 자리에 그 의미를 더 강조하기 위해 쓸 수 있는 표현으로는 '내고 말았어요'가 적절하다. '-고 말다'는 앞에 '결국' 등의 말과 함께 쓰여 의미를 강조할 수 있다.

오답 해설

② '낼지도 몰라요(내다+-(으)ㄹ지도 모르다+아요)는 불확실한 추측을 나타낼 때 쓴다.
   예 그렇게 나쁜 농담을 자꾸 하면 화를 낼지도 몰라요.
③ '내는 법이에요(내다+-는 법이다+어요)'는 앞의 상태나 행동이 당연하거나 이미 그렇게 정해진 것임을 나타낼 때 쓴다.
   예 나쁜 농담에는 결국 화를 내는 법이에요.
④ '낸 줄 알았어요(내다+-(으)ㄴ 줄 알다+았+어요)'는 어떤 것을 알고 있을 때 쓴다.
   예 서로 인사도 안 하기에 대리님이 화를 낸 줄 알았어요.

문법 '-고 말다'
말이 뜻하는 행동이 끝내 실현됨을 나타내는 말로, 일을 이루어 낸 것에 대한 긍정적인 생각 또는 부정적이고 아쉬운 느낌이 있음을 나타낼 때 쓴다. 다짐을 나타내는 '-고 말겠다', 또는 이루어짐을 강조하는 '(결국) -고 말았다' 등의 형태로 활용된다.
예 그곳에 갔다. - 그곳에 가고 말았다.
   그것을 먹었다. - 그것을 먹고 말았다.

27 ②

출제유형 문맥에 맞는 종결표현

'식당에 손님이 없다'와 '맛집인 줄 알다'는 의미상 호응이 맞지 않으므로 '맛집이 아닌 줄 알았어요'라는 표현이 적절하다.

28 ③

출제유형 문맥에 맞는 연결표현

'동사/형용사+-더니'는 행동의 대상이 2인칭 또는 3인칭이어야 하며, 과거형 '-었더니'는 행동의 대상이 1인칭일 때만 사용할 수 있다. 따라서 3인칭의 행동의 대상이 되는 '친구'와 호응할 수 있는 표현으로는 '공부하더니'가 적절하다.

문법 '-더니'의 현재형과 과거형
• -더니(현재형)+2·3인칭
  예 열심히 공부하더니 네가 드디어 합격했구나!
• -었더니(과거형)+1인칭
  예 열심히 공부했더니 내가 반에서 1등을 하게 되었다.

한국어 활용+읽기

29 ①

출제유형 문맥에 맞는 종결표현

앞의 내용에서 도예 수업을 듣고 있음을 알 수 있으며, 뒷 문장에서 직접 만든 컵을 쓸 때마다 정이 간다고 하고 있으므로 '제가 처음으로 만든 컵을 집에 가지고 왔습니다'는 표현이 적절하다.

30 ②

출제유형 문맥에 맞는 연결표현

고향에 사는 가족이 '나'를 보러 한국에 왔으며, 오랜만에 가족을 보게 되어 기쁘다는 의미를 나타내야 하므로 '만나서'가 적절하다.

오답 해설

④ '들어와서'는 '한국에 들어오다'의 의미로는 쓸 수 있지만, 빈칸 바로 앞의 '가족과'와 호응이 맞지 않다.

31 ①

출제유형 문맥에 맞는 응용 표현

'몸을 풀다'는 스트레칭으로 근육을 이완하고 운동을 준비하는 행동이다. 따라서 운동을 시작하기 전에 할 수 있는 행동으로는 스트레칭으로 '몸을 푼 후에'가 적절하다.

오답 해설

② '땀을 닦다'는 운동을 마친 후에 할 수 있는 행동이다.
③ '호흡을 고르다'는 운동을 하는 중이나 마친 후에 할 수 있는 행동이다.
④ '속도를 맞추다'는 운동을 하는 중에 할 수 있는 행동이다.

32 ④

출제유형 문맥에 맞는 응용 표현

직원이 손님에게 "물은 직접 가져다 드셔야 합니다."라고 말한 것은 직접화법이다. 이것을 간접화법으로 바꾸면 '가져다 마셔야 한다고 하다'가 된다. 따라서 간접화법 표현 '-(으)ㄴ다고 하다'를 활용한 '가져다 마셔야 한다는 것을'이 적절하다.

오답 해설

① 물을 사는 것이 아니라 직접 가져다 마셔야 한다고 하였다.
② 영수증을 주는 것과 관련된 내용은 제시되어 있지 않다.
③ 옆 테이블에 앉는 것과 관련된 내용은 제시되어 있지 않다.

읽고 이해하기

33 ②
출제유형 **문맥에 맞는 지시어와 명사**

지시어가 지시하는 대상은 그 지시어를 포함하는 문장의 앞뒤에서 찾아볼 수 있다. 앞 문장에서 주말마다 집 근처 마트에 간다고 하였다. 따라서 '그곳'이 지시하는 장소로는 '마트'가 적절하다.

34 ④
출제유형 **맞는 내용 고르기**

마트에 가기 전에 사야 할 것들을 미리 메모해두었다가 마트에서 메모를 보며 순서대로 장을 본다고 하였다.

오답 해설
① 주말마다 집 근처의 마트에 간다고 하였다.
② 요즘에는 마트나 시장보다 인터넷으로 장을 많이 본다고 하지만 글쓴이는 마트에 가서 직접 물건을 보고 구매하는 것이 좋다고 하였다.
③ 계산을 하고 회원 카드로 포인트도 적립할 수 있다고 하였다.

35 ③
출제유형 **맞는 내용 고르기**

버스에 올라 교통카드를 단말기에 대니까 '삑' 소리가 났다고 하였으므로 교통카드를 사용해서 버스를 탔음을 알 수 있다.

오답 해설
① 버스 노선이 복잡해 보여서 어렵다고 생각하였다.
② 요즘에는 혼자 버스를 타는 방법을 연습하고 있다고 하였다.
④ 안내 방송으로 내려야 할 곳을 쉽게 알 수 있다고 하였다.

문맥 이해하기
① 버스 노선은 단순해서 알기 쉬웠습니다.
→ 글에서 "버스를 타는 것이 어렵다고 생각했습니다.", "버스 노선도 복잡해 보였기 때문입니다."라고 하였으므로 일치하지 않는다.
② 요즘 친구와 버스 타는 연습을 하고 있습니다.
→ 글에서 "그래서 요즘에는 혼자서 버스를 타고 다니는 연습을 하고 있습니다."라고 하였으므로 일치하지 않는다.
③ 저는 교통카드를 사용해서 버스를 탔습니다.
→ 글에서 "버스에 올라 교통카드를 단말기에 대자 '삑' 소리가 났습니다."라고 하였으므로 일치한다.
④ 안내 방송을 듣고 내릴 곳을 알기가 어려웠습니다.
→ 글에서 "정류장에 도착하기 전에 안내 방송이 나와서 내려야 할 곳을 쉽게 알 수 있었습니다."라고 하였으므로 일치하지 않는다.

36 ④
출제유형 **맞는 내용 고르기**

요즘은 내용이 따뜻하고 감동적인 가족 드라마를 본다고 하였다.

오답 해설
① 시간이 날 때마다 한국 드라마를 자주 본다고 했으며, 예능을 더 자주 본다는 내용은 제시되어 있지 않다.
② 이제는 자막이 없어도 한국어 대사를 잘 이해할 수 있다고 하였다.
③ 드라마의 한국어 표현을 일상생활에서 바로 쓸 수 있어서 한국어 공부에 도움이 된다고 하였다.

문맥 이해하기
① 드라마보다 예능을 더 자주 본다.
→ 글에서 "한국 드라마를 자주 봅니다."라고 하였으므로 일치하지 않는다.
② 자막이 없으면 드라마를 이해하기 어렵다.
→ 글에서 "자막이 없어도 한국어 대사를 꽤 이해할 수 있습니다."라고 하였으므로 일치하지 않는다.
③ 드라마의 대사는 일상생활에서 쓸 수 없다.
→ 글에서 "등장인물들이 쓰는 한국어 표현은 자연스럽고 일상생활에서 쓸 수 있어서"라고 하였으므로 일치하지 않는다.
④ 요즘 가족 이야기가 나오는 드라마를 보고 있다.
→ 글에서 "요즘 보는 드라마는 가족 이야기인데"라고 하였으므로 일치한다.

37 ④
출제유형 **중심 내용 고르기**

한국에서 식사를 할 때 피해야 할 것들과 지켜야 할 것들을 나열하면서 여러 가지 식사예절에 대해 말하고 있다. 따라서 글의 중심 내용으로는 '식사예절은 배려하는 마음에서 시작된 문화이다'가 적절하다.

오답 해설
①②③ 글에 제시된 한국 식사예절의 세부사항에 해당된다.

38 ④

출제 유형 제목 찾기

첫 문장에서 한국은 계절마다 다양한 축제가 있다고 시작하면서 봄부터 겨울까지 유명한 축제를 나열하며 소개하고 있다. 따라서 글의 제목으로는 '사계절을 느낄 수 있는 한국의 축제'가 적절하다.

> **글의 제목 파악하기**
> 중심 문장 ❶ 한국은 계절마다 다양한 축제가 있다.
> ❷ 이런 축제들은 계절에 따라 달라지는 한국의 아름다움을 느끼고, 지역 문화를 경험할 수 있다.
> → 글의 제목: 사계절을 느낄 수 있는 한국의 축제

한국 문화

39 ④

출제 유형 법과 제도

'출산, 자녀, 양육'이라는 어휘를 보았을 때 출산 휴가, 다자녀 혜택, 양육 수당 지급은 모두 출산과 관련이 있는 정책임을 알 수 있다. 청년 의료비 지원은 저소득 청년 또는 질병·사고 등으로 경제적 어려움을 겪는 청년에게 진료비 일부를 지원하는 제도이다.

> **한국 사회 문화**
> 한국의 출산 장려 정책은 크게 경제적 지원, 보육 지원, 생활 지원 등으로 구분할 수 있다.

40 ①

출제 유형 법과 제도

일반 귀화 한국 국적 신청 시에는 '귀화 허가 신청서, 여권 및 본국 신분증, 본국 범죄 경력 증명서, 가족관계 증빙 서류(한국인 배우자의 경우 가족관계증명서, 기본증명서, 혼인관계증명서, 주민등록등본 등) 및 생계유지 능력을 입증할 수 있는 서류(본인 또는 생계를 같이 하는 가족의 생계유지 능력을 증명하는 서류) 등을 제출해야 한다.

41 ③

출제 유형 전통

한국은 음력 1월 1일에 '설날'이라는 명절을 지내며, 이때 아랫사람들이 웃어른에게 세배(절)를 한다. 절을 받은 어른은 한 해 잘 살기를 바라는 마음으로 아랫사람에게 좋은 이야기를 들려주는데, 이를 '덕담'이라고 한다.

42 ③

출제 유형 전통

냉면과 삼계탕은 주로 여름에 먹는 음식이며, 그 중 삼계탕은 더운 여름에 몸을 보신하기 위한 보양식으로 유명하다.

43 ①

출제 유형 전통

정월 대보름은 매년 음력 1월 15일을 말한다. 한 해의 첫 달에 뜨는 첫 번째 보름달이 있는 날이다. 이날에는 오곡밥을 지어 먹고, 아침 일찍 단단한 견과류를 깨물어 먹는 '부럼 깨기' 풍습이 있다. 음력 1월 1일부터(정월 초하루) 1월 15일(대보름)까지 즐기는 놀이로는 윷놀이와 연날리기 등이 있다.

> **오답 해설**
> ① 성묘는 돌아가신 조상의 묘를 찾아 인사를 드리는 것을 의미하며 명절, 기일(돌아가신 날) 이외에도 자유롭게 할 수 있다.

44 ③

출제 유형 전통

블라우스(blouse)는 여성이 입는 서양식 웃옷을 말한다. 한국 전통의상으로는 버선(양말), 저고리(웃옷), 두루마기(겉옷) 등이 있다.

45 ①

출제 유형 역사

조선 왕릉은 총 42기가 존재하며, 그 중 40기는 2009년에 유네스코 세계 문화유산으로 등재되었다. 왕릉은 서울을 비롯한 수도권 지역에 분포되어 있다. 조선 왕릉은 제례 의식 등과 같은 무형 유산으로서 현재까지 역사적 전통을 이어오고 있다.

46 ①

출제 유형 법과 제도

한국의 고등학교는 크게 일반 고등학교, 특수목적 고등학교, 특성화 고등학교, 자율형 고등학교로 구분할 수 있다.

47 ③

출제 유형 한국문화 읽고 이해하기

한국의 절기에 대한 글이다. 봄의 절기 중 하나인 입춘에 '입춘대길'을 대문에 붙이는 전통은 과거부터 지금까지 이어져 오는 전통에 해당한다.

오답 해설
① 동지는 밤이 가장 긴 절기이다.
②④ 전통적으로는 24절기를 따라 15일 단위로 생활하였지만 현대에 와서는 7일 단위로 생활함을 알 수 있다.

48 ④

출제 유형 **한국문화 읽고 이해하기**

한국의 모임 문화에 대한 글이다. 다양한 모임을 모두 대표할 수 있는 말은 첫 문장 '한국인들이 사회생활 속에서 친목을 쌓기 위해 참여하는 대표적인 모임으로는 '동호회'와 '동창회'가 있다'에서 찾을 수 있다. 따라서 글의 주제로는 '친목을 위한 한국의 대표적인 모임 문화'가 적절하다.

한국어 활용(주관식)

49 떨어질 리가/(당연히) 합격할 수밖에

출제 유형 **문맥에 맞는 연결표현 활용**

자격증을 땄다는 소식을 듣고, 노력한 결과에 대한 축하의 뜻을 전해야 한다. 이때 예상한 결과가 당연하다는 의미가 포함된 '-ㄹ 리가 없다', '-ㄹ 수밖에 없다' 등을 활용하는 것이 적절하다.

문법 **결과를 나타내는 말**
- **-ㄹ 리(가) 있다/없다:** 어떤 일이 일어날 까닭이나 이치가 있거나 없음을 나타낼 때 쓴다. 단순한 사실 전달보다 의미를 강조하는 표현이다.
  예 제 시간에 올 리가 있겠니?
  그 성적으로 시험에 붙을 리가 없다.
- **-ㄹ 수밖에 없다:** 다른 방법이나 가능성이 없음을 나타낼 때 쓴다.
  예 나는 형이 하라는 대로 할 수밖에 없었다.

50 실수를 했어요/실수를 한 것 같아요/잘 못 봤어요/잘 못 본 것 같아요

출제 유형 **문맥에 맞는 종결표현 활용**

간단한 면접이었지만 너무 긴장해서 면접의 결과가 좋지 않았다는 의미를 전달해야 한다. '실수를 하다' 또는 '면접을 잘 못 보다' 등의 표현을 활용하는 것이 적절하다.

어휘 **'잘 보다'와 '잘 못 보다'**
면접이나 시험을 치르는(응시하는) 것을 '시험을 보다'는 표현으로 쓸 수 있다. 이를 활용하여 시험 결과가 좋을 경우에는 '잘 보다', 시험 결과가 나쁠 경우에는 '(잘) 못 보다' 등으로 활용이 가능하다.
예 가: 시험을 잘 봤어요?
나: 아니요. 잘 못 본 것 같아요.

구술시험 [01~05]

01
참고 발음과 띄어쓰기에 유의하여 정확하고 큰 목소리로 읽으세요.

02
모범답안
한국의 전통 집을 한옥이라고 합니다. 한옥은 초가집과 기와집으로 나눌 수 있습니다.

03
모범답안
[1] 고향의 전통 가옥 형태는 ○○○입니다. 이것은 ○○한 특징을 가지고 있습니다.
[2] ○○○은/는 ○○시대에 다른 나라의 영향을 받은(또는 준) 전통 집의 형태입니다. 역사적으로 매우 중요하고 ○○○한 특징이 있습니다.

04
모범답안
[1] 환경오염이란 인간이 자연을 오염시키는 것을 말하며, 대기오염, 수질오염, 토양오염, 해양오염, 방사능오염, 그리고 인공조명에 의한 빛의 공해 등이 있습니다.
[2] 환경을 보호하기 위해서 가스 배출을 제한하고 쓰레기를 올바르게 처리해야 합니다. 그리고 무분별한 개발을 하지 않아야 합니다.

05
모범답안
고령화 사회란 인구 중 노인 비율이 높아지는 현상을 말합니다. 노년층 인구가 급증하면 생산 가능한 노동 인구가 감소하게 됩니다. 이러한 노동력 부족과 함께 연금 및 복지 시스템 부담이 증가하여 다양한 사회·경제적 문제가 발생할 수 있습니다. 이를 해결하기 위해서는 '저출산 문제 해결, 정년 연장, 연금 제도 개혁, 노인 복지 정책 강화' 등의 노력이 필요합니다.

실전 모의고사 제4회

본책 p.70

01	①	02	③	03	②	04	②	05	②
06	③	07	①	08	①	09	①	10	④
11	③	12	①	13	②	14	②	15	③
16	①	17	②	18	①	19	②	20	③
21	②	22	③	23	④	24	①	25	③
26	④	27	③	28	②	29	③	30	②
31	①	32	④	33	②	34	④	35	③
36	④	37	③	38	④	39	④	40	①
41	③	42	②	43	④	44	④	45	④
46	③	47	④	48	③				

49 많이/비싸게

50 지금 많이 피곤하겠어요./지금 많이 피곤하지 않아요?

구술 01~05 모범답안 참고

한국어 기초

01 ①

출제 유형 그림에 맞는 명사

인물의 직업을 묻고 있다. 청진기, 의사 가운으로 보았을 때 제시된 인물의 직업으로는 의사가 적절하다. 한국에서는 환자가 의사를 부를 때 '의사 선생님' 또는 '선생님', '교수님' 등으로 부른다.

오답 해설

② 요리사는 주로 희고 길쭉한 흰 모자를 쓰고 있다.
③ 한국 경찰관은 독수리 모양이 새겨진 푸른색의 유니폼을 입고 있다.
④ 선생님은 칠판, 모니터 등을 사용하여 교실에서 학생들에게 수업 내용을 가르친다.

02 ③

출제 유형 상황에 맞는 조사

'부터'와 '까지'는 시간의 시작과 끝을 나타내는 문법 표현이다. 빈칸 앞에 '9시부터'라는 시작을 나타내는 표현이 있으므로 끝을 나타내는 '12시까지'가 적절하다.

오답 해설

① '보다'는 앞말과 뒷말을 비교할 때 쓴다.
  예 나보다 철수가 키가 크다.

② '(으)로'는 움직임이나 변화의 방향, 물건의 재료나 원료, 일의 수단이나 도구, 일의 방법, 방식, 원인, 이유, 지위, 신분, 자격, 시간 등을 나타낼 때 쓴다.
  예 지금 도서관으로 가고 있다. → 움직임의 방향
    밀가루로 빵을 만든다. → 재료

④ '에서'는 장소, 출발점, 출처, 행동이나 상태, 판단이 적용되는 범위를 나타낼 때 쓴다.
  예 학교에서 공부를 합니다.

문법 '보다'
앞뒤로 오는 명사를 서로 비교할 때 쓰며, '보다'의 뒤에 오는 명사를 강조하는 의미이다.
  예 우리 회사는 월요일보다 화요일이 더 바쁘다.

한국어 활용 기본

03 ②

출제 유형 동사의 반대 의미

버스를 타고 있냐는 질문에 '아니요'로 대답하고 있다. '탈 것 등에 몸을 얹다'는 뜻의 '타다'와 반대 의미를 가진 말로는 '내리다'가 적절하다.

오답 해설

① '손으로 움키고 놓지 않다'는 뜻의 '잡다'와 의미가 반대인 말은 '놓다'이다.
③ '대상을 필요에 따라 이롭게 쓰다'는 뜻의 '이용하다'는 반대 의미를 가진 말이 없다. 경우에 따라 부정어를 활용하여 '이용하지 못하다', '이용하지 않다' 등으로 쓸 수 있다.
④ '어떤 사람이나 때가 오기를 바라다'는 뜻의 '기다리다'는 반대 의미를 가진 말이 없다. 경우에 따라 부정어를 활용하여 의미를 포함한 '기다리지 못하다', '기다리지 않다' 등으로 쓸 수 있다.

어휘 반대말
한 어휘의 반대말 연결이 '오다-가다', '타다-내리다', '크다-작다', '좁다-넓다' 등과 같이 분명한 경우도 있지만, 일대일로 연결되는 반대말이 없는 경우도 있다. 이때 '-지 않다, -지 못하다' 등의 부정 표현을 붙여서 반대 의미를 나타낼 수 있다.
  예 건강하다 ↔ 건강하지 않다 / 건강하지 못하다
    사랑하다 ↔ 사랑하지 않다 / 사랑하지 못하다
    이용하다 ↔ 이용하지 않다 / 이용하지 못하다

04 ②

출제 유형 동사의 반대 의미

얼음이 얼었냐는 질문에 '아니요'라고 대답하고 있다. '물기가 있는 것이 찬 기운으로 고체 상태로 굳어지다'는 뜻의 '얼다'

와 의미가 반대인 말로는 '녹다'가 적절하다.

오답 해설
① '굳다'는 '무른 물질이 단단하게 되다'는 뜻이다. 반대 의미를 가진 말로는 '녹다'가 있다.
③ '변하다'는 '무엇이 다른 것이 되거나 다른 성질로 달라지다'는 뜻이다.
④ '식다'는 '더운 기가 없어지다', '어떤 일에 대한 열의나 생각이 줄거나 가라앉다'는 뜻이다.

05 ②

출제 유형 문맥에 맞는 명사

행사와 관련된 활동을 하거나 일정을 확인하는 것은 행사에 '참여'하는 활동에 해당한다.

오답 해설
①③④ '행사의 일정'과 함께 확인할 수 있는 방법으로는 호응이 맞지 않다.

어휘 '참가', '참석', '참여'
모두 어떤 일이나 모임, 행사 등에 관계되는 것을 나타내지만 각각 사용되는 상황이 조금씩 다르다. 이러한 유의어 관계의 어휘들은 상황에 맞게 정확한 쓰임을 익히고 항상 연습하여 활용하는 것이 좋다.
• 참가: 모임이나 단체 또는 일에 관계하여 들어감
  예 이번 행사에 참가하는 단체가 많다.
• 참석: 모임이나 회의 등의 자리에 참여함
  예 오늘 회의에 반드시 참석해야 한다.
• 참여: 어떤 일에 적극적으로 관계하거나 관여함
  예 학생들의 참여가 매우 중요합니다.

06 ③

출제 유형 문맥에 맞는 부사

'주말에는 표가 없을 것 같다'는 표를 사 놓은 이유가 된다. 따라서 주말이 오기 전에 표를 사 놓은 것과 호응하는 표현으로는 '미리'가 적절하다.

오답 해설
① '혹시'는 '아마, 만약, 만일, 혹은'의 의미와 비슷하다. 어떤 일에 대한 가능성을 나타낼 때 쓴다.
② '특히'는 '특별히, 유독' 등의 의미와 비슷하다. 어떤 대상이나 상황을 강조할 때 쓴다.
④ '거의'는 '대략', '비슷하게', '대체로', '대강' 등의 의미와 비슷하다. 대상 또는 목표에 근접하였음을 나타낼 때 쓴다.

07 ①

출제 유형 동사의 반대 의미

지금 텔레비전이 켜져 있냐는 질문에 '아니요'로 대답하고 있다. 따라서 '켜다'의 반대말인 '끄다'가 적절하다.

오답 해설
② '채널을 돌리다'의 뜻일 때 반대 의미를 가진 말은 '돌리지 않다', '그대로 두다' 등이 될 수 있다.
③ '옮기다'의 반대 의미를 가진 말은 부정어를 활용하여 '옮기지 않다' 등이 될 수 있다.
④ '정리하다'의 반대 의미를 가진 말은 부정어를 활용하여 '정리하지 않다' 등이 될 수 있다.

문법 'ㅡ' 탈락
'끄다', '쓰다' 등의 동사는 어미의 형태가 바뀌는 활용에서 모음 'ㅡ'가 탈락한다.
예 끄+었+어요 → 'ㅡ' 탈락 → ㄲ+었+어요 → 껐어요
   쓰+었+어요 → 'ㅡ' 탈락 → ㅆ+었+어요 → 썼어요

08 ①

출제 유형 형용사의 반대 의미

이사를 해서 기쁘겠다는 말에 반대의 의미를 가진 접속어 '하지만'으로 시작하는 대답에서 고향 친구들을 자주 못 만날 것 같다고 말하고 있으므로 '기쁘다'와 반대 의미의 '슬프다'가 적절하다.

오답 해설
②③④ '편하다', '즐겁다', '행복하다'는 긍정적인 감정을 나타내는 어휘이다.

문법 '-겠-'
보통 말하는 사람의 의지를 나타내거나 대상의 상황을 추측할 때 쓴다. 특히, 상대방의 감정이나 상황을 미리 생각하고 이야기할 때도 쓸 수 있다.
예 제가 하겠습니다. → 의지
   날씨가 맑겠어요. → 상황 추측
   정말 좋으시겠어요. → 상대방의 감정 추측

09 ①

출제 유형 문맥에 맞는 명사

'어떤 일을 찾는 것'을 인생을 행복하게 사는 조건으로 제시하고 있다. 이때 '맞는 일'과 호응할 수 있는 표현으로는 '적성'이 적절하다. '적성'은 자기 자신의 능력과 관심 즉, '소질, 재능' 등을 말한다.

오답 해설

② '판단'은 '사물을 인식하여 논리나 기준 등에 따라 판정을 내림'을 뜻한다.
  예 정확한 판단을 내리다.
③ '감정'은 '현상이나 일에 대해 일어나는 마음이나 느끼는 기분'을 뜻한다.
  예 감정이 풍부하다.
④ '노력'은 '목적을 이루기 위하여 몸과 마음을 다하여 애를 씀'을 뜻한다.
  예 노력을 기울이다.

어휘 능력 관련 표현

자신의 능력과 소질, 재능을 정확히 파악하고 이를 꾸준히 길러 나가는 것은 매우 중요하다. 또한, 자신의 적성에 맞는 일을 찾아 성실히 생활하는 것 역시 중요하다. 능력은 스스로 개발하고 지속적으로 발전시켜야 한다.

위의 글에 표시된 어휘는 모두 '능력'과 관련 있는 어휘이다. 특정한 주제와 관련된 글과 어휘를 어렵게 생각하지 말고 짧은 길이의 문장과 글부터 자주 읽고 어휘의 뜻을 파악하는 것이 좋다.

10 ④

출제 유형 문맥에 맞는 동사

큰불이 났을 때는 119에 신고하고 화재가 발생한 자리에서 재빨리 벗어나야 한다. 따라서 '자리에서 벗어나거나 자리를 피하다'의 의미를 가진 '대피해야 한다'가 적절하다.

오답 해설

① '이기다'는 '내기, 시합, 싸움 등에서 재주나 힘을 겨루어 우위를 차지하다'는 뜻이다.
  예 우승 후보를 이기다.
② '비키다'는 '있던 곳에서 한쪽으로 자리를 조금 옮기다'는 뜻이다.
  예 큰 소리에 깜짝 놀라 옆으로 비켰다.
③ '다가서다'는 '어떤 대상이 있는 쪽으로 더 가까이 옮기어 서다'는 뜻이다.
  예 위험물에 다가서지 마시오.

문법 '-어야 하다'

의무 또는 어떤 일을 반드시 할 수밖에 없는 상황을 이야기할 때 쓴다. 더욱 강조하는 뜻을 나타낼 때는 보조사 '만'을 결합하여 '-어야만 하다'의 형태로 쓸 수 있다.
  예 4시까지 반드시 그곳에 가야 한다.
    우리는 이번 시험에 꼭 합격해야 한다.
    어머니는 할아버님께 허락을 받아야만 한다고 말씀하셨다.

11 ③

출제 유형 문맥에 맞는 형용사

혼자 있는 시간을 선호하는 사람은 '내향적' 또는 '내성적인' 성격이라고 할 수 있다. 따라서 '성격이 내성적이다'는 표현이 적절하다.

오답 해설

① '활발하다'는 '생기 있고 힘차며 시원스럽다'는 뜻이다. 활발한 사람은 활동적이고 사교적인 사람이라고 할 수 있다.
② '꼼꼼하다'는 '빈틈이 없이 차분하고 조심스럽다'는 뜻이다. 꼼꼼한 사람은 어떤 일을 빈틈없이 처리하는 사람이라고 할 수 있다.
④ '적극적'은 '대상에 대한 태도가 긍정적이고 능동적인 것'을 뜻한다. 적극적인 사람은 어떤 일에도 먼저 나서서 행동하는 사람이라고 할 수 있다.

어휘 성격과 관련된 어휘

- **선호하다**: '여럿 가운데서 특별히 가려서 좋아하다'는 뜻이다.
- **외향적**: '마음의 움직임을 적극적으로 나타내는 것'을 뜻한다.
- **내성적**: '겉으로 드러내지 않고 마음속으로만 생각하는 것'을 뜻한다.
  예 형은 내성적이지만 동생은 외향적이어서 사람들과 어울리는 것을 선호한다.

12 ①

출제 유형 문맥에 맞는 명사

부모와 자식 사이에도 지켜야 할 것으로는 '예의'가 적절하다. 주로 '~ 사이에도 지켜야 할 예의' 등의 관용표현으로 쓴다.

오답 해설

② '업무'는 '직장 같은 곳에서 맡아서 하는 일'을 뜻한다.
  예 처리해야 할 업무가 산더미 같다.
③ '관계'는 '둘 이상의 사람, 사물, 현상 등이 서로 관련이 있음'을 뜻한다.
  예 두 나라의 관계 정상화가 시급하다.
④ '지시'는 '무언가를 가리켜서 보이게 함', '일러서 시킴'을 뜻한다.
  예 상사의 지시에 따르다.

13 ③

출제 유형 동사의 비슷한 의미

모임 날짜를 미루자는 제안에 '그래요'로 대답하고 있으므로 '날짜를 미루다'와 비슷한 의미의 '연기하는 게 좋겠어요'가 적절하다.

오답 해설

① '날짜를 맞추다'는 서로 약속을 정할 때 쓰는 표현이다.
  예 우리 모두 가능한 날로 날짜를 맞추면 어때요?
② '날짜를 지키다'는 정해진 일정을 따를 때 쓴다.
  예 돌려 주기로 약속한 날짜를 지켜 주세요.
④ '날짜를 기대하다'는 표현은 다소 어색하며 '기념일을 기대하다'와 같이 특정한 날을 기대하는 경우에 쓸 수 있다.
  예 올해 내 생일이 기대가 된다.

문법 '-면 어때요?'

동사와 결합하여 상대방에게 어떤 제안을 할 때 쓸 수 있다. '나'를 포함한 상대방과 함께 또는 상대방에게만 행동을 제안할 때도 쓸 수 있다. 이때 '-면 어떨까요?'와 바꾸어 쓸 수 있다.
  예 우리 자리를 옮기면 어때요? 철수 씨가 가면 어때요?
      우리 자리를 옮기면 어떨까? 철수 씨가 가면 어떨까요?

14 ④

출제 유형 동사의 비슷한 의미

경제 수준이 '높아지다'와 의미가 비슷한 말로는 '향상되다'가 적절하다.

오답 해설

① '부담되다'는 '어떤 일이나 상황을 감당하는 것이 버겁게 느껴지다'는 뜻이다.
  예 비싼 선물은 왠지 제게 부담돼요.
② '포함되다'는 '어떤 사물이나 현상에 함께 들어가거나 넣어지다'는 뜻이다.
  예 이 서비스는 음식값에 포함되어 있습니다.
③ '활용되다'는 '도구나 물건 따위가 충분히 잘 이용되다'는 뜻이다.
  예 이 방법이 잘 활용되는 것이 중요합니다.

문법 '-되다'

일부 명사에 붙어 수동·피동의 의미를 만든다. 행동의 주체가 아닌 객체가 되어 당하거나, 하게 되는 상태를 나타낸다. 이처럼 '-되다'의 형태는 대개 '-하다'와 구분 없이 쓰기도 하지만, 바꾸어 쓰면 어색한 표현이 되는 경우도 있다.
  예 그것까지 포함하면(≒ 포함되면) 1만 원입니다.
      큰 금액이 부담되다. → 금액이 '나'에게 부담이 됨
      큰 금액이 부담하다. → 금액이 '부담하다'의 주체가 될 수 없음

한국어 활용 응용

15 ③

출제 유형 동사 '만들다'의 종결표현 활용

동사 '만들다'에 다른 사람을 위한 행동을 할 때 쓰는 '-어 주다'를 활용하여 지난 생일이라는 과거를 함께 표현할 수 있는 '만들어 주었어요'가 적절하다.

오답 해설

① '만들 거예요(만들다+-(으)ㄹ 것이다+에요)'는 미래의 계획을 말할 때나 어떤 일을 하려는 의지를 나타낼 때 쓴다.
  예 다가오는 후엔 생일에는 직접 케이크를 만들 거예요.
② '만들지 마세요(만들다+-지 마세요)'는 앞말의 행동을 하지 못하게 함을 나타낼 때 쓴다.
  예 후엔은 단 것을 싫어하니까 케이크는 만들지 마세요.
④ '만들고 싶어요(만들다+-고 싶어요)'는 어떤 행동을 하기 원함을 나타낼 때 쓴다.
  예 다가오는 후엔 생일을 위해서 케이크를 만들고 싶어요.

문법 시제 일치

질문의 서술어가 '-었-'의 과거시제라면, 대답 표현 역시 '-었-'으로 시제가 일치할 가능성이 매우 높다. 이처럼 대화형 질문에서는 과거는 과거끼리, 미래는 미래끼리 시제를 맞추는 경우가 많다.

16 ①

출제 유형 형용사 '맛있다'의 연결표현 활용

식당이 어떠냐는 질문에 음식의 맛과 값에 대한 평가로 대답하고 있다. 빈칸 뒤의 표현이 '값도 싸요'와 함께 긍정적 의미를 포함하면서 '음식'과 호응해야 하므로 '맛있고'가 적절하다.

오답 해설

② '맛있지만(맛있다+-지만)'은 앞에 말한 것과 반대되는 내용을 뒤에서 이어 말할 때 또는 어떤 내용을 인정하면서 그에 얽매이지 않는 내용을 이어 말할 때 쓴다.
  예 그 식당은 음식은 맛있지만 가격이 비싸요.
③ '맛있어서(맛있다+-어서)'는 시간적 선후 관계를 나타내거나 이유, 근거, 수단, 방법 등을 나타낼 때 쓴다.
  예 그 식당 음식이 맛있어서 자주 가게 돼요.
④ '맛있으니까(맛있다+-니까)'는 앞말이 뒷말의 원인, 근거, 전제 등이 되거나 먼저 제시된 상황이나 행동과 관련된 다른 사실을 이어서 설명할 때 쓴다.
  예 그 식당 음식이 맛있으니까 손님이 많나 봐요.

> **문법** 이유나 원인의 '-니까'와 '-어서'
> 이유나 원인을 나타내는 '-니까'와 '-어서'는 뒤에 오는 표현이 결과가 되어야 한다.
> 예) 맛있어서 좋다. (맛있어서 → 원인 / 좋다 → 결과)
> 맛있으니까 많이 먹었다. (맛있으니까 → 원인 / 먹었다 → 결과)

17 ③

출제 유형 동사 '청소하다'의 연결표현 활용

쓰레기를 지금 버리냐는 질문에 '아니요'로 대답하고 있다. 따라서 쓰레기를 버리기 전에 먼저 해야 할 일을 제시하는 '청소한 다음에'가 적절하다.

오답 해설
① '청소하려면(청소하다+-려면)'은 청소를 하기 위해서 필요한 조건을 말할 때 쓸 수 있다.
② '청소하는데(청소하다+-는데)'는 청소를 하던 중에 일어난 일을 말할 때 쓸 수 있다.
④ '청소하기 때문에(청소하다+-기 때문에)'는 청소가 이유가 되는 어떤 일을 말할 때 쓸 수 있다.

> **문법** '-(으)ㄴ 다음에'
> 어떤 행동을 먼저 한 후에 뒤에 이어서 행동할 때 쓴다.
> 예) 영화를 본 다음에 커피를 마시는 게 어때요?

18 ①

출제 유형 동사 '보다'의 연결표현 활용

영화를 함께 보고 나온 후에 나누는 대화이다. 대답으로 '덕분에 영화를 재미있게 보았다'고 하였으므로 '좋았다'의 이유가 될 수 있는 표현인 '영화를 함께 봐서'가 적절하다.

오답 해설
② '봤으니까(보다+-니까)'는 앞말이 뒷말의 원인, 근거, 전제 등이 될 때 쓴다.
예) 영화를 봤으니까 이제 식사하러 가요.
③ '봐야 해서(보다+-야 해서)'는 의무와 이유를 함께 나타낼 때 쓴다.
예) 토요일 저녁에는 영화를 봐야 해서 같이 식사할 수 없어요.
④ '본 적이 있어서(보다+-(으)ㄴ 적이 있어서)'는 경험과 이유를 함께 나타낼 때 쓴다.
예) 그 영화는 본 적이 있어서 또 보고 싶지 않아요.

19 ②

출제 유형 동사 '가다'의 종결표현 활용

주말에 무엇을 할지 계획을 묻는 말에 '친구들하고 같이 놀다'는 표현이 제시되었으므로 '놀러 가기로 했어요'가 적절하다.

오답 해설
① '놀러 갈게요'는 그러할 의사가 있음을 나타낼 때 쓸 수 있다.
③ '놀러 가도 돼요'는 허락하거나 행동이 가능할 때 쓸 수 있다.
④ '놀러 간 적이 있어요'는 경험이 있음을 나타낼 때 쓸 수 있다.

20 ③

출제 유형 동사 '오르다'의 종결표현 활용

주로 무엇을 하는지를 묻는 질문에 등산을 자주 한다고 답해야 한다. 따라서 일상에서 등산을 좋아해서 자주 한다는 것을 나타낼 수 있는 표현으로는 '자주 오르는 편이에요'가 적절하다.

오답 해설
① '산에 자주 오르거든요'는 '요즘 건강해 보여요.' 등의 말에 대한 대답으로 쓸 수 있다.
② '산에 자주 오를 것 같아요'는 '시간이 있으면 어떤 운동을 할 거예요?' 등의 질문의 대답으로 쓸 수 있다.
④ '산에 자주 오를 수 있어요'는 대답의 형태로 쓰기에 다소 어색한 표현으로 호응하는 질문을 찾기가 어렵다.

> **어휘** '자주'
> '같은 일을 잇따라 잦게'라는 의미이나, 표현하는 방식에 따라 그 횟수가 상대적일 수 있다. 한 달에 한 번 영화를 보는 것이 누군가에게는 자주일 수 있고 누군가에게는 가끔일 수 있기 때문이다. 따라서 기간의 연속을 뜻하는 부사어 '자주, 가끔, 때때로' 등의 어휘는 문장에 쓰인 행동의 주체에 따라서 달라지는 것을 이해해야 한다.

21 ②

출제 유형 동사 '쓰다'의 종결표현 활용

휴대폰을 바꿀 거냐는 질문에 '아니요'라고 대답하면서 내년쯤 바꿀 거라는 계획을 말하고 있다. 따라서 어느 정도 사용할 수 있음을 나타내는 '아직 쓸 만해요'가 적절하다.

오답 해설
① '쓸 뻔해요(쓰다+-ㄹ 뻔하다+어요)'는 어떤 일이 거의 일어날 것 같은 상황일 때 쓸 수 있지만, '아직'과는 호응이 어색하다. '거의 쓸 뻔했어요'처럼 쓸 수 있다.
예) 새 모델로 안 바꿨으면 계속 구형 휴대폰을 쓸 뻔했어요.
③ '쓰면 돼요(쓰다+-(으)면 되다+요)'는 앞 내용이 어떤 일을 충족하는 조건일 때 쓸 수 있지만, '아직'과는 호응이 어색하다. '아직 쓰면 안 돼요.'처럼 부정 표현을 포함하여 쓸 수 있다.
예) 휴대폰이 고장나면 그때 새 휴대폰을 쓰면 돼요.

④ '쓰게 되었어요(쓰다+-게 되다+었+어요)'는 외부의 영향으로 어떤 결과가 생길 때 쓸 수 있지만, '아직'과는 호응이 어색하다. '계속 쓰게 되었어요.'처럼 쓸 수 있다.
예 전에 쓰던 휴대폰이 고장나서 새 휴대폰을 쓰게 되었어요.

어휘 '아직'
어떤 일이나 상태가 목표에 도달하지 않고 계속되고 있는 중이거나, 어떤 일이 일어날 때까지 시간이 더 지나야 함을 나타낸다.
예 아직 봄이 오지 않았어요. → 봄이 오길 기다리고 있음
아직 쓸 만해요. → 바꿀 때가 되지 않음 / 바꿀 생각이 없음

22 ③

출제유형 동사 '지키다'의 연결표현 활용

'스트레칭을 하다'는 건강을 관리하는 활동에 해당한다. 따라서 건강을 관리하는 것이 목적임을 나타내는 '건강을 지키기 위해서'가 적절하다.

오답 해설
① '지켜 가지고(지키다+-어 가지고)'는 건강을 지키겠다는 다짐을 말할 때 쓸 수 있다. 뒤에는 '그렇게 해서 오래 살아야지요.'처럼 건강을 지키기 위한 목표 등이 올 수 있다.
② '지키고 해서(지키다+-고 해서)'는 뒷말의 이유가 될 때 쓴다. 뒤에는 '체력이 좋아졌어요'와 같이 건강을 지킨 결과를 말하는 표현 등이 올 수 있다.
④ '지켜서 그런지(지키다+-서 그런지)'는 건강하게 잘 지냈다는 판단을 말할 때 쓸 수 있다. 뒤에는 '요즘 매우 건강해 보여요'처럼 건강을 지킨 결과를 나타내는 표현 등이 올 수 있다.

문법 문장 호응 이해하기
빈칸이 앞에 있는 경우에는 그 문장을 구성하는 빈칸 뒤에 오는 표현의 구성요소를 잘 이해해야 한다. 특히 행동이나 상태를 나타내는 표현의 의미를 정확히 파악하여 그 내용에 호응하는 것을 찾아야 한다.

23 ④

출제유형 문맥에 맞는 종결표현

'-어 가다'는 외부에 의해 어떤 상황이 진행됨을 나타낼 때 쓴다. 한국어를 공부한 것은 외부 환경이 아닌 주체적으로 진행된 상황이다. 따라서 과거의 어느 시점부터 이어지는 상황을 나타낼 수 있는 '-어 오다'를 활용한 '공부해 오다'가 적절하다.

문법 진행의 표현
• -어 오다: 앞말이 뜻하는 행동이나 상태가 말하는 이 또는 말하는 이가 정한 기준점으로 향하거나 가까워지거나 그렇게 계속 진행됨을 나타낸다.
예 그는 이 직장에서 30년이나 일해 왔다.
• -어 가다: 앞말이 뜻하는 행동이나 상태가 진행됨을 나타낸다.
예 책을 다 읽어 간다.

24 ①

출제유형 문맥에 맞는 연결표현

'-(으)ㄹ 텐데'는 자신이 아닌 대상에 대한 추측을 나타낼 때 쓴다. 또한 '저에게 음식이 맵다'는 문장과 '그래서 많이 먹었다'는 결합은 틀렸다. 따라서 '저에게 이 음식이 매울지 몰라서 많이 안 먹었어요.'처럼 써야 한다.

어휘 추측의 표현
• -(을)ㄹ 텐데: 추측의 대상이 자신이 아닌 경우에 쓴다.
예 쉬면 좋을 텐데 여유가 없네요.
• -ㄹ지 모르다: 추측의 대상이 자신일 때 쓴다.
예 지각할지 모르고 너무 늦게 나왔나봐요.

25 ②

출제유형 동사 '하다'의 연결표현 활용

'요가를 꾸준히 하다'가 원인이 되고, '목이랑 어깨가 가벼워지다'는 목적이 되어야 한다. 따라서 원인을 나타낼 수 있는 '요가를 꾸준히 했더니'가 적절하다.

오답 해설
① '하되(하다+-되)'는 앞말을 인정하면서 그에 대한 조건이나 예외 등이 있을 때 쓴다.
예 요가를 꾸준히 하되 다치지 않게 조심해야 해요.
③ '하느라고(하다+-느라고)'는 앞말이 뒷말의 목적이나 원인이 될 때 쓴다.
예 요가를 꾸준히 하느라고 다른 것을 못했어요.
④ '했을 정도로(하다+-(으)ㄹ 정도로)'는 뒤에 오는 행동이나 상태가 앞말과 비슷한 정도일 때 쓴다.
예 10년 동안 요가를 꾸준히 해왔을 정도로 좋아한다.

어휘 '꾸준히'
한결같이 부지런하고 끈기가 있는 태도를 나타내는 말이다. '한국어 공부를 해서 좋은 성적을 받았다.'는 문장에는 공부를 어떻게 했는지가 없기 때문에 다소 어색한 문장이 된다. 따라서 공부를 어떻게 했는지를 나타낼 수 있도록 '한국어 공부를 꾸준히 해서 좋은 성적을 받았다.'처럼 써야 자연스러운 문장이 된다.

26 ④

출제 유형 서술격 조사 '이다'의 종결표현 활용

한국말을 잘하는 외국인을 한국 사람으로 오해하고 있는 상황이다. 따라서 알고 있는 것과 반대거나 모르고 있음을 나타낼 수 있는 '한국 사람인 줄 알았어요'가 적절하다.

오답 해설

① '인가 봐요(이다+-ㄴ가/나 보다+아요)'는 앞말의 행동이나 상태를 추측 또한 인식할 때 쓴다. 자신을 주어(1인칭)로 하여 '-ㄴ가 봐요'의 추측 표현을 쓸 수 없으므로 '저는 말하는 것을 보고 (다른 대상이) 당연히 한국 사람이라고 생각했어요' 등으로 쓰는 것이 적절하다.
　예 저 사람은 한국 사람<u>인가 봐요</u>.

② '인지 몰라요(이다+-ㄴ지 모르다+요)'는 어떤 것을 모를 때 쓴다.
　예 저 사람이 일본 사람인지 한국 사람<u>인지 몰라요</u>.

③ '인 척했어요(이다+-ㄴ 척하다+요)'는 행동이나 상태를 거짓으로 그럴듯하게 꾸밀 때 쓴다.
　예 저를 한국인으로 봐서 한국 사람<u>인 척했어요</u>.

27 ③

출제 유형 문맥에 맞는 종결표현

'-(으)ㄹ 수밖에 없다'는 다른 방법이나 가능성이 없을 때 쓴다. 버스와 지하철을 선택할 수 있는 상황에서는 뒤에 제시된 택시를 탈 이유가 없다. 따라서 '버스도 있고 지하철도 있으니까 택시를 탈 필요가 없어요.' 등의 표현으로 바꾸어 쓸 수 있다.

> **문법** 선택의 표현
> - -(으)ㄹ 수밖에 없다: 다른 방법이나 가능성이 없을 때 쓴다.
>   예 그 카페가 맘에 들어서 또 <u>갈 수밖에 없었다</u>.
> - -(으)ㄹ 필요가 없다: 이미 어떤 조건이 충족되어 더 이상의 것이 필요하지 않을 때 쓴다.
>   예 이제 그 일은 신경 <u>쓸 필요가 없다</u>.

28 ②

출제 유형 문맥에 맞는 연결표현

'-ㄴ커녕'은 어떤 것을 부정하면서 그보다 덜하거나 못한 것까지 부정하는 의미로 쓰이기 때문에 앞말이 뒤의 말보다 큰 개념이어야 한다. 따라서 '해외여행은 커녕 아직 제주도 여행도 못 가 봤어요'가 적절하다.

한국어 활용+읽기

29 ②

출제 유형 문맥에 맞는 연결표현

요리 만들기 체험 수업에서 미리 준비된 재료들을 순서대로 끓였다고 하였으므로 '냄비에 넣고 끓이다'가 적절하다.

오답 해설

①③④ '섞다', '다듬다', '자르다'는 요리와 관련 있는 동사지만 냄비와는 호응이 맞지 않다.

30 ②

출제 유형 문맥에 맞는 종결표현

정상에 오른 후에 단체로 사진을 찍었다는 표현이 와야 하므로 '단체사진도 찍었습니다'가 적절하다. '사진을 찍다'는 표현은 '촬영하다', '사진으로 남기다', '사진으로 기록하다' 등이 있으며, 함께 쓰이는 어휘나 조사에 따라 서술어가 달라지므로 주의해야 한다.

오답 해설

① '잡다'는 사진을 찍을 때 '포즈를 잡다'와 같이 쓸 수 있다.
③ '기록하다'는 '사진으로 기록하다'와 같이 쓸 수 있다.
④ '보정하다'는 사진을 찍은 후에 색감 등을 조정하는 작업을 뜻한다.

31 ①

출제 유형 문맥에 맞는 응용 표현

빈칸 앞에서 '연주가 시작되었다'고 하였으며, 뒤에서 '마지막 곡까지 집중해서 감상했다'고 하였다. 따라서 공연에 점점 몰입함을 나타낼 수 있는 '시간이 흐를수록'이 적절하다.

오답 해설

② '공연이 끝난 직후'는 공연이 종료되자마자의 시점을 나타낼 수 있다.
③ '집중하던 순간마다'는 집중하는 시점을 나타내는 말로, 바로 뒤의 '점점'이라는 진행의 표현과는 호응이 다소 어색하다.
④ '연주를 듣기 전부터'는 공연이 시작되기 전의 시점을 나타낼 수 있다.

32 ④

출제 유형 문맥에 맞는 응용 표현

우표 수집을 취미로 시작한 계기를 글의 시작에 제시하면서 우표를 모으는 취미를 발전시킨 과정과 취미를 어떻게 즐기고 있는지를 이어서 말하고 있다. '기회가 된다면, 여러분께

도 (㉠) 바랍니다.'에서 빈칸에 들어갈 표현은 자신이 무언가를 해 주고 싶은 것이어야 한다. 따라서 '제가 모은 우표들을 보여드릴 수 있기를'이 적절하다.

> 오답 해설

①②③ '여러분께서도' 등 행동을 하는 주체가 앞에 주어로 제시되어야 문맥상 적절한 표현이 될 수 있다.

읽고 이해하기

33 ②

> 출제 유형) 문맥에 맞는 지시어와 명사

요즘 도서관에 자주 간다고 하면서 그곳은 조용하고 집중하기 좋다고 하였다.

> 한국 사회 문화

많은 사람들이 도서관은 책을 읽거나 빌리는 곳으로 생각한다. 그러나 한국에서는 도서관을 공부방이나 열람실의 용도로 이용하는 경우가 많다. 대학교 도서관도 도서를 빌리는 것보다 과제나 취업을 준비하는 학생들로 항상 붐빈다.

34 ④

> 출제 유형) 맞는 내용 고르기

오전에 도서관에 도착해서 자리를 잡고 그날의 공부 계획을 세우며 간단히 점심식사를 한 후에 늦은 시간까지 공부를 이어간다고 하였다. 도서관에서의 일과를 시간의 흐름대로 나열하였기 때문에 '도서관에서 하루 종일 공부하기도 한다'는 내용은 글과 일치한다.

> 오답 해설

① 편의점에서 도시락을 사 먹는다고 하였다.
② 하루 공부 계획을 세워서 늦게까지 공부한다고 하였다.
③ 도서관은 조용하고 공부할 자리가 넉넉하다고 하였다.

> 문맥 이해하기

글의 내용과 같은 것을 찾는 문제는 제시항의 내용과 글의 내용이 일치하는지 확인하며 정답을 찾아야 한다. 특히 공간이나 거리, 시간, 행동을 나타내는 표현 등에 주의하여 읽어야 한다.

35 ③

> 출제 유형) 맞는 내용 고르기

설날에 한복을 입고 친구네 어른들께 세배했다고 하였다.

> 오답 해설

① 친구네 가족과 함께 떡국을 먹었다고 하였다.
② 설날에 식구들과 윷놀이도 하며 전통 놀이를 체험했다고 하였다.
④ 어른들이 덕담도 해주시고, 어른들께 세뱃돈도 받았다고 하였다.

> 한국 사회 문화

한국 사람들은 설날에 떡국을 먹으면서 새해를 맞이한다. 한국에서는 새해에 나이를 한 살 더 먹는 것을 '떡국을 먹으면 한 살 더 먹는다'고 표현한다.

> 문맥 이해하기

① 설날에 떡국을 먹지 않습니다.
  → 글에서 "친구네 가족과 함께 떡국을 먹었는데"라고 하였으므로 일치하지 않는다.
② 설날에 친구들과 조용히 지냈습니다.
  → 글에서 "윷놀이도 하며 전통 놀이를 체험할 수 있었고"라고 하였으므로 일치하지 않는다.
③ 설날에 한복을 입고 세배를 했습니다.
  → 글에서 "아침에는 한복을 입고 어른들께 세배를 드렸습니다."라고 하였으므로 일치한다.
④ 설날에 세뱃돈 대신 선물을 받았습니다.
  → 글에서 "저는 세뱃돈도 받아 기분이 좋았습니다."라고 하였으므로 일치하지 않는다.

36 ④

> 출제 유형) 맞는 내용 고르기

가장 자주 사는 것은 삼각김밥과 컵라면이라고 하였다.

> 오답 해설

① 과일에 대한 내용은 제시되지 않았다.
② 결제는 카드나 휴대폰으로 간편하게 할 수 있다고 하였다.
③ 한국의 편의점은 24시간 운영된다고 하였다.

> 문맥 이해하기

글을 읽고 내용을 파악할 때는 글의 내용과 제시항의 내용이 같은 의미인지 확인해야 한다. 특히 행동을 나타내는 표현이 글에도 정확하게 제시되어 있는지 확인할 필요가 있다.

① 편의점에서 주로 과일을 산다.
  → 글에서 제시되지 않았으므로 일치하지 않는다.
② 현금으로만 결제할 수 있다.
  → 글에서 "계산할 때는 카드나 휴대폰으로 간편하게 결제할 수 있습니다."라고 하였으므로 일치하지 않는다.
③ 밤에는 문을 닫기 때문에 불편하다.
  → 글에서 "편의점이 24시간 운영된다는 것이었습니다."라고 하였으므로 일치하지 않는다.
④ 삼각김밥과 컵라면을 자주 구매한다.
  → 글에서 "제가 가장 자주 사는 것은 삼각김밥과 컵라면입니다."라고 하였으므로 일치한다.

37 ④

출제유형 중심 내용 고르기

'보통 여러 음식을 함께 시켜서 같이 나눠 먹는다.', '이런 문화는 음식을 나누는 것뿐 아니라 마음도 나누는 것 같았다.' 등의 문장에서 한국의 식사 예절에 대한 글임을 알 수 있다. 따라서 글의 중심 내용으로는 '한국에서는 음식을 함께 나눠 먹는 문화가 있다.'가 적절하다.

오답 해설

①② 글에 제시되어 있지 않다.
③ 외식을 할 때 반찬을 필요한 만큼 각자 덜어서 먹는다고 하였지만, 손님이 왔을 때 반찬을 나누어 먹는다는 내용은 제시되어 있지 않다.

중심 내용 파악하기

중심 내용은 보통 글의 초반부 또는 후반부에 제시된다. 그러나 중심 내용이 분명하게 드러나지 않는 글도 있다. 이 경우 세부 사항을 모두 포함하는 넓은 범위의 표현을 찾는 것이 좋다.

38 ④

출제유형 제목 찾기

교통카드 하나로 버스와 지하철을 모두 탈 수 있다고 하면서 카드를 단말기에 대기만 하면 자동으로 요금이 계산된다고 하였다. 따라서 글의 제목으로는 '교통카드 하나로 편리하게 대중교통 이용하기'가 적절하다.

글의 제목 파악하기

글의 제목은 중심문장에서 파악해야 한다. 이때 제시항의 내용들은 글의 내용과 일치할 수 있다. 이 경우 중심문장에 있는 내용이면서, 동시에 글의 세부적인 내용을 전체적으로 포함하여 나타낼 수 있는 단어를 찾는 것이 좋다.

중심 문장 ❶ 하지만 교통카드 하나로 버스와 지하철을 모두 이용할 수 있다는 사실을 알고 나서 대중교통 이용이 훨씬 편리해졌다.
❷ 카드를 단말기에 대기만 하면 요금이 자동으로 계산되었다.
→ 글의 제목: 교통카드 하나로 편리하게 대중교통 이용하기

한국 문화

39 ③

출제유형 전통

한국의 5대 고궁은 경복궁, 창덕궁, 창경궁, 덕수궁, 경희궁이다. '운현궁'은 조선 26대 왕 고종이 12세까지 살던 곳으로 고종이 즉위하면서 '운현궁'이라는 이름이 붙었다.

한국 역사 문화

• 경복궁: 조선의 정궁으로 가장 크고 중심적인 궁궐이며 광화문과 근정전이 대표적이다.
• 창덕궁: 자연과 조화를 이루며 후원이 아름답기로 유명하고 유네스코 세계문화유산에 등재되었다.
• 창경궁: 창덕궁과 연결되어 있으며, 왕실 가족의 생활 공간과 행정 공간으로 사용되었다.
• 덕수궁: 대한제국 시기에 왕궁으로 사용되었으며, 근대적 건축과 전통 건축 양식이 혼합되었다.
• 경희궁: 조선 후기에 지어진 궁으로, 궁의 규모가 크고 창덕궁(동궐)과 비교하여 서궐이라고도 불린다.

40 ①

출제유형 법과 제도

한국에는 3·1절, 제헌절, 광복절, 개천절, 한글날이 5대 국경일로 제정되어 있다. 매년 4월 5일은 한국의 기념일인 식목일이며, 나무를 심고 아끼기 위해 만들어진 날이다.

한국 사회 문화

• 3·1절(3월 1일)은 1919년 3월 1일 시작된 독립운동을 기념하는 날이다.
• 제헌절(7월 17일)은 대한민국의 헌법이 만들어진 것을 축하하는 날이다.
• 광복절(8월 15일)은 1945년 8월 15일 일본으로부터 나라를 되찾고 새로운 정부를 세운 것을 기념하는 날이다.
• 개천절(10월 3일)은 단군이 고조선을 세운 것을 기념하는 날이다.
• 한글날(10월 9일)은 한글을 만든 세종대왕을 기억하고 한글의 우수성을 알리는 날이다.

41 ③

출제유형 법과 제도

석가탄신일은 음력 4월 8일로 불교에서 석가모니가 태어난 것을 기념하는 날이다.

오답 해설

①② 동지와 춘분은 기념일이 아닌 절기에 해당한다.
④ 크리스마스는 천주교와 기독교에서 예수의 탄생을 기념하는 날이다.

한국 전통 문화

절기는 1년 12개월을 태양의 위치에 따라 나눈 것으로 동지는 12월 22일경, 춘분은 3월 21일경이다. 동지는 1년 중 밤이 가장 긴 날로 팥죽을 먹는 풍습이 있다. 춘분은 낮과 밤의 길이가 같아지는 날로 겨울이 지나고 봄이 시작되고 있음을 느낄 수 있다.

42 ②
출제 유형 전통

절기는 1년을 태양의 위치에 따라 24등분으로 나누어 놓은 것으로, 전통적인 방식으로 계절을 구분할 때 사용하는 개념이다.

오답 해설

① '명절'은 한국에서 설날이나 추석과 같이 전통적으로 특별한 의미로 기념하는 날이다. 계절과 관련은 있지만 절기처럼 과학적인 기준으로 1년을 구분한 것은 아니다.
③ '연호'는 특정 시대를 나타내기 위해 사용되는 이름이며, 조선 시대의 '세종'과 같은 명칭으로 임금이나 사건을 기준으로 시대를 구분할 때 사용한다.
④ '농번기'는 농사일이 집중되는 바쁜 시기를 의미한다. 절기와 관련이 있을 수 있으나 24개로 1년을 구분한 것과는 직접적인 연관은 없다.

43 ④
출제 유형 법과 제도

'청구권'은 국민이 국가에 대해 어떤 행위를 요구할 수 있는 기본권 중 하나로서 대한민국 헌법에서 보장하고 있다. 청원권, 재판 청구권 등이 이에 해당하며, 국방의 의무와 납세의 의무는 기본권이 아닌 대한민국 헌법이 국민에게 부과하는 의무이다. 헌법에 명시된 국민의 4대 의무는 교육의 의무, 근로의 의무, 납세의 의무, 그리고 국방의 의무이다.

한국 사회 문화 대한민국의 5대 기본권

대한민국 헌법에서 보장하는 5대 기본권은 자유권, 평등권, 참정권, 사회권, 청구권이다.

자유권	침해받지 않고 자유롭게 살 권리
평등권	인종·성별·종교 등의 조건에 의해 차별받지 않을 권리
참정권	국가의 의사 결정 과정에 참여할 수 있는 권리
사회권 (=생존권)	국가로부터 인간다운 생활을 보장받을 권리
청구권	국가에 재판을 청구할 권리 및 국가로부터 손해를 받았을 때 손해 배상을 청구할 수 있는 권리

44 ④
출제 유형 정치와 경제

대한민국 선거의 4대 기본 원칙은 보통선거의 원칙, 평등선거의 원칙, 직접선거의 원칙, 비밀선거의 원칙이다.

한국 사회 문화 선거의 원칙

보통선거의 원칙	선거인의 자격에 제한을 두지 않음
평등선거의 원칙	1인 1표를 원칙으로 함
직접선거의 원칙	일반 선거인이 대표자를 직접 선출함
비밀선거의 원칙	선거인의 투표 내용을 공개하지 않음
자유선거의 원칙	주어진 선거권을 자유롭게 행사할 수 있음

참고 보통선거의 원칙, 평등선거의 원칙, 직접선거의 원칙, 비밀선거의 원칙까지를 선거의 4대 기본 원칙이라고 하며, 여기에 자유선거의 원칙을 더하여 선거의 5대 기본 원칙이라고 한다.

45 ④
출제 유형 사회문화

아이가 한 살이 되는 첫 생일에 돌잔치를 한다. 이때 돌상 위에 실, 돈, 쌀, 붓, 책 등을 올려놓고 돌잡이를 하는데 아이가 고르는 물건으로 성격, 수명, 재복 등 아이의 미래를 점친다.

한국 전통 문화

동지는 일 년 중에 밤이 가장 긴 날로, 조상들은 이때 귀신이 많이 활동한다고 여겼다. 그래서 붉은 팥으로 귀신을 쫓기 위해 팥죽을 만들어 먹었다. 또한 돌이나 아이의 생일에도 팥으로 만든 떡을 지어서 귀신을 쫓고 아이의 건강을 기원하였다.

46 ③
출제 유형 전통

한옥의 종류는 집의 구조, 지붕의 형태, 건축 재료 등에 따라 달라진다.

한국 전통 문화 한옥의 구조와 원리

대청마루는 한옥의 방과 방 사이에 있는 공간으로 여름을 시원하게 보내기 위해 만들어졌다. 온돌은 한국의 전통적인 난방 방식이다. 뜨거운 열이 통과하면서 바닥을 데우는 방식으로 조상들이 추운 겨울을 따뜻하게 보낼 수 있었다.

47 ④

출제유형 한국문화 읽고 이해하기

한옥을 그대로 유지하거나 현대적인 요소를 더한 한옥카페나 한옥호텔이 생기고 있다고 하였으므로 '전통적인 구조를 유지하면서 현대적으로 활용된다'는 글의 내용과 일치한다.

오답 해설
① 한옥은 흙, 나무, 돌, 종이 등의 재료로 짓는다고 하였다.
② 한옥은 방과 마루, 부엌 등으로 분리되어 있으며, 마당을 중심으로 구성되는 경우가 많다고 하였다.
③ 온돌은 바닥을 따뜻하게 해 주는 전통적인 난방 방식이라고 하였다.

한국 전통 문화
한옥은 지역의 기후에 따라 다르게 짓는다. 날씨가 추운 북부 지방은 추위를 이기기 위해서 방을 두 줄로 배치하거나 지붕을 낮게 짓는다. 날씨가 따뜻한 남부 지방은 바람이 잘 통하도록 지붕을 높게 짓는다.

48 ③

출제유형 한국문화 읽고 이해하기

한국에서 온라인 쇼핑이 활발하게 이루어지고 있는 이유로 쉽게 물건을 주문하고 빠르게 받을 수 있다는 점을 들고 있다. 따라서 글의 주제로는 '한국의 편리한 온라인 쇼핑 문화'가 적절하다.

읽고 생각하기
글의 주제를 찾기 위해서는 글 전체에 가장 많이 나타난 어휘(주로 명사 표현)와 서술어 표현을 확인한다. 이 글에서 가장 많이 쓰인 어휘는 '쇼핑'이며, 쇼핑의 편리함에 대해서 설명하고 있다. 주제를 나타내는 문장을 찾을 때는 가장 많이 쓰인 어휘를 포함하면서, 중심 내용을 가장 잘 드러낼 수 있는 문장이어야 한다.

한국어 활용(주관식)

49 많이/비싸게

출제유형 문맥에 맞는 연결표현 활용

가스비가 지난달보다 많이 나왔다는 비교의 문장이다. 따라서 비교의 의미를 가진 '더'와 함께 '많이', '비싸게' 등의 표현을 활용할 수 있다.

문법 비교의 표현
- 이나: 수량이 크거나 많음, 혹은 정도가 높음을 강조할 때 쓴다.
  예 사람이 백 명이나 더 모였다.
- 보다: 앞말과 뒷말을 비교할 때 쓴다. 주로 '명사1보다 명사2가 더/덜 형용사/동사'의 구조로 쓰며, 명사2 뒤에 구체적인 비교 내용이 온다.
  예 지난해보다 올해가 더 더워요.
  → 지난해는 더웠다. 그런데 올해가 더 덥다.

50 지금 많이 피곤하겠어요./지금 많이 피곤하지 않아요?

출제유형 문맥에 맞는 종결표현 활용

어제 늦게 퇴근한 사실을 이야기하고 있다. 상대방은 그 사실에 대해 공감해야 한다. 늦게 퇴근해서 피곤하겠다는 위로의 대화가 적절하다.

문법 '-겠어요'
주체의 의지를 나타내거나, 어떤 일 또는 상대방의 상황을 추측하고 공감의 표현을 할 때 쓴다. 특히, 공감의 의미로 쓸 때는 '-지 않아요?'와 바꾸어 쓸 수 있다.
예 나는 시인이 되겠다. → 주체의 의지
지금 떠나면 새벽에 도착하겠구나. → 추측
너무 마음이 아프겠어요.=너무 마음이 아프지 않아요? → 공감

구술시험 [01~05]

01
참고 발음과 띄어쓰기에 유의하여 정확하고 큰 목소리로 읽으세요.

02
모범답안
[1] 휴대폰 앱을 이용해서 공공 자전거를 빌릴 수 있습니다.
[2] 지하철역이나 공원 근처에서 공공 자전거를 찾을 수 있습니다.

03
모범답안
[1] 공공 자전거 이용 앱이 있습니다. 학교에서 집까지 거리가 멀지 않아서 자전거를 탈 때마다 이용합니다.
[2] 한국 지하철 노선을 확인하는 앱이 있습니다. 지하철을 이용할 때 앱으로 목적지, 출발시간과 도착시간을 미리 확인할 수 있습니다.

04
모범답안
[1] 한국의 교통 요금은 우리나라에 비해서 조금 비싼 편입니다. 하지만 한국은 버스와 지하철, 택시 모두 이용하기 편리합니다. 특히 버스와 지하철은 갈아타면서 목적지까지 갈 때 요금이 적게 나와서 좋습니다.
[2] 한국의 교통 문화는 매우 발전했습니다. 하지만 서울 같은 대도시는 길이 많이 막히는 편입니다. 그리고 한국 택시 요금은 우리나라보다 비싸서 길이 막히면 택시 요금이 매우 많이 나옵니다.

05
모범답안
국민이 투표로 뽑는 국회의원은 법을 만들고 국가 운영을 감시하는데 이것을 '입법부'라고 합니다. 대통령을 대표로 하는 '행정부'는 국가를 운영하는 기관입니다. 그리고 다투거나 문제가 있는 사안을 재판으로 판결하는 '사법부'가 있습니다. '입법부, 행정부, 사법부'로 권력을 나누는 것을 '삼권분립'이라고 합니다.

실전 모의고사 제5회

본책 p.90

01	③	02	①	03	②	04	③	05	①
06	④	07	②	08	①	09	③	10	④
11	④	12	③	13	③	14	④	15	①
16	②	17	④	18	②	19	②	20	①
21	②	22	①	23	③	24	②	25	④
26	①	27	②	28	①	29	③	30	①
31	②	32	④	33	②	34	②	35	③
36	①	37	②	38	①	39	②	40	①
41	④	42	①	43	①	44	④	45	①
46	②	47	③	48	④				
49	움직였더니/일을 했더니								
50	따야 해요/따 두어야 해요/취득해야 해요								
구술 01~05	모범답안 참고								

한국어 기초

01 ③

출제 유형 그림에 맞는 명사

가방이 어디에 있는지 위치를 묻고 있다. 가방은 의자 오른쪽에 있으므로 '의자 옆에' 있다고 하는 것이 적절하다.

어휘 옆
보는 사람의 위치에서 어떤 대상의 좌우를 말한다. 따라서 오른쪽과 왼쪽은 방향의 구분 없이 모두 '옆'이라고 부를 수 있다.
예 가방이 의자 오른쪽에 있어요. = 가방이 의자 옆에 있어요.

02 ①

출제 유형 상황에 맞는 조사

어떤 대상과 함께임을 나타낼 때는 '와/과', '하고', '(이)랑' 등을 쓴다. 이 중에 '(이)랑'은 주로 구어체에서 쓴다. 따라서 '하고'가 정답으로 적절하다.
예 친구와 영화를 보다.=친구하고 영화를 보다.=친구랑 영화를 보다.

오답 해설
② '에게'는 어떤 행동이 미치거나 행동을 일으키는 대상을 나타낼 때 쓴다.
   예 친구에게 책을 받다.
③ '보다'는 둘 이상의 대상을 서로 비교할 때 쓴다.
   예 나는 커피보다 차를 더 좋아한다.
④ '한테'는 어떤 행동이 미치거나 행동을 일으키는 대상을 나타낼 때 쓰며, '에게'보다 구어적인 표현이다.
   예 친구한테 책을 주다.

문법 '에게'와 '한테'
어떤 행동이 미치거나 행동을 일으키는 대상을 나타낼 때 쓴다. 같은 의미이지만 '에게'보다 '한테'가 더 구어적인 표현이다. 단, 스스로 움직일 수 있는 생명체에 써야 한다.
예 강아지에게 포도를 주면 안 된다. (○)
   나무에게 물을 준다. (×)
   자동차에게 기름을 넣는다. (×)
단, 스스로 움직일 수 없는 대상에게는 '에'를 써야 한다.
예 나무에 물을 준다.
   자동차에 기름을 넣는다.

한국어 활용 기본

03 ②

출제 유형 형용사의 반대 의미

날씨가 맑냐는 질문에 '아니요'라고 대답하고 있다. 따라서 '구름이나 안개가 끼지 않아서 햇빛이 밝다'는 뜻의 '맑다'와 의미가 반대인 말인 '흐리다'가 적절하다.

오답 해설
① '날씨가 좋다'와 의미가 반대인 말은 '날씨가 나쁘다', '좋지 않다' 등이다.
③ '날씨가 따뜻하다'와 의미가 반대인 말은 '날씨가 쌀쌀하다', '춥다', '차갑다' 등이다.
④ '날씨가 쌀쌀하다'와 의미가 반대인 말은 '날씨가 포근하다', '따뜻하다' 등이다.

어휘 반대말
기본적인 의미로 보았을 때 '좋다'의 반대말은 '싫다'이다. 단, '좋다'의 의미가 달라지면 그에 따라 반대말도 달라질 수 있다.
예 날씨가 좋다 ↔ 날씨가 나쁘다/흐리다/좋지 않다.

04 ③

출제 유형 동사의 반대 의미

이메일을 받았냐는 질문에 '네'라고 하면서 답장을 했다고 대답하고 있다. 따라서 이메일을 받은 사람이 할 수 있는 행동으로는 '답장을 보내다'가 적절하다.

오답 해설
①②④ '쓰다', '읽다', '기다리다'와 반대 의미를 가진 말은 없다. 단, 동사의 기본형을 변형하여 부정의 의미를 나타낼 수 있다.

예 쓰다 → 쓰지 않다 (부정)
　　읽다 → 읽지 않다 (부정)
　　기다리다 → 기다리지 않다 (부정)

> **어휘** 부정 표현의 활용
> 호응하는 반대말이 없는 경우 '안', '-지 않다' 등을 붙여 부정의 의미를 나타낼 수 있다. 대부분의 경우 '안'보다 '-지 않다'가 더 자연스럽다.
> 예 하늘이 아름다워요. ↔ 하늘이 아름답지 않아요. (부정)

05 ①

(출제 유형) 문맥에 맞는 명사

버스나 지하철 등 대중교통을 이용할 때 내는 돈은 '요금'이라고 한다.

(오답 해설)
② '예금'은 은행에 저축을 목적으로 맡기는 돈을 뜻한다.
　예 예금을 찾아서 봉투에 넣었다.
③ '잔액'은 쓰고 남은 돈을 뜻한다.
　예 현재 교통카드 잔액은 15,000원입니다.
④ '수당'은 정해진 봉급 이외에 따로 주는 보수를 뜻한다.
　예 그 일은 야간 수당이 높아서 인기가 많다.

> **어휘** 값을 나타내는 표현
> 한국어에는 '가격, 값, 비(용), 수수료, 요금' 등 값을 나타내는 여러 가지 표현이 있다. 대상이 지닌 돈의 가치를 나타내므로 적절한 어휘를 골라 써야 한다.
> • **값**: 상품이나 서비스의 가치를 나타내는 돈(≒ 가격)
> 　예 재룟값, 원룟값, 책값
> • **가격**: 상품이나 서비스의 가치를 나타내는 돈(≒ 값)
> 　예 과일 가격 인하, 휘발유 가격 인상
> • **비(비용)**: 어떤 일을 하는 데 드는 돈의 총액
> 　예 재료비, 인건비
> • **수수료**: 특정 서비스에 대한 대가로 지불하는 돈
> 　예 은행 수수료, 중개 수수료
> • **요금**: 어떤 물건이나 서비스를 이용한 대가로 지불하는 돈
> 　예 전화요금, 지하철요금, 전기요금

06 ④

(출제 유형) 문맥에 맞는 부사

'운동을 하지 못해서'가 건강이 나빠진 이유가 된다. '운동을 하지 못하다'는 표현을 강조하는 부사어로는 '어느 한도에 매우 가까운 정도로'의 뜻인 '거의'가 적절하다.

(오답 해설)
① '금방'은 말하고 있는 시점과 같은 때 또는 전후를 나타내는 시간 표현이다.
　예 금방 비가 올 것처럼 하늘이 어둡다.
② '혹시'는 '우연히', '어쩌면'처럼 추측을 나타내는 표현이다.
　예 혹시 이쪽에 오게 되면 꼭 연락해라.
③ '아마'는 미루어 짐작할 때 가능성이 큰 상황을 나타내는 표현이다.
　예 아마 아직도 널 기다리고 있을걸.

> **어휘** 추측의 표현
> 추측을 나타내는 '아마'와 '혹시'는 의미와 쓰임에 차이가 있으므로 구분하여 쓴다.
> • **아마**: 단정할 수는 없지만 그럴 가능성이 클 때 쓴다.
> 　예 지금쯤이면 아마 거의 다 왔을 거예요.
> • **혹시**: 주로 가능성이 낮은 일을 가정하거나 짐작하는 상황에서 쓴다.
> 　예 혹시 그 영화 봤어요?
> 따라서 아마와 혹시는 서로 바꾸어 쓰기 어렵다.

07 ②

(출제 유형) 동사의 반대 의미

기온이 떨어져서 쌀쌀하다는 말에 '그런데'로 시작하며 대답하고 있으므로 '기온이 낮아지거나 내려가다'는 뜻의 '떨어지다'와 의미가 반대인 말로는 '오르다'가 적절하다.

> **어휘** '내리다'의 의미와 반대말
> 기본적인 의미로 보았을 때 '내리다'의 반대말은 '오르다'이다.
> 예 물가가 내리다 ↔ 물가가 오르다 / 기온이 내리다 ↔ 기온이 오르다
> 단, '탈것에서 내리다'는 의미일 때 반대말은 '타다', '오르다' 등이 될 수 있다.
> 예 차에서 내리다 ↔ 차에 타다 / 오르다

08 ①

(출제 유형) 형용사의 반대 의미

성격이 느긋하냐는 질문에 '아니요'라고 대답하면서 반대의 의미를 강조하는 표현 '오히려'를 쓰고 있다. 따라서 '마음이 흡족하여 여유가 있고 넉넉하다'는 뜻의 '느긋하다'와 의미가 반대인 '급하다'가 적절하다.

(오답 해설)
② '빈틈이 없이 차분하고 조심스럽다'는 뜻의 '꼼꼼하다'와 의미가 반대인 말은 '대충하다', '엉성하다', '소홀하다', '경솔하다' 등이 될 수 있다.
　예 집안을 꼼꼼하게 쓸고 닦다.
③ '옳다고 인정하거나 바람직한 것'이라는 뜻의 '긍정적'과 의미가 반대인 말은 '부정적' 또는 '비관적' 등이 될 수 있다.
　예 그는 미래를 긍정적으로 본다.

④ '침착하지 못하고 자꾸 가볍게 행동하다'는 뜻의 '덜렁거리다'와 의미가 반대인 말은 '꼼꼼하다' 등이 될 수 있다.
  예) 덜렁거리지 말고 조심히 다녀라.

09 ③

출제유형) 문맥에 맞는 명사

'제품이 (   )될 수 있으니 조심해야 한다'에서 '제품'과 호응하면서 '주의해야 하는' 행동을 찾아야 한다. 따라서 '깨어지거나 깨뜨려 못 쓰게 됨'을 뜻하는 '파손'이 적절하다.

오답 해설

① '활용'은 '도구나 물건 등을 충분히 잘 이용함'을 뜻한다.
  예) 스마트폰 앱 활용이 점점 증가하고 있다.
② '포함'은 '어떤 사물이나 현상 가운데 함께 들어 있거나 함께 넣음'을 뜻한다.
  예) 오늘 수험한 내용은 시범 범위에 포함이 됩니다.
④ '단종'은 '특정 제품이 더는 생산되지 않음'을 뜻한다.
  예) 문의하신 상품은 단종 제품입니다.

문법) 어미의 단순화

현대 한국어 문장은 '-니까'를 '-니'처럼 짧게 쓰고 '-어서'를 '-어'처럼 짧게 쓰는 경우가 많다. 따라서 '-(으)니'를 '-(으)니까'로, '-어'를 '-어서'로 대입하여 의미가 맞는지 확인하는 것이 좋다.
  예) 파손될 수 있으니 주의해야 한다.
    → 파손될 수 있으니까 주의해야 한다.
    그 사람이 바빠 못 온 걸 어떻게 하라고!
    → 그 사람이 바빠서 못 온 걸 어떻게 하라고!

10 ④

출제유형) 문맥에 맞는 동사

'극복하다'는 '악조건이나 고생 등을 이겨내다'는 뜻이다. 인생의 목표를 이루기 위해서는 많은 어려움을 이겨내야 하므로 많은 어려움을 '극복하고'가 적절하다.

오답 해설

①②③ '가지다', '당하다', '치르다' 모두 '어려움'과 호응할 수 있는 어휘이나, 문맥상 '인생의 목표를 이루어 냈다'와 의미가 가장 적절하게 연결될 수 있는 어휘로 보기는 어렵다.

문법) 연결의 '-고'와 이유의 '-어서'의 결합

'-고'는 보통 앞 내용과 뒤 내용을 순서나 과정으로 이을 때 쓴다.
  예) 영화를 보고 차를 마셨다. / 나는 빵을 사고 철수는 커피를 샀다.
그런데 이 연결의 표현에 '-어서'가 결합되어 쓸 때가 있다. 이때는 행동의 과정이 결과의 이유가 된다.
  예) 그 일을 겪고(서) 많이 깨달았다.
즉, 연결의 '-고'는 '-고서' 또는 '- 나서'처럼 이해해야 할 때가 있다.

11 ④

출제유형) 문맥에 맞는 명사

회의에서 문제 상황을 공유하고 대책으로서 논의할 수 있는 것으로는 '잘못되거나 부족한 부분을 고쳐야 할 대상'을 뜻하는 '개선점'이 적절하다.

오답 해설

① '강점'은 '우세하거나 더 뛰어난 점'을 뜻한다.
  예) 그는 모든 일에 자신감이 있는 것이 강점이다.
② '관점'은 '사물이나 현상을 관찰할 때 보고 생각하는 태도, 방향, 가치'를 뜻한다.
  예) 관점이 다르다.
③ '장점'은 '좋거나 잘하거나 긍정적인 점'을 뜻한다.
  예) 이 엔진은 연료 소비가 적다는 장점이 있다.

12 ③

출제유형) 문맥에 맞는 동사

'잠을 자다'는 '잠에 들다'는 의미이다. '소음이 심해서'라고 잠들지 못하는 이유를 말하고 있으므로 불가능함을 나타내는 '-수가 없다'를 활용하여 '잘 수가 없어요'가 적절하다.

오답 해설

① '잠에서 깨다'는 자다가 일어난다는 뜻이다.
  예) 소음 때문에 잠에서 깼어요.
② '잠에 들다'는 '잠을 자다'는 의미이지만 조사 '에'와 함께 써야 문법적으로 맞는 표현이다.
  예) 새벽 2시가 되어서야 잠에 들었어요.
④ '잠을 설치다'는 쉽게 잠들지 못하다는 뜻이다.
  예) 지난 밤에 잠을 설쳤어요.

13 ③

출제유형) 동사의 비슷한 의미

자신의 생각과는 반대로 달라진 상황을 이야기하고 있다. '변하여 전과는 다르게 되다'는 뜻의 '달라지다'와 비슷한 표현은 '변화하다'이므로 '변화하기 마련이다'가 적절하다.

오답 해설

① '나타나기(나타나다+-기)'는 무언가 이전에 없던 것이 새롭게 보일 때 쓸 수 있다.
② '멀어지기(멀어지다+-기)'는 대상 간의 거리가 늘어날 때 쓸 수 있다.
④ '향상되기(향상되다+-기)'는 어떤 능력이 발전되었을 때 쓸 수 있다.

> **문법** 명사형 전성 어미 '-기'
>
> 명사가 아닌 것을 명사로 바꾸어 주는 어미로 '전성(성질을 바꾸다) 어미'라고 한다. 대부분의 동사, 형용사와 결합할 수 있다.
> 예 예쁘다 → 예쁘기
>   변화하다 → 변화하기

14 ④

> **출제 유형** 동사의 비슷한 의미

장난감을 '빌리다'와 비슷한 말로는 장난감을 '대여하다'가 적절하다.

> **오답 해설**

① '결제하다'는 '대금을 주고받아 거래 관계를 끝맺다'는 뜻이다. 비슷한 말로는 '계산하다', '지불하다', '사다' 등이 있다.
   예 현금으로 결제하실 수 있습니다.
② '가입하다'는 '조직이나 단체 등에 들어가거나, 서비스를 제공하는 상품 등을 신청하다'는 뜻이다. 비슷한 말로는 '등록하다', '신청하다' 등이 있다.
   예 보험에 가입하다.
③ '구입하다'는 '물건 등을 사들이다'는 뜻이다. 비슷한 말로는 '사다', '구매하다', '장만하다' 등이 있다.
   예 매표소에서 입장권을 구입하다.

> **문법** '-(으)려면'
>
> 어떤 행동을 하고 싶을 때 무엇이 필요한지 조건을 묻거나 설명할 때 쓰는 표현이다.
> 예 학교에 가려면 몇 번 버스를 타야 해요?
>   한국어 공부를 잘하려면 듣고 말하고 읽고 쓰는 연습을 꾸준히 해야 합니다.

한국어 활용 응용

15 ①

> **출제 유형** 동사 '만나다'의 종결표현 활용

이따가 7시쯤 만나자고 대답하고 있으므로 언제 만날 것인지를 묻는 표현인 '우리 언제 만날까요?'가 적절하다.

> **오답 해설**

② '만나네요(만나다+네+요)?'는 현재 시점에 벌어지고 있는 사실을 강조하면서 묻는 표현이다.
   예 이렇게 길에서 만나네요?
③ '만났어요(만나다+었+어요)?'는 과거에 벌어진 일을 묻는 표현이다.
   예 친구는 어디서 만났어요?
④ '만나세요(만나다+세요)?'는 미래의 벌어질 일을 묻는 표현이다.
   예 내일 친구는 어디서 만나세요?

> **문법** '-(으)ㄹ까요?'
>
> 상대방의 생각, 의견 등을 묻거나 제안할 때 쓴다. 이때 말하는 사람과 듣는 사람이 함께 행동할 것을 전제로 한다.
> 예 (우리) 그늘에서 좀 쉴까요?
>   (우리) 저녁에 몇 시에 먹을까요?
> 자신의 행동을 강조해서 말할 때도 쓸 수 있다. 이때는 '-면 어떨까요?' 또는 '-면 좋을까요?'와 바꾸어 쓸 수 있다.
> 예 그 일은 제가 할까요?
>   = 그 일은 제가 하면 어떨까요? / 그 일은 제가 하면 좋을까요?

16 ②

> **출제 유형** 동사 '걸리다'의 연결표현 활용

어디에 가냐는 질문에 대답하고 있다. 병원에 가는 이유를 제시해야 하므로 '감기에 걸려서'가 적절하다.

> **오답 해설**

① '걸리고(걸리다+-고)'는 둘 이상의 행동을 나열할 때 쓴다.
   예 감기에 걸리고 입맛도 떨어졌어요.
③ '걸렸는데(걸리다+었+-는데)'는 뒷말에 나올 일을 설명, 물음, 요청, 제안하기 위하여 관련된 상황을 미리 말할 때 쓴다.
   예 감기에 걸렸는데 병원에 다녀와도 될까요?
④ '걸렸지만(걸리다+었+-지만)'은 뒤에 반대되는 내용을 이어서 말할 때 쓴다.
   예 감기에 걸렸지만 병원에 갈 시간이 없었어요.

> **문법** '-고'의 간접화법
>
> 원칙적으로 의문문의 간접화법에서는 동사는 '-느냐'와, 형용사는 '-냐'와 결합한다.
> 예 무엇을 찾느냐고 물었어요.
>   그 화장품이 좋냐고 물어봤어요.
> 단, 현대 한국어에서는 동사도 '-냐'와 결합하는 경우가 많다.
> 예 무엇을 찾냐고 물었어요.

17 ④

> **출제 유형** 형용사 '싸다'의 연결표현 활용

식당이 유명하냐는 질문에 음식과 가격을 이유로 손님이 많다고 대답하고 있다. '음식이 맛있다'와 같이 '값'과 호응하면서 이유를 나타낼 수 있는 표현으로는 '싸기 때문에'가 적절하다.

> **오답 해설**

① '싼데(싸다+-는데)'는 뒷말에 나올 일을 설명, 물음, 요청, 제안하기 위하여 관련된 상황을 미리 말할 때 쓴다.
   예 음식도 맛있고 값도 싼데 그 식당으로 갈까요?

② '쌀 때(싸다+-(으)ㄹ 때)'는 어떤 일이 일어날 때 쓴다.
  예 그 식당은 예전에 값이 쌀 때 손님이 많았어요.
③ '싸지만(싸다+-지만)'은 뒤에 반대되는 내용을 이어서 말할 때 쓴다.
  예 그 식당은 값은 싸지만 음식 맛은 그저 그래요.

문법 '-기 때문에'
앞말이 원인이고 뒷말이 결과를 나타낼 때 쓰는 표현이다. '-어서', '-니까'와 바꾸어 쓸 수 있다.
예 오늘 너무 덥기 때문에 밖에서 운동을 하면 안 된다.
  = 오늘 너무 더워서 밖에서 운동을 하면 안 된다.
  = 오늘 너무 더우니까 밖에서 운동을 하면 안 된다.

18 ②

출제 유형 형용사 '좋다'의 종결표현 활용

오랜만에 고향 친구를 만난다고 대답하는 상대방의 기분이 좋은지를 추측하는 표현이 와야 한다. 따라서 상대방의 기분을 추측하여 물을 수 있는 '좋아 보이는데'가 적절하다.

오답 해설
① '기분이 좋은 편이다'는 말하는 화자(1인칭) 또는 대화에 참여하지 않는 제3자(3인칭)의 기분을 말할 때 쓸 수 있다.
③ '기분이 좋을 수 있다'는 기분이 좋을지도 모른다는 가능성을 말할 때 쓸 수 있다.
④ '기분이 좋으면 좋겠다'는 기분이 좋기를 바란다는 소망을 말할 때 쓸 수 있다.

문법 '-어 보이다'
대상의 상태나 감정을 짐작해서 말할 쓴다. 자신의 감정이나 상태를 말할 때는 쓰지 않으며, 자신이 생각하는 다른 대상을 이야기할 때 쓴다.
예 제가 보기엔 그 옷이 조금 커 보여요.
  저는 철수 씨가 슬퍼 보여요.
따라서 자신의 생각을 말하고 있지만 다른 대상의 상태를 이야기할 때 써야 한다.
예 제가 슬퍼 보여요. (×) → 선생님이 슬퍼 보여요. (○)
  저는 기분이 좋아 보여요. (×) → 선생님의 기분이 좋아 보여요. (○)

19 ②

출제 유형 동사 '마시다'의 종결표현 활용

시원한 주스를 마시고 싶다고 대답하려면 무엇을 마시고 싶은지 물어봐야 한다. 따라서 '무엇을 마실래요?'라는 질문이 적절하다.

오답 해설
① '마실 수 없어요(마시다+-(으)ㄹ 수 없다+어요)?'는 마시는 것이 불가능한지 물을 때 쓸 수 있다.
  예 여기서는 주스를 마실 수 없어요?
③ '마시고 있어요(마시다+-고 있다+어요)?'는 마시고 있는 행동이 진행 중인지를 물을 때 쓸 수 있다.
  예 지금 무엇을 마시고 있어요?
④ '마셔도 돼요(마시다+-(어)도 되다+어요)?'는 마셔도 되는지 허락을 구할 때 쓸 수 있다.
  예 이 주스를 마셔도 돼요?

문법 질문과 서술어의 호응
서술어를 찾아야 하는 문제는 서술어끼리 비교해 보면 쉽게 이해할 수 있다. 대답의 서술어 '마시고 싶어요'에 호응하는 질문은 '무엇을 마실래요?', '무엇을 마시고 싶어요?' 등이 될 수 있다.
질문: 무엇을 마실래요?
대답: ○○을/를 마실래요. / ○○을/를 마실게요.
질문: 무엇을 마시고 있어요?
대답: ○○을/를 마시고 있어요. / ○○을/를이요.
질문: 밤에 커피를 마셔도 돼요?
대답: 네. 마셔도 돼요. / 아니요. 안 돼요.

20 ①

출제 유형 동사 '찍다'의 종결표현 활용

촬영해도 괜찮다는 허락으로 대답하고 있으므로 허락을 구하는 질문인 '사진을 찍어도 돼요?'가 적절하다.

오답 해설
② '찍기로 했어요(찍다+-(하)기로 하다+었+어요)?'는 미래에 사진을 찍을 계획이 있는지를 물을 때 쓸 수 있다.
  예 여기서 사진을 찍기로 했어요?
③ '찍은 것 같아요(찍다+-(으)ㄴ 것 같다+아요)?'는 과거에 사진으로 찍었다고 생각하는지를 물을 때 쓸 수 있다.
  예 여기서 사진을 찍은 것 같아요?
④ '찍은 적이 있어요(찍다+-(으)ㄴ 적이 있다+어요)?'는 사진을 찍은 경험을 물을 때 쓸 수 있다.
  예 여기서 사진을 찍은 적이 있어요?

문법 문장부호 물음표
한 문장의 종결 형태가 동일할 때 마침표 '.'와 물음표 '?'의 쓰임을 잘 구분해야 한다.
예 여기에서 사진을 찍어도 돼요? (물음표 → 질문)
  여기에서 사진을 찍어도 돼요. (마침표 → 대답)
위의 두 문장은 문장부호 때문에 주체가 달라진다. 즉, 서술어가 동일해도 문장 끝에 오는 물음표나 마침표 등의 문장부호에 따라 질문 또는 대답이 될 수 있다.

21 ②

출제 유형 동사 '졸업하다'의 연결표현 활용

졸업 후의 계획을 묻는 질문에 바로 취직했으면 좋겠다고 대답하고 있다. 따라서 다음 행동이 곧 이어짐을 나타낼 수 있는 '졸업하자마자'가 적절하다.

오답 해설

① '졸업하더라도(졸업하다+-라도)'는 졸업에 뒤따르는 결과를 말할 때 쓸 수 있다.
   예 졸업하더라도 바로 취업하기는 어려울 거예요.
③ '졸업하기 위해서(졸업하다+-기 위해서)'는 졸업을 목적으로 하는 어떤 일을 나타낼 때 쓸 수 있는 표현이다.
   예 졸업하기 위해서 자격증을 취득하려고 해요.
④ '졸업하는 대신에(졸업하다+-(으)ㄴ 대신에)'는 졸업 이외에 다른 할 일을 제시할 때 쓸 수 있다.
   예 졸업하는 대신에 휴학을 할까 생각중이에요.

문법 결과의 표현

어떤 결과의 이후를 나타내는 표현으로는 '-(으)ㄴ 다음에', '-(으)ㄴ 후에', '-자마자' 등이 있다. 시간의 차이가 조금씩 다르지만 이들 표현은 어떤 행동이 이루어진 후의 일을 말할 때 쓴다. '-(으)ㄴ 다음에', '-(으)ㄴ 후에'는 행동 사이의 시간이 조금 길지만 '-자마자'는 행동이 바로 이어질 때 쓴다.
  예 밥을 먹은 다음에 차를 마시면 어때요? → 밥을 먹고 나서 차를 마심
     차를 마신 후에 영화를 보러 갑시다. → 차를 마시고 나서 영화를 보러 감
     밥을 먹자마자 운동을 하면 안 됩니다. → 밥을 먹고 바로 직후에 운동을 하면 안 됨

22 ①

출제 유형 동사 '친하다'의 종결표현 활용

친구와 알게 된 시점이 언제냐는 질문에 고등학교 때 처음 만났고 친해지게 된 계기를 이어서 대답하고 있다. 따라서 과정과 변화를 나타낼 수 있는 '친해졌어요'가 적절하다.

오답 해설

② '친하잖아요(친하다+-잖아요)'는 친하다는 사실을 서로 알고 있는 상태에서 의미를 강조할 때 쓸 수 있다.
   예 그 둘은 고등학교 때부터 친하잖아요.
③ '친할 텐데요(친하다+-(으)ㄹ 텐데+요)'는 친한지를 추측할 때 쓸 수 있다.
   예 그 둘은 아마 고등학교 때부터 친할 텐데요.
④ '친해 보였어요(친하다+-어 보이다+었+어요)'는 친한 것처럼 보였을 때 쓸 수 있다.
   예 그 둘이 동아리 활동도 같이 하고 꽤 친해 보였어요.

23 ③

출제 유형 문맥에 맞는 연결표현

'-어도'는 앞뒤를 반대로 연결할 때 쓴다. '열심히 공부하다'와 '시험에 합격하다'는 원인이나 이유의 표현 '-어서', '-기 때문에' 등으로 연결할 수 있다. 따라서 '매일 열심히 공부해서 시험에 합격했어요'가 적절하다.

24 ②

출제 유형 문맥에 맞는 종결표현

'-지 않다'는 앞말을 부정하는 표현으로 행동의 주체가 앞에 와야 한다. '소리가'는 '듣다'가 아닌 '들리다'와 호응할 수 있으므로 시끄러운 소리가 '(나에게) 들리지 않다' 또는 '(나에게) 안 들리다'와 같은 표현으로 바꾸는 것이 적절하다.

문법 피동형과 조사의 활용

행동을 하는 것과 행동을 당하는 것에 따라서 그 표현이 달라지는 동사가 있다. 행동의 주체가 아니라 행동을 당하는 것을 '피동'이라고 한다. 이때 앞에 행동을 당하는 대상과 함께 쓰이는 조사와도 호응해야 한다.

원형	듣다	내가 음악을 듣는다.
피동	들리다	음악이 (나에게) 들린다.
원형	걸다	그림을 벽에 걸다.
피동	걸리다	그림이 벽에 걸리다.

참고 '가다', '오다', '하다' 등의 동사는 피동이 될 때 주로 '-게 되다'와 결합한다.
  예 가게 되다 / 오게 되다 / 하게 되다

25 ④

출제 유형 동사 '일하다'의 연결표현 활용

점심을 먹었냐는 질문에 '아니요'로 대답하고 있다. 따라서 바빠서 아직 못 먹었다는 이유를 나타내는 '일하느라고'가 적절하다.

오답 해설

① '일할 겸(일하다+-(으)ㄹ 겸)'은 일도 하면서 다른 동작도 함께 할 때 쓴다.
   예 사무실에서 점심을 먹으면서 일할 겸 도시락을 싸왔어요.
② '일하도록(일하다+-도록)'은 일하는 목적, 결과, 방식, 정도 등을 나타낼 때 쓴다.
   예 식사는 챙기면서 일하도록 하세요.
③ '일하더니(일하다+-더니)'는 일하는 행동에 대한 결과를 강조할 때 쓴다.
   예 그렇게 무리해서 일하더니 몸살이 났대요.

문법 '-느라(고)'

이유나 원인을 나타낼 때 쓰는 표현이다. '-어서, -니까'와 다르게 '-느라(고)'에 결합한 동사의 행동이 강조된다. 따라서 '-느라(고)'는 이유나 원인을 나타내는 '-어서', '-니까'와 바꾸어 쓸 수 없다.
  예 일하느라고 (시계를 못 봐서) 약속 시간에 늦었다.
     ≠ 일해서 약속 시간에 늦었다. (×)

26 ①

출제유형 형용사 '괜찮다'의 종결표현 활용

아픈 것을 부모님께 말씀드렸냐는 질문에 '아니요'라고 대답하고 있다. '부모님이 걱정하실까 봐'라고 이유를 댈 때 호응이 맞는 표현으로는 거짓으로 그럴 듯하게 보이려고 할 때 쓸 수 있는 '괜찮은 척하다'가 적절하다.

오답 해설

② '괜찮기 마련이에요(괜찮다+-기 마련이다+에요)'는 당연히 괜찮은 상황일 때 쓸 수 있다.
  예 아플 때 잠을 푹 자면 괜찮기 마련이에요.
③ '괜찮을지도 몰라요(괜찮다+-(으)ㄹ지도 모르다+요)'는 괜찮을 것이라고 추측할 때 쓸 수 있다.
  예 약을 잘 챙겨 먹으면 괜찮을지도 몰라요.
④ '괜찮은 줄 알았어요(괜찮다+-(으)ㄴ 줄 알다+았+어요)'는 괜찮다고 알고 있었을 때 쓸 수 있다.
  예 아프다고 얘기하지 않아서 괜찮은 줄 알았어요.

27 ②

출제유형 문맥에 맞는 종결표현

'틀림없이'와 호응하기 위해서는 '반드시 그렇다'라는 의미를 지닌 표현이 와야 한다. 따라서 '앞으로 틀림없이 환경오염이 더 심각해질 거예요.'처럼 써야 한다.

문법 문장의 호응

'틀림없이', '반드시' 등의 부사어에는 호응하는 서술어가 필요하다.

| 틀림없이/반드시 | -(으)ㄹ 것이다 / -어야 한다 / 하게 된다 / -(으)ㄹ 수밖에 없다 |

28 ①

출제유형 문맥에 맞는 연결표현

'-던'은 과거에 여러 번 한 경험을 나타낼 때 쓸 수 있으므로 '처음으로 먹던 음식'은 어색한 표현이다. '처음으로 먹은 음식' 또는 과거의 단순한 경험을 나타낼 수 있도록 '처음으로 먹었던 음식' 등이 적절하다.

한국어 활용+읽기

29 ②

출제유형 문맥에 맞는 종결표현

음악 듣는 것을 좋아해서 출퇴근 시간이나 운동할 때 음악을 듣는다고 하였다. 최근에는 뮤지컬 음악을 듣고 있다고 하였으므로 '음악을 듣다'와 비슷한 의미로 쓸 수 있는 '감상했습니다'가 적절하다.

오답 해설

① '수집하다'는 '취미나 연구를 위하여 여러 가지 물건이나 재료를 찾아 모으다'는 뜻이다.
  예 연구 자료를 수집하다.
③ '사용하다'는 '일정한 목적이나 기능에 맞게 쓰다'는 뜻이다.
  예 어른에게 존댓말을 사용하다.
④ '제출하다'는 '서류, 의견, 법안 등을 내다'는 뜻이다.
  예 비자 발급을 위한 서류를 대사관에 제출하다.

30 ①

출제유형 문맥에 맞는 연결표현

요리를 할 때 '영상을 보다'와 '불고기를 만들다'가 동시에 이루어지는 동작이므로 '영상을 보면서 불고기를 만들었다'가 적절하다.

31 ③

출제유형 문맥에 맞는 응용 표현

공공장소에서 음악을 듣거나 동영상을 볼 때는 타인에게 소음으로 불편을 주지 않도록 해야 한다. 따라서 소음을 내지 않는 공공 예절로 '이어폰을 착용해야 한다'가 적절하다.

오답 해설

①② '음량을 키우다', '스피커로 듣다'는 소리를 크게 듣는 행위이므로 공공예절과 거리가 멀다.
④ '귀마개를 쓰다'는 귀를 막는 행동으로 소음을 주의하는 공공예절에 해당하지 않는다.

32 ④

출제유형 문맥에 맞는 응용 표현

잠을 늦게 자고 식사도 불규칙해서 건강이 나빠졌으며 이를 개선하기 위한 결심을 나타내야 하므로 '생활습관을 바꾸다'가 적절하다.

오답 해설

①② '잠을 줄이다', '운동을 멈추다'는 좋은 생활습관과는 거리가 멀다.
③ '아침을 거르다'는 아침을 먹지 않는다는 뜻이다.

읽고 이해하기

33 ②

출제유형 문맥에 맞는 지시어와 명사

서랍에서 발견한 사진 속의 가족들의 모습을 보고 아련해졌다고 하였다. 이때 서술어 '찍은 것이었다'와 호응할 수 있는 명사 '그것'은 '사진'이 적절하다.

34 ④

출제유형 맞는 내용 고르기

가족사진을 액자에 넣어 책상 위에 올려두었다고 하였다.

오답 해설

① 친구들과 찍은 것이 아닌 가족사진을 찾았다고 하였다.
② 사진을 액자에 넣어서 책상 위에 두었다고 하였다.
③ 가족과 함께 살고 있지 않아서 가족들을 자주 보지는 못한다고 하였다.

35 ③

출제유형 맞는 내용 고르기

행사 관람만 하려고 했지만 '한글로 이름 쓰기' 체험에도 참여했다고 하였다.

오답 해설

① 행사는 서울 광장에서 열렸다고 하였다.
② 행사에 사람이 정말 많았다고 하였다.
④ 공연도 관람하고 체험에도 참여했다고 하였다.

문맥 이해하기

① 행사는 부산에서 열렸습니다.
  → 글에서 "지난주에 한글날 기념행사를 보러 서울 광장에 갔습니다."라고 하였으므로 일치하지 않는다.
② 행사에는 관람객이 거의 없어서 한산했습니다.
  → 글에서 "사람이 정말 많았습니다."라고 하였으므로 일치하지 않는다.
③ 저는 '한글로 이름 쓰기' 체험에 참여했습니다.
  → 글에서 "'한글로 이름 쓰기' 체험이 재미있어 보여서 참여했습니다."라고 하였으므로 일치한다.
④ 저는 전통 노래 공연만 보고 바로 집에 갔습니다.
  → 글에서 "저는 공연 관람만 하려고 했지만 '한글로 이름 쓰기' 체험이 재미있어 보여서 참여했습니다."라고 하였으므로 일치하지 않는다.

36 ①

출제유형 맞는 내용 고르기

요즘 한국은 산책하기 좋은 날씨라고 하면서 날씨가 좋을 때 공원에서 산책도 하고 근처 카페에서 커피를 마시거나 책을 읽는다고 하였다.

오답 해설

② 공원에는 꽃이 많이 피었다고 하였다.
③ 날씨가 좋을 때는 공원에서 산책한다고 하였다.

④ 근처 카페에서 책을 읽는다고 하였다.

문맥 이해하기

① 요즘 낮에는 햇빛이 따뜻합니다.
  → 글에서 "낮에는 햇볕이 따뜻해서 좋습니다."라고 했으므로 일치한다.
② 공원에는 아직 꽃이 거의 피지 않았습니다.
  → 글에서 "공원에는 꽃이 많이 피어서"라고 했으므로 일치하지 않는다.
③ 저는 겨울에 밖에서 자주 운동을 했습니다.
  → 글에서 "저도 날씨가 좋을 때는 공원에서 산책도 하고"라고 했으므로 일치하지 않는다.
④ 저는 카페에 가지 않고 집에서만 책을 읽습니다.
  → 글에서 "근처 카페에서 커피를 마시거나 책을 읽습니다."라고 했으므로 일치하지 않는다.

37 ④

출제유형 중심 내용 고르기

한국에서는 인사를 중요하게 여기며, 다양한 경우의 인사법을 나열하면서 인사로 좋은 인간관계를 만들 수 있을 것이라고 말하고 있는 글이다. 따라서 글의 중심 내용으로는 '인사 예절은 사람 사이의 관계를 좋게 만들어 준다.'가 적절하다.

오답 해설

① 나이에 따라 달라지는 인사 예절은 글의 세부사항에 해당한다.
② 친한 친구에게 인사를 하지 않아도 된다는 내용은 글에 제시되어 있지 않다.
③ 인사를 할 때는 눈을 마주치지 않아야 한다는 내용은 글에 제시되어 있지 않다.

38 ④

출제유형 제목 찾기

한국의 대표적인 명절인 설날과 추석에 하는 활동들과 명절의 의미에 대해서 말하고 있다. 따라서 글의 제목으로는 '한국 사람들이 명절을 보내는 방법'이 적절하다.

오답 해설

① 추석의 대표 음식으로 송편이 언급되었지만 음식 만들기에 대한 내용은 제시되어 있지 않다.
② 전통 놀이로 윷놀이가 언급되었지만 놀이 문화에 대한 내용은 제시되어 있지 않다.
③ 명절에 많은 사람들이 고향에 내려간다고 하였으나 그 방법에 대한 내용은 제시되어 있지 않다.

> **글의 제목 파악하기**
> **중심 문장** ❶ 한국에는 설날과 추석이라는 대표적인 명절이 있다.
> ❷ 명절이 되면 많은 사람들이 고향에 내려가 가족과 함께 시간을 보낸다.
> → 글의 제목: 한국 사람들이 명절을 보내는 방법

한국 문화

39 ③
출제 유형 법과 제도

한국의 의무교육 기간은 초등학교부터 중학교 교육까지 총 9년이다. 초등학교에서 6년, 중학교에서 3년 동안 교육을 받는다. 한국에서 고등학교 교육은 의무교육은 아니지만 무상으로 제공된다.

40 ③
출제 유형 법과 제도

사회통합프로그램은 대한민국에 체류하는 이민자가 대한민국의 사회 구성원으로 적응 및 자립에 필요한 한국어와 한국문화, 한국사회 이해 등의 기본 소양을 체계적으로 함양할 수 있도록 마련한 교육을 말한다.

41 ④
출제 유형 전통

1년 중 낮의 길이가 가장 긴 날은 '하지'이다.

오답 해설
① '동지'는 1년 중 밤의 길이가 가장 긴 날이다.
② '입춘'은 봄이 시작되는 날이다.
③ '추분'은 낮과 밤의 길이가 같아지는 날이다.

42 ③
출제 유형 전통

단오는 한국의 명절 중에 하나로 음력 5월 5일이다. 전통적으로 이날 창포에 머리를 감고 그네를 뛰거나 씨름을 했다.

오답 해설
① 음력 1월 1일은 '설날(구정)'이다. 음력 기준으로 한 해의 첫 번째 날이다. 한국에서는 전통 명절로 지정되어 있다.
② 음력 4월 8일은 '부처님 오신 날(석가탄신일)'이다. 불교에서 석가모니의 탄생을 기념하는 날이다. 한국에서는 공휴일로 지정되어 있다.
④ 음력 8월 15일은 '추석'으로, 한국 전통 명절로 지정되어 있다.

43 ①
출제 유형 지리와 기후

한국의 제2의 도시는 부산광역시이다.

44 ④
출제 유형 법과 제도

체류기간 연장은 출입국관리사무소(출입국·외국인청)에서 처리하는 업무이다. 외국인의 체류 자격이나 기간과 관련된 신청과 심사는 출입국 관련 기관에서 진행해야 한다.

45 ①
출제 유형 법과 제도

경범죄는 상대적으로 가벼운 범죄를 말한다. 따라서 처벌도 중범죄에 비해서 가벼우며 주로 벌금을 내는 것으로 처벌받는다. 따라서 경범죄로 징역을 살거나 한국에서 추방되지 않는다. 경범죄는 경범죄처벌법 제2장 경범죄의 종류와 처벌 제3조(경범죄의 종류)에 명시되어 있다. 한국의 법령은 국가법령정보센터(https://law.go.kr/) 홈페이지에서 확인할 수 있다.

46 ①
출제 유형 법과 제도

유통기한은 주로 식품 등의 상품을 판매할 수 있는 기간을 의미하고, 소비기한은 식품을 안전하게 먹을 수 있는 기간을 말한다. 따라서 유통기한보다 소비기한이 더 길 수 있다.

47 ③
출제 유형 한국문화 읽고 이해하기

한국 전통 난방 방식인 온돌은 지금도 사용되고 있다. 글에서는 '지금도 한국 사람들은 온돌에 익숙해서 방바닥을 데우는 방식의 난방을 선호한다.'에서 현재까지 온돌 방식이 사용되고 있음을 확인할 수 있다.

오답 해설
① 구들은 열기로 방을 따뜻하게 해 주는 구조이다. 이 구조는 바닥을 데워준다고 하였다.
② 온돌은 난방만을 위한 구조가 아니며 요리에도 사용할 수 있어서 일석이조라고 하였다.
④ 온돌은 바닥 전체를 천천히 데우기 때문에 방 안이 오랫동안 따뜻하게 유지된다고 하였다.

48 ④

출제유형 한국문화 읽고 이해하기

현대 한국에서 쓰는 신조어에 대한 글이다. 신조어가 생겨난 이유와 신조어 사용의 정도에 대해 설명하면서 신조어의 장단점을 이어서 말하고 있다. 따라서 이 글의 주제로는 '신조어 사용의 장단점과 바람직한 사용 태도'가 적절하다.

읽고 생각하기
글의 주제는 반복해서 제시되는 명사와 서술어를 파악하여 알 수 있다. 이 글에서는 명사 '신조어'와 동사 '생겨나다', '소통이 어려워지다', '오해를 불러일으키다', '사용을 피하다', '적절히 사용하다' 등의 표현이 제시되었다. 따라서 글의 주제를 찾을 때도 중심이 되는 명사와 관련된 서술 표현을 포함하도록 해야 한다.

한국어 활용(주관식)

49 움직였더니/일을 했더니

출제유형 문맥에 맞는 연결표현 활용

감기가 아직 낫지 않은 이유를 말해야 한다. 이때 '무리해서 움직였더니', '일을 했더니'처럼 연결표현을 활용할 수도 있다.

문법 '-었더니'
동사와 결합하여 뒤에 오는 문장의 이유를 말할 때 쓴다.
예 밥을 많이 먹었더니 배가 아파요.
연결 표현은 같은 의미의 종결 표현 '-었나 봐요.'로 바꾸어 쓸 수 있다.
예 밥을 많이 먹었나 봐요. 배가 아파요.

50 따야 해요/따 두어야 해요/취득해야 해요

출제유형 문맥에 맞는 종결표현 활용

자격증은 동사 '따다' 또는 '취득하다' 등과 결합하여 쓴다. 어떤 일을 하기 위해서 자격증이 필요한 경우이므로 '자격증을 따야 해요' 또는 '자격증을 따 두어야 해요'처럼 쓸 수 있다.

문법 '-어야 하다'
반드시 그 행동이 필요할 때 쓰는 문법 표현이다. 결심 또는 목표를 이야기할 때 쓴다.
예 이번 시험은 꼭 잘 봐야 해요.
　그곳에 10시까지는 도착해야 해요.

구술시험 [01~05]

01

참고 발음과 띄어쓰기에 유의하여 정확하고 큰 목소리로 읽으세요.

02

모범답안
[1] 공공장소에서 담배를 피우면 안 됩니다. 담배는 지정된 장소에서 피워야 합니다.
[2] 공공장소에서 담배를 피우면 벌금을 내야 합니다.

03

모범답안
[1] 고향에서는 담배를 피우는 것을 특별히 제한하지 않습니다. 식당에서도 담배를 피웁니다. 저는 한국처럼 고향에서도 실내에서 담배를 피우는 것을 규제해야 한다고 생각합니다. 왜냐하면 담배는 몸에 해롭기 때문입니다.
[2] 고향에서는 불법 주차를 매우 엄격하게 금지합니다. 불법 주차를 하면 길을 걷는 사람들의 안전을 해칠 수 있습니다. 특히 불법 주차된 차 때문에 어린이 사고가 날 수 있습니다.

04

모범답안
[1] 저는 한국 친구 집에 자주 놀러 갑니다. 처음에는 신발을 벗고 집으로 들어가는 것이 익숙하지 않았습니다. 하지만 점점 그것이 더 깨끗하고 좋다는 것을 깨닫게 되었습니다.
[2] 한국 친구 집에 초대를 받으면 간단한 선물을 가져갑니다. 초대한 친구와 함께 먹을 음식을 가져가기도 합니다. 아이들이 있는 집에 초대 받을 때는 아이들을 위한 선물을 사 가면 좋습니다. 특히 이사한 친구가 집에 초대하는 것을 '집들이'라고 하는데, 휴지나 세제 등을 집들이 선물로 준비하는 것이 예의입니다.

05

모범답안
[1] 다문화 가정은 생활에 필요한 기본 정보와 아동·청소년의 학습 및 생활지도 관련 정보, 다문화가족 지원 정책 정보, 한국문화 소개, 어린이집 등의 기관 소개를 담은 생활안내책자를 제공받을 수 있습니다. 또한 외국인종합안내센터를 통해 민원 안내와 상담을 받을 수 있으며, 컴퓨터와 인터넷 활용 교육을 유상 또는 무상으로 받을 수 있습니다. 거주지나 가정환경 때문에 교육 서비스에서 소외된 경우 방문교육이나 원격교육으로 한국어 교육을 지원받을 수 있습니다.
[2] 국적을 취득한 사람은 국적 취득일로부터 3년 동안 국어교육과 대한민국의 제도 및 문화에 대한 교육을 받을 수 있습니다. 이와 함께 결혼이민자의 자녀에 대한 보육과 교육 지원, 의료 지원, 건강검진도 제공받을 수 있습니다.

제6회 최최종 모의고사

본책 p.112

01	②	02	①	03	④	04	③	05	②
06	③	07	④	08	②	09	④	10	②
11	②	12	②	13	②	14	④	15	①
16	②	17	①	18	②	19	①	20	③
21	③	22	④	23	③	24	①	25	②
26	①	27	①	28	④	29	①	30	②
31	①	32	②	33	①	34	④	35	②
36	①	37	②	38	②	39	①	40	②
41	②	42	②	43	③	44	②	45	④
46	②	47	④	48	④				

49	노력해야/앞장서야
50	맛있더라고요/맛있었어요/맛있어요

구술 01~05 **모범답안** 참고

한국어 기초

01 ②

출제유형 그림에 맞는 명사

질문은 왼쪽으로 가라는 것을 가리키는 표지판이다. 따라서 '왼쪽으로 가세요'가 적절하다.

어휘 안내 표지판의 종류

02 ①

출제유형 상황에 맞는 조사

'(이)나'는 둘 이상의 사물을 나열하여 그중 하나를 선택할 때 쓴다. 따라서 '빵이나 과일을 먹어요'가 적절하다. '(이)나'는 연결의 부사어 '또는'과 바꾸어 쓸 수 있다.

예 아침에 빵이나 과일을 먹어요. = 아침에 빵 또는 과일을 먹어요.

오답 해설

② '부터'는 어떤 일이나 상태 등의 범위의 시작을 나타낼 때 쓴다.
  예 아침 일찍부터 친구가 찾아왔다.
③ '까지'는 어떤 일이나 상태 등의 범위의 끝을 나타낼 때 쓴다.
  예 일요일까지는 꼭 끝내겠습니다.
④ '(으)로'는 도구나 방법을 나타낼 때 주로 쓴다.
  예 이 빵은 정말 좋은 재료로 만들었습니다.

문법 '(이)나'와 '(이)거나'

• '(이)나'는 여러 가지 대상 중에 하나를 이야기할 때 쓰며, 명사와 결합한다.
  예 아침에 빵이나 과일을 먹어요.
• '(이)거나'는 여러 행위 중 하나를 이야기할 때 쓰며, 동사 또는 형용사와 결합한다.
  예 매매란 물건을 사거나 팔거나 하는 것을 말한다.
     그 옷이 크거나 작거나 하면 바꾸러 오세요.

한국어 활용 기본

03 ④

출제유형 형용사의 반대 의미

가을이 더우냐는 질문에 '아니요'로 대답하고 있다. '덥다'와 의미가 반대인 말로는 '시원하다'가 적절하다.

오답 해설

① '편하다'와 반대 의미를 가진 말은 '불편하다'이다.
② '많다'와 반대 의미를 가진 말은 '적다'이다.
③ '예쁘다'와 반대 의미를 가진 말은 '밉다', '못생기다', '추하다' 등이 될 수 있다.

04 ③

출제 유형 동사의 반대 의미

어떤 사람을 아느냐는 질문에 '아니요'라고 대답하고 있다. 따라서 '알다'와 의미가 반대인 '모르다'가 적절하다.

오답 해설

① '보다'는 '눈으로 대상의 존재나 형태를 알다'는 뜻으로 시각을 나타내는 동사이다.
② '만나다'는 '둘이 서로 마주 보다'는 뜻이다.
④ '기다리다'는 '어떤 사람이나 때가 오기를 바라다'는 뜻이다.

문법 '-지 않다'의 활용

일대일로 호응하는 반대말이 없을 경우에는 부정의 의미가 포함된 '안' 또는 '-지 않다'를 붙여서 반대의 의미를 나타낼 수 있다. 대부분의 경우 '안+동사'보다 '동사+-지 않다'가 더 자연스럽게 쓰인다.

예 저 사람을 알아요. ↔ 저 사람을 알지 못해요.

05 ②

출제 유형 문맥에 맞는 명사

수업을 듣기 위해서는 우선 그 과목을 듣겠다는 '신청'을 해야 한다. 이것을 '수강 신청'이라고 한다.

오답 해설

① '작성'은 '서류, 원고 등을 만듦'을 뜻하며, 신청서 등의 양식을 쓰는 행동을 말한다.
예 신청서 작성 시 올바른 정보를 기입해야 합니다.
③ '참석'은 '모임이나 회의에 참여함'을 뜻한다.
예 참석 인원을 파악하다.
④ '확인'은 '틀림 없이 그러한가를 알아보거나 인정함'을 뜻한다.
예 구체적으로 확인이 어려운 상황이다.

어휘 '작성하다'와 '쓰다'

두 동사 모두 무엇을 글이나 글자로 나타내는 의미를 가지고 있다. '작성하다'가 서류 등에 정보를 채워 넣는 의미로 쓰일 경우 '쓰다'와 바꿔쓸 수 있다. 그러나 '쓰다'가 쓰인 자리는 '작성하다'로 바꿀 수 없는 경우도 있다. 이는 '쓰다'가 '작성하다'보다 더 큰 개념의 동사이기 때문이다.

작성하다 = 쓰다	예 신청서를 쓰다(= 작성하다). 추가로 쓸(= 작성할) 서류가 있습니다.
쓰다 ≠ 작성하다	예 이것은 조형일 작가가 쓴(≠ 작성한)작품이다.

06 ③

출제 유형 문맥에 맞는 부사

전체 중에서 특별한 하나를 강조할 때에는 '특히'라는 부사어를 쓴다. 따라서 '특히 수박을 좋아해요'가 적절하다.

오답 해설

① '미리'는 '어떤 일이 생기기 전에 또는 어떤 일을 하기에 앞서'라는 뜻이다.
예 약속 시간보다 미리 도착했다.
② '혹시'는 '어쩌다가 우연히', '짐작대로 어쩌면'이라는 뜻으로 자신의 추측이나 바람을 강조해서 물어볼 때 쓸 수 있다.
예 혹시 내일 시간 있으세요?
④ '거의'는 '어느 한도에 매우 가까운 정도'라는 뜻이다.
예 거의 다 마무리되었다.

어휘 '특히'와 '특별히'

두 어휘 모두 '보통과 다르게'라는 의미를 가지고 있는 비슷한 말이다. 그러나 '특별히'의 자리에 '특히'로 바꾸어 쓰는 것은 자연스러운 반면, '특히' 자리에 '특별히'를 쓰는 것은 경우에 따라 어색할 때가 있다.

예 나는 과일 중에서도 특별히(≒ 특히) 사과를 좋아한다.
이 문제는 특히(≠ 특별히) 해결하기가 어렵다.
특히(≠ 특별히) 퇴근 시간에는 다른 때보다 차가 많이 밀린다.

07 ④

출제 유형 동사의 반대 의미

'신발을 벗다'의 반대말이 무엇인지 묻고 있다. 따라서 '벗다'의 반대말은 '신다'가 적절하다.

오답 해설

① '사다'는 '값을 치르고 어떤 물건이나 권리를 자기 것으로 만들다'는 뜻으로, 반대 의미를 가진 말은 '팔다'이다.
예 백화점에서 친구 생일 선물을 샀다.
② '들다'는 '아래에 있는 것을 위로 올리다'는 뜻으로, 반대 의미를 가진 말은 '내리다'이다.
예 고개를 들다.
③ '잡다'는 '손으로 움키고 놓지 않다'는 뜻으로, 반대 의미를 가진 말은 '놓다', '놓치다' 등이 될 수 있다.
예 어머니는 내 손을 꼭 잡으셨다.

어휘 **연어적 구성**

'옷'은 '입어야' 하고 '신발'은 '신어야' 한다. '모자'는 '써야' 하고 '장갑'은 '껴야' 한다. 이처럼 '입다'는 의미를 가지더라도 명사마다 특정한 동사와 결합하는데 이를 연어적 구성이라고 한다.

대상	결합 표현	대상	결합 표현
옷	입다	옷	벗다
신발	신다	신발	벗다
모자	쓰다	모자	벗다
목도리	하다/두르다	목도리	벗다
장갑	끼다	장갑	벗다
반지	끼다	반지	빼다

08 ②

출제 유형 형용사의 반대 의미

식당 안의 상황을 묻는 질문에 점심 시간대라서 식당 안이 시끄럽다고 대답하고 있다. '듣기 싫게 떠들썩하다'는 뜻의 '시끄럽다'의 반대 의미를 가진 말은 '조용하다'가 적절하다.

오답 해설

① '한산하다'는 '인적이 드물어 한적하고 쓸쓸하다'는 뜻이다. 반대 의미를 가진 말은 '붐비다', '복작대다' 등이 될 수 있다.
  예 휴일의 거리는 한산하다.
③ '어수선하다'는 '사물이 얽히고 뒤섞여 가지런하지 않고 헝클어져 있다'는 뜻이다. 반대 의미를 가진 말은 '정돈되다' 등이 될 수 있다.
  예 방이 지저분하고 어수선했다.
④ '복작대다'는 '많은 사람이 좁은 곳에 모여 수선스럽게 자꾸 들끓다'는 뜻이다. 반대 의미를 가진 말은 '한적하다', '한산하다' 등이 될 수 있다.
  예 역에는 귀경길에 오른 사람들이 복작댔다.

어휘 **어휘의 감각 표현**

비슷한 뜻을 가지고 있어도 어떤 감각을 나타내는지에 따라 어휘를 구분하여 사용해야 한다.
- **조용하다**: 아무런 소리도 들리지 않고 고요하다
- **한산하다**: 인적이 드물어 한적하고 쓸쓸하다
  예 텅 빈 집이 조용하고 썰렁하다. → 청각적
     겨울 바다가 사람 한 명 없이 한산하다. → 시각적

09 ④

출제 유형 문맥에 맞는 명사

빈칸 앞의 '자연'과 어울리면서 동사 '오염되다'와 호응하는 어휘로는 '환경'이 적절하다. '환경'은 '생물에게 직접·간접적으로 영향을 주는 자연적 조건이나 사회적 상황'을 뜻한다.

오답 해설

① '경관'은 '산, 들, 강 바다 등의 자연이나 지역의 풍경'이라는 뜻이다. 오염의 대상이 아닌 관람의 대상이므로 문맥에 맞지 않다.
  예 설악산의 주변 경관이 수려하다.
② '자원'은 '인간 생활 및 경제 생산에 이용되는 원료로서 광물, 산림, 수산물 등을 이르는 말'을 뜻한다. 자원은 한정된 수량이기 때문에 주로 '고갈된다'는 표현과 함께 쓴다.
  예 자원이 부족한 나라
③ '풍경'은 '경관'과 비슷한 의미로 쓸 수 있는 명사이다. 오염의 대상이 아닌 감상의 대상이므로 문맥에 맞지 않다.
  예 단풍이 곱게 물든 시골의 풍경

문법 **'-(으)면서'**

장면이 이어지거나 전환될 때 쓴다. 이때 앞에 오는 말은 과정이 되고, 뒤에 오는 말의 이유나 원인이 될 때도 쓸 수 있다.
  예 운동을 하면서 몸이 더 건강해졌다.
     한국어 수업을 들으면서 한국에 대해서 더 잘 이해하게 되었다.
단, 동시에 두 가지 이상의 상황이나 행동이 이어질 때 쓰는 '-(으)면서'와는 쓰임이 다르다.
  예 운전하면서 문자를 하면 안 됩니다.

10 ②

출제 유형 문맥에 맞는 동사

'다양한 방안을 검토하는' 것은 문제를 효과적으로 '해결하는' 목적이 될 수 있다. '문제'라는 명사와 주로 호응이 자연스러운 표현으로는 문제를 '풀다', '해결하다', '처리하다' 등이 있다.

오답 해설

① '판단하다'는 '사물을 인식하여 논리나 기준 등에 따라 판정을 내리다'는 뜻이다.
  예 현실을 정확하게 판단하다.
③ '되풀이하다'는 '같은 말이나 일을 자꾸 하다', 또는 '같은 사태를 자꾸 일으키다'는 뜻이다. '문제를 되풀이한다'는 것은 같은 문제가 반복된다는 의미로 문제를 해결하는 것과는 거리가 멀다.
  예 같은 잘못을 두 번 다시 되풀이하지 마라.
④ '마무리하다'는 '일을 끝맺다'는 뜻이다.
  예 한 해를 마무리하다.

문법 '-기'와 '-(으)ㅁ'

동사와 형용사에 '-기', '-(으)ㅁ' 또는 '-함' 등을 결합하면 명사형이 된다. '-(으)ㅁ'이 결합한 형태 중에는 명사형 또는 명사형의 줄임말이 널리 쓰여 하나의 독립적인 명사로 쓰이는 경우도 있다.

	-기	-(으)ㅁ/-함
해결하다	해결하기	해결함
살다	살기	삶

참고 명사 '삶'은 '살다+-(으)ㅁ'의 '살음'에서 '삶'으로 줄어 독립적인 명사가 된 경우이다.

11 ②

출제 유형 문맥에 맞는 형용사

잘못한 상황에서 '거짓말을 하다'와 '잘못을 인정하다'를 비교하고 있다. 비교하는 대상 중에서 어느 것이 더 우월하다고 표현할 수 있는 말로는 '낫다'가 적절하다.

오답 해설

① '같다'는 '다른 것과 비교하여 다르지 않다'는 뜻이므로 '더'라는 비교 표현과 함께 쓰일 수 없다.
③④ '있다'와 '없다'는 '더'라는 비교 표현과는 쓰일 수 있지만, 그 앞에 무엇이 더 있고 없는지 구체적인 대상이 제시되어야 어법상 올바른 표현이 된다.

12 ③

출제 유형 문맥에 맞는 명사

영화가 감동적인 이유로 '감동적인 무엇이 많다'고 말하고 있다. 따라서 영화를 구성하면서 감동을 줄 수 있는 대상으로는 '장면'이 적절하다.

13 ②

출제 유형 동사의 비슷한 의미

'인구가 줄다'는 인구의 수가 적어진다는 의미이다. '줄다'와 비슷한 의미를 가진 말로는 '양이나 수치가 줄다'는 뜻의 '감소하다'가 적절하다.

오답 해설

① '사라지다'는 '현상이나 물체의 자취 등이 없어지다'는 뜻이다. 비슷한 의미를 가진 말로는 '없어지다, 소멸하다' 등이 있다.
예 달이 구름 속으로 사라졌다.
③ '늘어나다'는 '부피나 분량 등이 커지거나 길어지거나 많아지다'는 뜻이다. 비슷한 의미를 가진 말로는 '증가하다', '커지다', '늘다' 등이 있다.
예 주름살이 늘어나다.

④ '급변하다'는 '상황이나 상태가 갑자기 달라지다'는 뜻이다. 비슷한 의미를 가진 말로는 '급격히 변하다', '갑자기 변하다' 등이 있다.
예 사태가 급변하다.

문법 '-고 있다'

시작된 동작이 특정 시점까지 지속되고 있을 때 쓴다. 속도나 진행 상황을 나타내는 표현과 많이 쓰인다.
예 나쁜 공기가 점점 사라지고 있어요.
강물이 급격히 늘어나고 있다.

14 ④

출제 유형 형용사의 비슷한 의미

'빨리'는 '걸리는 시간이 짧게'라는 의미이다. 비슷한 의미를 가진 말로는 '매우 날쌔고 빠르게'라는 뜻의 '신속하게'가 적절하다. '어서', '얼른', '급히', '재빨리' 등도 비슷한 의미로 쓸 수 있다.

오답 해설

① '유리하다'는 '이익이 있다'는 뜻이다. 의미가 비슷한 말로는 '이롭다', '우세하다', '이익이 되다' 등이 있다.
예 분위기가 우리에게 유리하게 흘러간다.
② '성실하다'는 '정성스럽고 참되다'는 뜻이다.
예 성실한 태도
③ '신중하다'는 '매우 조심스럽다'는 뜻이다. 의미가 비슷한 말로는 '조심스럽다', '사려 깊다' 등이 있다.
예 일을 신중하게 처리하다.

문법 '-히'와 '-게'

형용사와 결합하여 부사를 만들 수 있다. 이때 일부 형용사는 '-히'가 아닌 '-게'와만 결합할 수 있다.

원형	-히	-게
유리하다	-	유리하게
성실하다	성실히	성실하게
신중하다	신중히	신중하게
신속하다	신속히	신속하게

한국어 활용 응용

15 ①

출제 유형 동사 '주다'의 종결표현 활용

식당에서 이루어지는 대화이다. 메뉴로 무엇을 드리냐는 질문에 김치찌개를 달라고 대답하고 있다. 무엇을 가져다 달라는 요청의 표현으로는 '(제게) 주세요'가 적절하다.

오답 해설

② '줄게요(주다+-(으)ㄹ게요)'는 주려는 계획 또는 그럴 의사가 있을 때 쓴다.
  예 빌린 책은 다음 주에 줄게요.
③ '줄 거예요(주다+-(으)ㄹ 거예요)'는 주려는 계획 또는 의지를 나타낼 때 쓴다.
  예 월급을 받으면 동생한테 용돈을 줄 거예요.
④ '주려고 해요(주다+-려고 해요)'는 주려는 계획을 말할 때 쓴다.
  예 생일 선물을 미리 주려고 해요.

문법 '-세요'와 '-(어/해) 주세요'
'-세요'의 형태로 쓸 경우 요청하는 행동의 목적이 행동의 주체인 본인을 향하는 반면, '-(어/해) 주다'와 결합하면 본인 또는 특정한 대상을 위해 하는 행동을 요청하는 표현이 된다.

-세요	입구로 들어가세요. 지하철을 타세요.
-(어/해) 주세요	준비물을 챙겨와 주세요. 상황을 이해해 주세요.

16 ②

출제 유형 동사 '만나다'의 연결표현 활용

지금 무엇을 하고 있냐는 질문에 대답하고 있다. 친구를 만나기 위해서 커피숍에 가고 있으므로 목적을 나타낼 수 있는 표현인 '친구를 만나러'가 적절하다.

오답 해설

① '만나면(만나다+-(으)면)'은 만나는 것이 전제나 가정이 될 때 쓸 수 있다.
  예 친구를 만나면 주로 무엇을 해요?
③ '만나지만(만나다+-지만)'은 만나는 것과 반대되거나 연결되지 않는 어떤 상황을 나타낼 때 쓸 수 있다.
  예 친구는 만나지만 놀러가는 것은 아니에요.
④ '만나는데(만나다+-는데)'는 만나는 것이 뒤에 오는 상황과 관련되어 있을 때 쓸 수 있다.
  예 주말에 친구를 만나는데 어딜 가면 좋을까요?

문법 '-(으)러'
무엇을 하기 위한 목적을 나타낼 때 쓴다. 뒤에 나오는 문장은 그 결과가 된다.
  예 커피숍에 가고 있다(행동)+친구를 만나기 위해서(목적)
  → 친구를 만나러 커피숍에 가고 있다.

17 ①

출제 유형 형용사 '있다'의 연결표현 활용

'주로 무엇을 해요?'는 평소 가장 많이 하는 행동이나 활동이 무엇인지 묻는 질문이다. '주로'는 높은 빈도수로 자주 하는 것을 나타내는 표현이다. 따라서 일상의 여가 시간을 나타낼 수 있는 '시간이 있을 때'가 적절하다.

오답 해설

② '있으니까(있다+-(으)니까)'는 있는 이유를 말할 때 쓸 수 있다.
  예 시간이 있으니까 친구를 만날 수 있겠어요.
③ '있으면서(있다+-(으)면서)'는 어떤 것이 있는 동시에 다른 상황이 일어날 때 쓸 수 있다.
  예 시간은 있으면서 운동을 갈 마음은 없네요.
④ '있기 때문에(있다+-기 때문에)'는 있는 것이 어떤 상황이나 행동의 원인이 될 때 쓸 수 있다.
  예 시간이 있기 때문에 운동을 가려고 해요.

어휘 '있다'
무엇이 존재하거나 존재하는 상태임을 나타내는 표현으로, 동사와 형용사로 모두 쓸 수 있다.

있다 동 어떤 상태를 계속 유지하다 어떤 곳에서 떠나거나 벗어나지 않고 머물다	예 가만히 있어라. 그는 내일 집에 있는다고 했다.
있다 형 실제로 존재하는 상태이다 어떤 일이 이루어지거나 벌어질 계획이다	예 나는 신이 있다고 믿는다. 좋은 일이 있다.
있다 형의 활용	무슨 이유가 있는 거야?

18 ②

출제 유형 동사 '보다'의 연결표현 활용

앞으로 일어날 일(시험)에 대해서 이야기하고 있다. 따라서 미래를 나타내면서 '좋겠어요'를 꾸미는 표현으로 '시험을 잘 보면 좋겠어요'가 적절하다.

오답 해설

① '보는'은 '편이에요'와 결합하여 쓴다. '보는 편이에요(보다+-(으)ㄴ 편이다+에요)'는 어떤 쪽에 가까운 정도를 나타낼 때 쓴다.
  예 벼락치기를 하고 시험을 보는 편이에요.
③ '보기로'는 '해요'와 결합하여 쓴다. '보기로 해요(보다+-기로 하다+요)'는 계획하거나 결정한 일을 말할 때 쓴다.
  예 이번 접수는 끝났으니 다음 시험을 보기로 해요.
④ '본 적이'는 '있어요'와 결합하여 쓴다. '본 적이 있어요(보

다+-(으)ㄴ 적이 있다+어요)'는 자신의 경험을 말할 때 쓴다.

예 그 시험을 <u>본 적이 있어요</u>.

문법 '-(으)면 좋다'

단순히 어떤 행동을 하는 것이 좋다는 것을 나타낼 때 쓴다.

예 라면에 달걀을 <u>넣으면 좋아요</u>.

또한, 의지(미래)를 나타내는 '-겠-'과 결합한 '-(으)면 좋겠다'의 형태는 앞으로 할 행동을 강조하거나 행동하기를 희망하는 의미를 나타낼 수 있다.

예 라면에 달걀을 <u>넣으면 좋겠어요</u>.

19 ①

출제유형 형용사 '많다'의 종결표현 활용

요즘 바쁘냐는 질문에 '네'라고 대답하고 있다. 따라서 회사에서 일이 많다는 상황을 나타내면서 강조의 의미를 나타내는 표현으로 '회사에 일이 많거든요'가 적절하다.

오답 해설

② '많아 보여요(많다+-아 보이다+어요)'는 시각적인 정보를 포함하여 추측할 때 쓸 수 있다.

예 요즘 일이 <u>많아 보여요</u>.

③ '많은 것 같아요(많다+-ㄴ 것 같다+-아요)'는 추측할 때 쓸 수 있다.

예 이번주는 일이 <u>많은 것 같아요</u>.

④ '많으면 좋겠어요(많다+-(으)면 좋겠다+-어요)'는 소망을 나타낼 때 쓸 수 있다.

예 다른 팀보다 우리 팀의 일이 <u>많으면 좋겠어요</u>.

문법 '-거든요'

단순히 상황의 의미를 전달하기보다 말하는 사람의 감정을 담아 해당 행동을 강조하는 표현이다.

예 많다: 일이 너무 <u>많아요</u>. → 일이 너무 <u>많거든요</u>.
적다: 양이 너무 <u>적어요</u>. → 양이 너무 <u>적거든요</u>.
찾다: 한참 <u>찾았어요</u>. → 한참 <u>찾았거든요</u>.

20 ③

출제유형 동사 '하다'의 종결표현 활용

하는 일이 무엇이냐는 질문에 번역 일을 한다고 대답하고 있다. 따라서 현재 하고 있는 일을 말하는 표현으로는 '하고 있어요'가 적절하다.

오답 해설

① '해 봤어요(하다+-어 보다+았+어요)'는 경험을 말할 때 쓸 수 있다.

예 전 직장에서는 번역 일을 <u>해 봤어요</u>.

② '해야 돼요(하다+-어야 되다+어요)'는 의무를 나타낼 때 쓸 수 있다.

예 새로운 직장에서는 번역 일을 <u>해야 돼요</u>.

④ '할 것 같아요(하다+-(으)ㄹ 것 같다+아요)'는 추측할 때 쓸 수 있다.

예 새로운 직장에서는 번역 일도 함께 <u>할 것 같아요</u>.

문법 동사 '하다'

동사 '하다'는 시제 표현과 결합할 수 있다. '-었(과거)', '-(으)ㄹ(미래)', '-겠(미래/추측/의지)' 등의 표현에 나타난 시제를 잘 이해해야 한다.

21 ③

출제유형 동사 '쓰다'의 연결표현 활용

보고서 작성을 마쳤냐는 질문에 '아니요'라고 하면서 거의 다 썼다고 대답하고 있다. 따라서 보고서 작성의 진행 상황을 물을 수 있는 '보고서를 다 썼다고 했지요?'가 적절하다.

오답 해설

① '쓴다고(쓰다+-ㄴ다고)'는 쓴다는 사실이 맞는지 확인할 때 쓸 수 있다.

예 보고서를 내일까지 <u>쓴다고</u> 했지요?

② '쓸 만하다고(쓰다+-ㄹ 만하다+-다고)'는 쓰는 것이 가능할 때 쓸 수 있다.

예 그 보고서는 어렵지 않게 <u>쓸 만하다고</u> 했지요?

④ '쓸 줄 안다고(쓰다+-ㄴ줄 알다+-다고)'는 쓸 능력이 있는지 나타낼 때 쓸 수 있다.

예 통계 보고서를 <u>쓸 줄 안다고</u> 했지요?

22 ④

출제유형 동사 '늘다'의 종결표현 활용

운전이 어렵다는 상대방의 말에 처음에는 어렵지만 계속 연습하면 운전실력이 좋아질 것이라고 대답하고 있다. 따라서 미래의 일이나 계획을 말할 수 있는 '운전실력이 늘게 될 거예요'가 적절하다.

오답 해설

① '늘어 보여요(늘다+-어 보이다+어요)'는 실력이 늘었음을 상대방한테 알려줄 때 쓸 수 있다.

예 연습을 많이 하더니 실력이 꽤 <u>늘어 보여요</u>.

② '늘고 있어요(늘다+-고 있다+어요)'는 실력이 발전되고 있음을 나타낼 때 쓸 수 있다.

예 연습을 많이 했더니 실력이 점점 <u>늘고 있어요</u>.

③ '늘면 좋겠어요(늘다+-(으)면 좋겠다+어요)'는 실력이 발전되기를 바라는 소망을 나타낼 때 쓸 수 있다.

예 어서 실력이 <u>늘면 좋겠어요</u>.

문법 동사 '늘다'의 활용	
하나의 어휘에 여러 가지 뜻이 있는 경우도 있다.	
물체의 길이, 넓이 부피 등이 커지다	키가 늘다
	평수가 늘다
수, 분량이 많아지거나 무게가 더 나가게 되다	학생 수가 늘다
	몸무게가 늘다
힘, 기운, 세력이 큰 상태가 되다	세력이 늘다
재주나 능력이 나아지다	솜씨가 늘다
시간, 기간이 길어지다	평균 수명이 늘다

23 ③

출제 유형 **문맥에 맞는 종결표현**

의문문을 말을 다른 사람에게 전달하는 간접화법으로 바꿀 때에는 '-(느)냐고'를 써야 한다. 따라서 '한국 사람들이 저에게 어디에서 왔(느)냐고 물어봐요.'가 적절하다.

문법 문장의 형태별 간접화법	
대화 문장을 간접화법으로 만들 경우 다음처럼 바꾸어야 한다.	
평서형 종결	가: 저는 웹툰 보는 것을 좋아해요.
	나: 뭐라고 했어요?
	가: 저는 웹툰 보는 것을 좋아한다고 했어요.
의문형 종결	가: 어디에서 왔어요?
	나: 친구가 뭐라고 했어요?
	가: 제게 어디에서 왔(느)냐고 했어요.
청유형 종결	가: 우리 같이 영화를 볼까요?
	나: 미안해요, 잘 못 들었어요. 뭐라고 했어요?
	가: 같이 영화를 보자고 했어요.

24 ①

출제 유형 **문맥에 맞는 연결표현**

잠을 푹 자면 피곤하지 않아야 하지만 그런데도 피곤한 경우가 있다. 이때는 앞 내용과 반대되는 내용을 강조하는 문법 표현인 '-어도'를 쓸 수 있다. 따라서 '잠을 푹 자도 피곤할 수 있어요.'가 옳은 문장이다.

문법 **양성 모음과 음성 모음**
동사와 형용사에 있는 양성 모음(/ㅏ/, /ㅗ/ 등)과 음성 모음(/ㅓ/, /ㅜ/, /ㅡ/ 등)이 문법 표현과 결합할 때, 양성 모음은 양성 모음끼리, 음성 모음은 음성 모음끼리 결합한다. 그리고 이것이 중첩될 때에는 하나가 생략되거나 하나로 합쳐진다.
예 가다+-어서/아서 → 가+아서 → 가서('가'와 '아' 중첩으로 '아' 생략)
쉬다+-어서/아서 → 쉬+어서 → 쉬어서('쉬'의 음성 모음 'ㅟ')
오다+-어도/아도 → 오+아도 → 와도('ㅗ'와 'ㅏ' 결합)

25 ②

출제 유형 **형용사 '크다'의 연결표현 활용**

'일교차'란 아침과 저녁 사이 기온(또는 습도, 기압 등)의 차이를 말한다. 일교차가 큰 날씨에는 감기를 조심해야 한다. 따라서 이유를 나타내는 '-(으)므로'와 결합한 '일교차가 크므로'가 적절하다.

오답 해설
① '크더니(크다+-더니)'는 일교차가 큰 것에 이어서 일어날 상황을 말할 때 쓸 수 있는 표현이다.
예 일교차가 크더니 감기에 걸렸어요.
③ '크다시피(크다+-다시피)'는 일교차가 큰 것에 가까운 상태일 때 쓸 수 있는 표현이다.
예 일교차가 크다시피 해서 그런지 아침저녁으로는 쌀쌀하다.
④ '큰 데다가(크다+-(으)ㄴ 데다가)'는 일교차가 큰 것과 비슷한 다른 상황이 더해질 때 쓸 수 있는 표현이다.
예 일교차가 큰 데다가 감기 기운도 있으니 건강에 유의하세요.

어휘 **'크다'와 '커지다'의 반대말**
형용사 '크다'의 반대말은 '작다'이다. 그런데 동사 '커지다'의 반대말은 '작아지다, 줄어들다' 등이 된다.
예 키가 크다 ↔ 키가 작다
작년보다 키가 커지다 ↔ 작년보다 키가 작아지다

26 ①

출제 유형 **동사 '오다'의 종결표현 활용**

이곳에 자주 왔냐는 질문에 '네'라고 하면서 예전에는 주말마다 왔었다고 대답하고 있다. 따라서 과거에 같은 상황이 반복됨을 표현할 수 있는 '같이 오곤 했어요'가 적절하다.

오답 해설
② '오자고 하려고요(오다+-자고 하다+려고+요)'는 오는 것을 제안할 계획이 있을 때 쓸 수 있다.
예 이곳이 좋아서 가족들한테 오자고 하려고요.
③ '오려던 참이에요(오다+-(으)려던 참이다+에요)'는 막 오려고 하는 생각이 있을 때 쓸 수 있다.
예 이곳이 좋아서 가족들과 오려던 참이에요.
④ '오는지 몰랐어요(오다+-ㄴ지 모르다+았+어요)'는 오는 것을 몰랐을 때 쓸 수 있다.
예 이곳을 가족과 오는지 몰랐어요.

문법 **'-곤 하다'**
과거에 자주 또는 가끔 했던 행동 등이 반복되었음을 나타낼 때 쓴다. 또한, 현재 시점까지 이어지는 평소에 자주 하는 행동을 말할 때도 쓸 수 있다.
예 예전에 이 공원에 함께 놀러 오곤 했었지. → 과거 상황 반복
저는 그 식당에 가끔 가곤 하죠. → 현재까지 이어지는 평소의 행동

27 ①
출제 유형 문맥에 맞는 연결표현

'국적을 취득했지만' 다음에는 그와 상반되는 내용이 와야 한다. 문장이 자연스럽게 호응하려면 국적을 취득하는 것이 영주권을 신청하기 위한 전제조건이 되어야 한다. 따라서 목적을 나타낼 수 있는 '국적을 취득하기 위해서', 또는 '국적을 취득하려고' 등이 적절하다.

28 ④
출제 유형 문맥에 맞는 종결표현

'이미 말씀드렸다시피'에서 과거 시제임을 확인할 수 있으므로 '1인 가구가 지속적으로 증가하다'는 표현에도 과거 시제가 적용되어야 한다. 따라서 미래를 추측하는 표현인 '나타날까요' 대신에 '나타났습니다' 등의 과거의 사실을 나타내는 표현으로 쓰는 것이 적절하다.

> **문법** '-다시피'
> 알고 있는 상황을 강조해서 설명하는 표현이다. 주로 '보다', '알다', '듣다', '말하다'와 결합해서 쓴다. 현재에도 진행되는 사실에는 현재형을 쓰고 이미 진행된 사실이라면 과거형을 쓴다. 이때, '-는 것처럼', '-는 바와 같이'와 비슷한 의미로 쓸 수 있다.
> 예 너도 알다시피 내가 요즘 많이 바빠.
> 이미 말씀드렸다시피 그 사실은 변하지 않을 겁니다.
> 예 너도 아는 것처럼 / 네가 아는 바와 같이
> 또한, '거의 그 동작에 가깝다'는 의미로도 쓰인다.
> 예 얼마나 급한지 뛰다시피 하면서 나갔어. / 거의 날다시피 뛰어가던데?

한국어 활용 + 읽기

29 ①
출제 유형 문맥에 맞는 연결표현

토론을 할 때에는 참여한 사람들이 서로 의견을 말하고 듣는 과정이 필요하다. 이렇게 서로 의견을 주고받는 것을 '의견을 나누다'라고 한다. 따라서 '나누는'이 적절하다.

> **오답 해설**
> ② '따르다'는 '의견 등을 그대로 실행하다'는 뜻이다.
>   예 결정을 따르겠습니다.
> ③ '수용하다'는 '어떤 것을 받아들이다'는 뜻이다.
>   예 그들의 제안을 수용하기로 했다.
> ④ '반박하다'는 '의견, 주장, 논설 등에 반대하여 말하다'는 뜻이다.
>   예 발언자의 주장을 반박하다.

30 ②
출제 유형 문맥에 맞는 종결표현

도서관으로 자원봉사를 가서 일어나는 상황에 대해 말하고 있다. 아이들은 선생님이 들려주는 동화에 귀를 기울이며 이야기에 집중했다고 하였다. 따라서 선생님이 한 행동을 나타내는 표현에 과거 시제를 포함한 '읽어주셨습니다'가 적절하다.

> **오답 해설**
> ① '빌리다'는 '물건이나 돈 등을 돌려받기로 하고 얼마 동안 쓰다'는 뜻이다.
>   예 친구한테 책을 한 권 빌렸다.
> ③ '모으다'는 '한데 합치다'는 뜻이다.
>   예 돈을 모아서 저금통에 넣다.
> ④ '반납하다'는 '도로 돌려주다'는 뜻이다.
>   예 도서관에서 빌린 책은 반드시 반납해야 한다.

31 ①
출제 유형 문맥에 맞는 응용 표현

앞의 문장에서 '하늘을 올려다보았다'는 상황과 직접적으로 연결되어 문맥상 자연스럽다. 바라보는 행위를 통해 '마음이 한결 편안해졌다'는 결과가 이어지는 점도 적절하다.

> **오답 해설**
> ② '천천히 걸어가보니'는 산책과는 어울리는 표현이지만 '돗자리에 누워서 하늘을 올려다보았다'는 직전의 상황과는 자연스럽게 연결되지 않는다.
> ③ '한참 기다려보니'는 어떤 것을 기다릴 때 쓸 수 있는 표현으로, 글에서 제시된 상황과는 거리가 멀다.
> ④ '차분히 생각해보니'는 하늘을 바라보며 할 수 있는 행동이기는 하지만 빈칸 앞의 '하늘을'과 호응이 맞지 않다.

32 ②
출제 유형 문맥에 맞는 응용 표현

빈칸 앞에서 '외국인 등록증, 여권, 재직증명서, 학생증' 등 계좌 개설에 필요한 구체적인 서류를 언급하였고, 정확하게 '제출'해야 한다고 하였다. 따라서 동사 '제출하다'와 의미가 자연스럽게 연결되는 표현으로는 '계좌 개설을 위한 서류를'이 적절하다.

> **오답 해설**
> ① '급여 관리를 위한 방법'은 은행에서 받을 수 있는 상담 내용으로는 가능하지만 제출하는 대상이 될 수는 없다.
> ③④ '은행 거래를 위한 규정'과 '해외 송금을 위한 절차'는 고객이 알아야 할 정보는 맞지만 제출하는 대상이 될 수는 없다.

읽고 이해하기

33 ①
출제유형 문맥에 맞는 지시어와 명사

진료를 받고 나와서 약국에서 처방받은 약을 받았고, 집에 와서 그것을 먹었다고 했다. 따라서 '먹다'의 행동과 연결할 수 있는 '약'이 적절하다.

오답 해설
② '증상'은 어디가 아픈지 몸에 나타나는 현상을 나타내며 동사 '먹다'와 호응이 맞지 않다.
③ '진료비'는 진료를 받고 내는 돈을 의미한다.
④ '처방전'은 의사의 처방이 적힌 서류로, 약의 목록이 나와 있어서 약국에서 처방전을 제출하면 약을 받을 수 있다.

34 ④
출제유형 맞는 내용 고르기

어제 머리가 너무 아파서 병원에 가서 진료를 받았다고 하였다.

오답 해설
① 의사 선생님이 진료를 본 후에 약을 처방해 주었다고 하였다.
② 병원에서 주사를 맞은 것은 제시되지 않았다.
③ 병원에서 처방전을 받은 후 약국에 가서 약을 받았다고 하였다.

문맥 이해하기
글의 내용과 같은 것을 찾는 문제는 선지의 내용을 하나씩 본문에 넣어보면서 맞는 것과 틀리는 것을 확인해야 한다. 특히 글을 읽을 때 공간의 거리를 나타내는 표현, 시간을 나타내는 표현, 행동을 나타내는 표현 등에 주의하여 읽어야 한다.

35 ③
출제유형 맞는 내용 고르기

한국에 와서 눈을 실제로 처음 보고 감동을 받았다고 하였다.

오답 해설
① 계절마다 즐길 수 있는 음식이 다르다고 하였다.
② 한국에서 눈을 실제로 처음 보았다고 하였다.
④ 한국의 날씨에 따라 생활하는 것이 익숙하다고 하였다.

문맥 이해하기
① 계절마다 똑같은 음식을 먹습니다.
→ 글에서 "각 계절마다 즐길 수 있는 음식도 달라서 한국 생활의 재미가 됩니다."라고 하였으므로 일치하지 않는다.

② 한국에는 눈이 오지 않아서 아쉽습니다.
→ 글에서 "겨울은 춥지만 눈이 와서 경치가 아름답습니다."라고 하였으므로 일치하지 않는다.
③ 저는 눈을 처음 보고 감동을 받았습니다.
→ 글에서 "한국에 와서 눈을 실제로 처음 보고 감동을 받았습니다."라고 하였으므로 일치한다.
④ 저는 계절이 바뀌는 것을 불편하게 생각합니다.
→ 글에서 "이제는 한국에서 날씨에 따라 생활하는 것이 익숙해졌습니다."라고 하였으므로 일치하지 않는다.

문화 이해하기
한국에서는 무더운 여름을 잘 보내기 위해서 건강에 좋은 음식을 먹는 풍습이 있다. 여름 계절 중에 가장 더운 날을 뜻하는 초복과 중복, 말복 때에는 더위에 지친 몸을 위해서 삼계탕과 같은 보양식을 즐겨 먹는다.

36 ①
출제유형 맞는 내용 고르기

한국의 카페는 매우 다양하고 카페마다 인테리어가 독특하며 분위기도 다르다고 하였다.

오답 해설
② 요즘에는 주말에 친구들과 카페에서 만나서 시간을 보낸다고 하였다.
③ 디저트를 먹을 수 없어서 카페를 가지 않는다는 내용은 제시되지 않았다.
④ 단순히 커피를 마시는 공간이 아닌 하나의 문화 공간처럼 느낀다고 하였다.

문맥 이해하기
① 한국의 카페는 인테리어와 분위기가 다양합니다.
→ 글에서 "카페마다 인테리어가 독특하고 분위기도 달랐습니다."라고 하였으므로 일치한다.
② 나는 주로 혼자 카페에 가서 공부하는 것을 즐깁니다.
→ 글에서 "주말에 친구들과 카페에서 만나 시간을 보내는 일이 자연스러운 일상"이라고 하였으므로 일치하지 않는다.
③ 카페에서 디저트는 먹을 수 없어서 자주 가지 않습니다.
→ 글에 제시되지 않았다.
④ 나는 한국의 카페를 단순히 커피만 마시는 곳으로 생각합니다.
→ 글에서 "카페는 단순히 커피를 마시는 공간이 아니라 하나의 '문화 공간'처럼 느껴집니다."라고 하였으므로 일치하지 않는다.

37 ④

출제유형 중심 내용 고르기

분리수거는 환경을 보호하는 중요한 행동이며, 환경을 위하여 꾸준히 실천한다고 하였으므로 글의 중심 내용으로는 '분리수거를 실천하는 것은 중요하며 환경을 보호하는 행동이다.'가 적절하다.

오답 해설

①②③ 글에 제시되어 있는 내용이지만 글의 중심 내용이 아닌 세부 사항에 해당한다.

문화 이해하기

한국에서 일반 쓰레기는 종량제 봉투에 넣어 버려야 한다. 종량제 봉투는 가까운 마트나 편의점에서 구입할 수 있으며 다양한 크기로 판매된다. 일반 쓰레기와 마찬가지로 음식물 쓰레기도 전용 봉투에 넣어 버려야 한다.

38 ①

출제유형 제목 찾기

친구와 찜질방에 가서 처음 해 본 여러 가지 경험을 나열한 글이다. 따라서 글의 제목으로는 '찜질방에서 보낸 하루'가 적절하다.

오답 해설

② 찜질방과 대중목욕탕을 비교하는 내용은 제시되지 않았으므로 글의 제목으로 적절하지 않다.

③④ 글의 중심내용에 해당하지 않는 내용이므로 글의 제목으로 적절하지 않다.

글의 제목 파악하기

글에서는 중심 문장이 제시되지 않고 찜질방에서의 여러 가지 활동을 나열하고 있다. 이와 같이 중심 문장을 고를 수 없고, 중심 내용만 확인할 수 있는 경우에는 중심 내용을 모두 포함할 수 있는 글의 제목을 찾아야 한다.

중심 문장 ❶ 찜질방에서 여러 종류의 방들을 체험하다.
❷ 맥반석 달걀과 식혜 등 찜질방에서 판매하는 음식을 먹다.
❸ 저녁까지 찜질방에 있다.
→ 글의 제목: 찜질방에서 보낸 하루

한국 사회 문화

대중목욕탕은 몸을 씻고 바로 나오는 곳이지만 찜질방은 대중목욕탕과 달리 오랜 시간 머무르면서 목욕과 휴식을 즐기는 곳이다. 찜질방에서는 식사도 가능해서 여행지에서는 숙박의 개념으로 머무르는 경우도 있다.

한국 문화

39 ④

출제유형 법과 제도

한국에서는 쓰레기를 버릴 때 일반 쓰레기, 재활용 쓰레기, 음식물 쓰레기 등으로 잘 분리해서 배출해야 한다. 쓰레기 버리기는 범죄가 아니라 의무이다.

한국 사회 문화

한국의 경범죄로는 침 뱉기, 낙서하기, 음주 후 소란 피우기, 물건 던지기, 표 되팔기, 아무 데나 쓰레기 버리기 등이 있다. 경범죄를 저지른 경우, 3만 원에서 16만 원까지 벌금이 부과될 수 있다.

40 ③

출제유형 전통

'춘분'은 1년을 24로 나눈 절기 중 네 번째로 낮과 밤의 길이가 같아지는 시기로 명절이 아닌 절기에 해당한다.

오답 해설

① '단오'는 창포물에 머리를 감고 그네뛰기와 씨름을 즐기는 대표적인 여름 명절이다.

② '설날'은 음력 정월 초하루에 세배와 차례를 지내는 한국의 가장 큰 명절이다.

④ '동지'는 밤이 가장 길고 팥죽을 먹으며 나쁜 기운을 쫓는 대표적인 겨울 명절이다.

한국 전통 문화

명절은 오랜 전통에 따라 해마다 일정하게 지켜 즐기는 날이다. 계절마다 좋은 날을 골라 여러 가지 행사를 치렀는데 이것이 명절이 되었다. 한국의 명절로는 정월(1월)의 설(날), 대보름, 2월 한식, 4월 초파일, 5월 단오, 6월 유두, 7월 백중, 8월 추석, 11월 동지 등이 있으며 모두 음력으로 날짜를 따진다.

41 ②

출제유형 전통

사물놀이는 꽹과리, 징, 장구, 북을 가지고 연주하는 현대 국악으로 1978년부터 시작되었다. 따라서 추석에 하는 전통 놀이가 아닌 전통 음악 기반의 공연 예술이라고 할 수 있다.

한국 전통 문화

추석에는 강강술래, 연날리기, 줄다리기, 제기차기와 같은 전통 놀이를 즐긴다. 이 중 여러 사람이 손을 잡고 원을 만들어 돌면서 춤을 추고 노래를 부르는 강강술래는 2009년에 유네스코 세계 무형 유산으로 지정되었다.

42 ③
출제 유형: 법과 제도

'개천절'은 '하늘이 열린 날'이라는 뜻으로, 단군이 고조선을 세운 것을 기념하는 날이다. 우리 민족이 처음 국가를 세운 역사적 의미를 담아 국경일로 제정되었다.

오답 해설
① '한글날'은 10월 9일로 세종대왕이 훈민정음을 반포한 것을 기념하는 날이다.
② '삼일절'은 3월 1일로 1919년 일제 강점기에 일어난 3·1 독립운동을 기념하는 날이다.
④ '광복절'은 8월 15일로 1945년 일제 강점기에서 벗어나 나라의 광복을 맞이한 것을 기념하는 날이다.

43 ③
출제 유형: 사회문화

한국 나이 70세 생일은 '칠순(七旬)', '고희(古稀)' 또는 '희수(稀壽)'라고 한다. 이때 하는 축하 잔치를 '칠순 잔치'라고 부른다.

오답 해설
① '첫돌'은 아이가 태어난 지 일 년이 된 것을 축하하는 날이다.
② '회갑(回甲)' 또는 '환갑(還甲)'은 육십갑자가 다시 돌아온다는 의미로, 나이 61세가 된 것을 축하하는 날이다.
④ '팔순(八旬)'은 80세가 된 것을 축하하는 날이다.

44 ④
출제 유형: 역사

경복궁은 유네스코 세계 문화유산에 지정되지 않았다.

오답 해설
① '창덕궁'은 조선 시대 왕들이 생활하던 곳으로 1997년에 유네스코 세계유산으로 지정되었다.
② '불국사'는 신라 시대에 지어진 불교 유적지로 1995년에 유네스코 세계유산으로 지정되었다.
③ '수원 화성'은 조선 정조 시대 현재 경기도 수원시에 쌓은 성으로 1997년에 유네스코 세계유산으로 지정되었다.

45 ④
출제 유형: 정치와 경제

대한민국 헌법 제70조에 따른 대통령의 임기는 5년이며 중임할 수 없는 단임제이다.

46 ②
출제 유형: 사회문화

'처형'은 남편이 아내의 언니를 부르는 호칭이다. 아내의 오빠는 '처남'이라고 부른다.

한국 전통 문화
한국에는 다양한 호칭이 있다. 먼저 남편은 아내의 언니를 처형이라고 부르고 여동생을 처제라고 부른다. 그리고 아내의 남자 형제를 처남이라고 부른다. 반면에 아내는 남편의 형을 아주버님이라고 부르고 결혼 안 한 남동생은 도련님이라고 한다. 그리고 남편의 누나는 형님, 여동생은 아가씨라고 한다.

47 ④
출제 유형: 한국문화 읽고 이해하기

한복은 한국의 전통 의복으로, 색과 모양이 다양하고 넉넉한 품과 자연스러운 선이 특징이라고 하였다.

오답 해설
① 과거에는 한복을 일상복으로 입었지만 지금은 명절이나 특별한 날에 입는다고 하였다.
② 저고리와 치마로 구성된 것은 여자 한복이다.
③ 예전에는 신분, 나이에 따라 한복의 색깔을 구별하였지만 지금은 자유롭게 고를 수 있다고 하였다.

한국 전통 문화
요즘 사람들의 생활에 맞게 활동적으로 만든 한복을 생활한복이라고 한다. 생활한복은 소매나 치마통이 좁아 활동성을 강조하고 화려하지 않고 단순한 색으로 만들어져서 출근 복장으로도 인기가 많다.

48 ④
출제 유형: 한국문화 읽고 이해하기

최근 한국에서 1인 가구가 빠르게 증가하고 있다고 하였다. 이에 따라 주거 형태가 다양해지고 배달 서비스와 밀키트(Meal kit) 시장 등 음식 문화도 바뀌고 있으며, 가구와 가전제품도 1인 가구에 맞춰 출시된다고 하였다. 따라서 글의 주제로는 '한국의 1인 가구 증가와 생활의 변화'가 적절하다.

오답 해설
① 1인 가구 증가에 대한 원인으로 고령층이 제시되었지만 글의 주제로 보기는 어렵다.
② 1인분 음식과 관련하여 편의점이 언급되었지만 글의 주제로 보기는 어렵다.
③ 1인 사용에 맞춤화된 가전제품에 대한 내용이 제시되었지만 글의 주제로 보기는 어렵다.

한국 사회 문화

통계청의 조사에 따른 2023년 기준 한국의 1인 가구 비율은 전체 가구의 35.5%이다. 앞으로도 1인 가구는 계속 증가할 것으로 보인다.

한국어 활용(주관식)

49 노력해야 / 앞장서야

출제 유형 문맥에 맞는 종결표현 활용

지구온난화는 환경 문제가 된다. 기후 환경의 보호를 위해서는 모든 사람이 노력해야 할 필요가 있다. 이때 '노력해야 하겠다' 또는 '앞장서야 하겠다'와 같은 표현을 쓴다.

어휘 '앞장서다'

어휘 자체의 뜻이 '맨앞에 서다'이지만, 주로 어떤 일에 가장 적극적으로 참여하거나 활동함을 나타낼 때 쓴다.
예 제가 앞장서서 그 일을 추진하겠습니다.

50 맛있더라고요 / 맛있었어요 / 맛있어요

출제 유형 문맥에 맞는 종결표현 활용

'나'는 그 식당에 가 봤다. 분위기도 좋고 음식도 맛있다는 이야기를 할 때 '-더라고요'와 쓸 수 있다. 또한 과거형과 현재형 모두 쓸 수 있다. 이는 자신의 과거 경험을 전달하면서 동시에 지금도 맛있다는 점을 강조해서 이야기할 수 있기 때문이다.

문법 '-더라고요'

생각이나 판단을 강조해서 말할 때 쓴다. 화자(1인칭)와 제3자(3인칭) 모두에게 쓸 수 있다. 대화 상대인 2인칭에는 쓸 수 없으므로 주의해야 한다.
예 저는 그 케이크가 맛있어요.=저는 그 케이크가 맛있더라고요. (강조)
그 사람이 범인이었어요=그 사람이 범인이더라고요. (강조)

구술시험 [01~05]

01

참고 발음과 띄어쓰기에 유의하여 정확하고 큰 목소리로 읽으세요.

02

모범답안

[1] 반려동물을 위한 병원과 미용실이 있습니다. 그리고 여행을 함께 가지 못할 때에 반려동물을 맡길 수 있는 호텔도 있습니다.
[2] 반려동물을 위한 간식과 장난감을 파는 반려동물 전용 가게도 있습니다.

03

모범답안

[1] 고향도 한국처럼 반려동물과 함께 사는 문화가 있습니다. 특히 반려동물과 산책을 하거나 미용을 시키는 것은 똑같습니다.
[2] 고향에서는 반려동물을 주로 집 밖에서 키웁니다. 그래서 미용을 하거나 호텔을 이용하지는 않습니다. 하지만 반려동물을 사랑하는 마음은 똑같습니다.

04

모범답안

[1] 사교육은 학교에서 받기 어려운 교육을 개인적으로 받는 것을 말합니다. 따라서 개인별로 부족한 부분을 집중해서 배울 수 있다는 장점이 있습니다.
[2] 사교육은 공교육에서 하지 못하는 교육을 할 수 있다는 장점이 있지만 교육비가 비싸서 교육 불평등을 가져올 수 있습니다.

05

모범답안

[1] 한국에서 근로자를 보호하는 법은 근로기준법, 최저임금법, 산업안전보건법, 그리고 노동조합법 등이 있습니다. 이 법들은 근로자의 권익 보호, 안전, 그리고 노동 환경 개선을 목적으로 합니다.
[2] 근로기준법은 근로조건의 최저 기준을 정하여 근로자의 기본적인 생활을 보장하는 법입니다. 사용자와 근로자의 균형을 맞추는 것을 목표로 합니다. 근로계약, 임금, 근로시간, 휴일, 퇴직금, 해고 등 근로관계에 적용됩니다.

제7회 최최종 모의고사

본책 p.132

01	③	02	②	03	②	04	④	05	①
06	②	07	①	08	①	09	④	10	②
11	②	12	④	13	①	14	④	15	③
16	④	17	①	18	①	19	③	20	②
21	③	22	①	23	②	24	④	25	②
26	①	27	②	28	②	29	①	30	④
31	③	32	②	33	②	34	③	35	④
36	④	37	④	38	④	39	①	40	④
41	④	42	③	43	③	44	④	45	④
46	③	47	④	48	④				

49 알게/이해하게

50 받으면 좋겠어요/받고 싶어요

구술 01~05   모범답안   참고

한국어 기초

01 ③

출제 유형 그림에 맞는 명사

식사를 하고 있는 그림이다. 한국에서는 아침, 점심, 저녁 식사하는 행동을 '밥을 먹다'처럼 표현하기도 한다. 따라서 '밥을 먹고 있어요'가 적절하다.

어휘 대상이나 행동을 대표하는 표현
'아침 식사를 하다'는 문장을 짧게 '아침을 먹다'라고도 표현한다. 이처럼 대상이나 행동을 구체적으로 전부 설명하지 않고 부분으로도 그 사실을 나타낼 수 있다. 점심 밥으로 햄버거를 먹었을 때에도 '나 밥 먹었어'라고 할 수 있다. 햄버거가 밥은 아니지만 점심에 먹은 것을 대표해서 '밥'으로 표현하는 것이다.

02 ②

출제 유형 상황에 맞는 조사

자신과 자신의 둘째 형이 모두 운동을 좋아한다고 말하고 있다. 부사 '도'는 하나의 행동이 동일하게 다른 대상에도 적용될 때 쓸 수 있다. 따라서 '둘째 형도 운동을 좋아해요'가 적절하다.

오답 해설

① '만'은 다른 것으로부터 제한하여 어느 것을 한정할 때 쓰는 표현이다.

예 저는 고기 반찬만 있으면 됩니다.

③ '(이)나'는 여러 가지 중에 모두를 포함하거나 또는 하나만이 선택될 때 쓰며 명사와 결합한다.

예 아침에 빵이나 과일을 먹어요.

④ '하고'는 동일한 대상을 이어서 함께 나타낼 때 쓰는 '와/과'의 구어체 표현이다.

예 빵하고 커피를 주세요.

어휘 '우리'
한국 사람들은 자신의 가족이나 소유를 말할 때 '저의/제/내'보다 우리를 더 많이 쓴다.

예 제/내 집 < 우리 집
    제/내 형 < 우리 형
    제/내 엄마 < 우리 엄마

한국어 활용 기본

03 ②

출제 유형 형용사의 반대 의미

사람이 많냐는 질문에 '아니요'라고 대답하고 있다. 따라서 '수효나 분량 등이 일정한 기준 이상이다'는 뜻의 '많다'와 의미가 반대인 말은 '적다'가 적절하다.

오답 해설

① '사다'는 '값을 치르고 어떤 물건이나 권리를 자기 것으로 만들다'는 뜻이다. 의미가 반대인 말은 '팔다'이다.

예 문구점에서 학용품을 사다.

③ '쉽다'는 '하기가 까다롭거나 힘들지 않다', '가능성이 많다'는 뜻이다. 의미가 반대인 말은 '어렵다', '복잡하다' 등이 될 수 있다.

예 틀리기 쉬운 문제

④ '있다'는 '사람, 동물 등이 실제로 존재하는 상태이다'는 뜻이다. 의미가 반대인 말은 '없다'이다.

예 날지 못하는 새도 있다.

04 ④

출제 유형 동사의 반대 의미

자고 있었냐는 질문에 '아니요'라고 대답하고 있다. 따라서 '자다'와 의미가 반대인 말은 '일어나다'가 적절하다.

어휘 '자다'의 반대말
'자다'의 반대말은 '깨다'이다. 그런데 '지금 자고 있어요?'처럼 물어보았을 때 '아니요. 아까 깼어요.'보다 '아까 일어났어요.'가 더 많이 쓰인다. '깨다'는 잠에서 깬 상태를 말하고 '일어나다'는 잠자리에서 이미 일어난 상황을 말하기 때문이다.

05 ①

출제 유형 문맥에 맞는 명사

한국에 체류하기 위해서는 기간과 기준에 맞춰 서류를 제출해야 한다. 따라서 '필요한 서류를 준비하다'가 적절하다.

오답 해설

② '업무'는 회사나 직장에서 맡아서 하는 일을 말한다.
　예 회사에서 맡고 있는 업무가 뭐예요?
③ '신고'는 규정에 따라서 담당 기관에 사실을 전달 또는 보고하는 것을 말한다.
　예 습득물 신고를 어디에 해야 해요?
④ '평가'는 어떤 대상의 가치나 수준을 정하는 것을 말한다.
　예 수업이 종료되면 학생들이 강의 평가를 합니다.

06 ②

출제 유형 문맥에 맞는 부사

시간이 있으면 도와달라고 말하고 있다. 시간이 있는지 없는지 모르는 상황이므로 잘 모르는 상황에 사용하는 '혹시'가 적절하다.

오답 해설

① '아마'는 단정할 수는 없지만 짐작할 때 그럴 가능성이 큰 추측을 할 때 쓴다.
　예 아마 지금쯤 도착했을 거예요.
③ '미리'는 '어떤 일이 생기기 전에, 또는 어떤 일을 하기에 앞서'라는 뜻이다.
　예 저는 약속시간보다 미리 가서 기다리는 것을 좋아해요.
④ '거의'는 '어느 한도에 매우 가까운 정도'를 뜻한다.
　예 조금만 기다려 주세요. 거의 다 했어요.

어휘 '혹시'와 '아마'

모두 자신의 추측이나 바람을 강조해서 물어볼 때 쓰는 표현이다. 단순한 추측이 아닌 추측을 결과처럼 나타낼 때 '아마'를 쓰는 경우에는 '혹시'와 바꾸어 쓸 수 없다.
　예 혹시 내일 시간이 있으세요?
　→ 아마 내일 시간이 있으세요? (×) / 아마 내일은 시간이 될 거예요. (○)

07 ①

출제 유형 동사의 반대 의미

선물을 주었냐는 물음에 '네'라고 대답하고 있다. 따라서 '물건 등을 남에게 건네어 가지거나 누리게 하다'는 뜻의 '주다'와 의미가 반대인 말은 선물을 '받다'가 적절하다.

오답 해설

② '찾다'는 '현재 주변에 없는 것을 얻으려고 여기저기를 살피다'는 뜻이다. 의미가 반대인 말은 '감추다'이다.
　예 벌써 두 시간째 서점을 찾았다.
③ '준비하다'는 '미리 마련하여 갖추다'는 뜻이다. 의미가 반대인 말은 '-지 않다'를 활용한 '준비하지 않다' 등이 될 수 있다.
　예 행사를 준비하느라 분주하다.
④ '기대하다'는 '어떤 일이 원하는 대로 이루어지기를 바라면서 기다리다'는 뜻이다. 의미가 반대인 말은 '실망하다' 또는 '-지 않다'를 활용한 '기대하지 않다' 등이 될 수 있다.
　예 영화는 기대했던 것만큼 재미있었다.

어휘 '-하다' 동사의 반대말

한국어 어휘 중에는 반대말을 찾기 어려운 단어가 많다. 특히 '-하다' 형태의 단어는 반대말을 찾기가 쉽지 않다. 그럴 때에는 '안' 또는 '-지 않다', '못' 또는 '-지 못하다'를 붙여서 부정 표현으로 반대의 의미를 나타낼 수 있다.
　예 가: 준비했어요?
　　 나: 아니요. 아직 준비하지 못했어요.

08 ①

출제 유형 형용사의 반대 의미

한국 음식에 익숙해졌냐는 물음에 '네'라고 말하였지만 '그래도', '아직' 등 반대 의미를 포함한 대답을 하고 있다. 따라서 '어떤 대상을 자주 보거나 겪어서 처음 대하지 않는 느낌이 드는 상태가 되다'는 뜻의 '익숙해지다'와 의미가 반대인 말로 '낯설다'가 적절하다.

어휘 '익숙하다'와 '낯설다'

어떤 것을 처음 보았을 때는 '낯설다'고 할 수 있다. 그리고 낯선 것을 자주 보게 되면 익숙해진다. '익숙하다'는 자주 보게 되어 낯설지 않은 상태를 말한다. '익숙해지다'는 '익숙하다'에 피동형을 나타내는 '-어지다'가 붙은 형태이다.
　예 가: 처음 와서 그런지 이곳이 낯설어요.
　　 나: 걱정마세요. 차차 익숙해질 거예요.

09 ④

출제 유형 문맥에 맞는 명사

인터넷을 통해서 얻을 수 있는 것이 무엇인지 파악해야 한다. 인터넷은 흔히 '정보의 바다'라고도 불린다. 따라서 인터넷에서 얻을 수 있는 것으로 적절한 것은 '정보'이다.

오답 해설

① '분야'는 '범위나 부분'을 뜻한다.
　예 저희 회사는 이 분야의 선두 주자입니다.
② '의무'는 '사람으로서 마땅히 해야 할 일'을 뜻한다.
　예 대한민국 국민은 납세의 의무를 진다.

③ '가치'는 '사물이 가지고 있는 쓸모'를 뜻한다.
　예 상품의 가치가 떨어지다.

> **문법** '-(으)ㄹ 통해(서)'
> 무엇으로 인해서 다른 것이 이루어졌음을 말할 때 쓴다.
> • 어떤 길이나 공간 따위를 거쳐서 지나가다.
> 　예 비상구를 통해 빠져 나가다.
> • 어떤 사람이나 물체를 매개로 하거나 중개하게 하다.
> 　예 인터넷을 통해 정보를 얻는다.
> • 일정한 공간이나 기간에 걸치다.
> 　예 한국 생활을 통해 한국문화를 배웠다.
> • 어떤 과정이나 경험을 거치다.
> 　예 실습을 통해 이론을 익힌다.

10 ②

출제 유형 문맥에 맞는 동사

직장에 들어가기 위해서 경험을 쌓고 있다고 하였다. 아직 직장에 들어가지 않은 상태이면서 가고 싶은 직장을 나타낼 수 있는 표현으로는 '원하는 직장'이 적절하다.

오답 해설

① '옮기다'는 '어떤 곳에서 다른 곳으로 자리를 바꾸게 하다'는 뜻이다. '직장을 옮기다'는 다니던 직장에서 다른 직장으로 옮기는 것, 즉 '이직하다'를 의미한다.
　예 직장을 옮기는 것은 신중하게 결정해야 해요.
③ '결심하다'는 '할 일에 대하여 어떻게 하기로 마음을 굳게 정하다'는 뜻이다. '직장을 어떻게 하기로 결심하다'와 같이 중간에 결심한 행동이 무엇인지를 함께 써야 자연스러운 표현이 된다.
　예 직장을 옮기기로 결심했어요.
④ '다니다'는 '직장 등의 기관을 정기적으로 늘 갔다 오다'는 뜻이다. '직장을 다니다'는 현재 직장이 있어서 다니고 있는 것, 즉 '재직하다'를 의미한다.
　예 3년째 한 직장에 다니고 있어요.

> **문법** '-기 위해서'와 시제
> '-기 위해서'와 결합하는 동사는 목적을 나타내며, 뒤에 오는 동사는 앞의 목적을 이루기 위해 한 행위를 나타낸다.
>
> | | |
> |---|---|
> | -기 위해서(목적)
+-한다(현재) | 예 한국에 가기 위해서 열심히 한국어를 공부한다.
→ 아직 한국에 가지 않은 상태이며, 한국에 가기 위해서 현재 열심히 한국어를 공부하고 있음 |
> | -기 위해서(목적)
+-했다(과거) | 예 한국에 가기 위해서 열심히 한국어를 공부했다.
→ 과거에 한국어를 공부한 결과로 현재 한국에 있는 상태임 |

11 ②

출제 유형 문맥에 맞는 동사

폭설이 내린 것이 원인이 되고 그에 따라 교통이 어떻게 되었는지 결과가 제시되어야 한다. 따라서 폭설로 인해 교통에 줄 수 있는 결과로는 '마비되다'가 적절하다. '교통이 마비되다'는 차량이 원활하게 다니지 못하는 현상을 말한다.

오답 해설

① '빨라지다(빠르다+-어지다)'는 '도착을 하는 데 걸리는 시간이 짧아지다'는 뜻이다.
　예 조급함에 발걸음이 빨라졌다.
③ '원활해지다(원활하다+-어지다)'는 '거침이 없이 잘 나가는 상태가 되다'는 뜻이다.
　예 출근시간이 지나서 그런지 교통의 흐름이 원활해졌다.
④ '회복되다(회복하다+-되다)'는 '원래의 상태로 돌아가거나 원래의 상태가 되찾아지다'는 뜻이다.
　예 건강이 회복되기가 어렵다.

> **문법** '-어지다'
> 대부분의 형용사와 결합하여 피동을 나타내는 동사가 된다.
> 예 예쁘다+-어지다=예뻐지다
> 　건강하다+-어지다=건강해지다
> 　치열하다+-어지다=치열해지다
> 피동형 동사에 연결표현 또는 종결표현을 결합하여 다양한 의미를 나타낼 수 있다.
> 예 예뻐지다+-(으)면 → 예뻐지면
> 　건강해지다+-(으)ㄹ 수밖에 없다 → 건강해질 수밖에 없다

12 ④

출제 유형 문맥에 맞는 명사

공공장소에서 시끄러운 소리를 내는 것은 공공질서를 지키지 않는 행위이다. 따라서 질서를 지키지 않는 행위로 주변 사람들에게 줄 수 있는 것으로는 '피해'가 적절하다.

오답 해설

① '가해'는 '다른 사람의 생명, 신체, 재산, 명예 등에 해를 끼침'을 뜻한다. 즉, 공공장소에서 시끄러운 소리를 내는 행위가 '가해'가 되며, 그 반대말이 '피해'이다.
　예 타인에게 가해를 줄 수 있는 행동을 주의해야 한다.
② '질서'는 '혼란 없이 순조롭게 이루어지게 하는 사물의 순서나 차례'를 뜻한다.
　예 질서가 무너지다.
③ '처벌'은 '죄를 지은 사람에게 벌을 내림'을 뜻한다.
　예 무임 승차는 처벌의 대상이 된다.

13 ①

출제유형 동사의 비슷한 의미

고장 난 선풍기를 고칠 거냐는 질문에 '네'라고 대답하면서 고칠 수 있는지를 다시 묻고 있다. 따라서 '고장이 나거나 못 쓰게 된 물건을 손질하여 제대로 되게 하다'는 뜻의 '고치다'와 의미가 비슷한 말로는 '수리하다', '수선하다' 등이 있으므로 '수리할 수 있었으면 좋겠는데'라는 표현이 적절하다.

오답 해설

② '작동하다'는 '기계 등이 작용을 받아 움직이다'는 뜻이다. 의미가 비슷한 말은 '켜지다', '움직이다', '돌아가다' 등이 있다.
예 화재 감지기가 작동하다.
③ '점검하다'는 '낱낱이 검사하다'는 뜻이다. 의미가 비슷한 말은 '검토하다', '확인하다', '조사하다' 등이 될 수 있다.
예 장비를 점검하다.
④ '해결하다'는 '제기된 문제를 해명하거나 얽힌 일을 잘 처리하다'는 뜻이다. 의미가 비슷한 말은 '처리하다', '마무리하다' 등이 있다.
예 문제를 처리하다.

어휘 유의어와 유의 관계

한 어휘가 다른 어휘와 유사한 뜻을 가질 때 '유의어' 또는 '비슷한 말'이라고 하며, 두 어휘를 '유의 관계'라고 한다. 문장에서의 문맥에 따라 각각 다른 유의어와 연결할 수 있다.
예 불이 켜지다(≒ 밝아지다) → 빛, 불 등에 불이 일어나다
  컴퓨터가 켜지다(≒ 작동되다) → 전기 제품 등이 작동하게 되다

14 ④

출제유형 동사의 비슷한 의미

'보다'는 '눈으로 대상을 즐기거나 감상하다'는 뜻으로도 쓰이며, 연극이나 영화, 전시 등을 관람하는 것도 '보다'라고 한다. 따라서 '보다'와 비슷한 의미를 가진 말로는 '관람하다'가 적절하다.

오답 해설

① '듣다'는 귀로 소리를 알아차리는 것이다.
② '살피다'는 '두루두루 주의하여 자세히 보다'는 뜻으로 시각을 나타내는 동사이지만 '연극을 보다'의 의미로 쓰기에 어색한 표현이다.
③ '시청하다'는 '눈으로 보고 귀로 듣다'는 뜻으로 시각과 청각을 함께 나타내는 동사이지만 주로 방송 등의 영상을 볼 때 쓰는 표현이다.

한국어 활용 응용

15 ③

출제유형 동사 '먹다'의 종결표현 활용

점심 메뉴로 무엇을 먹을지를 묻는 질문에 김밥을 먹겠다고 메뉴를 고르는 대답을 하고 있다. 따라서 무엇을 하기를 바라는 의미를 담은 '먹고 싶어요'가 적절하다.

오답 해설

① '먹어 주세요(먹다+-어 주다+세요)'는 먹기를 제안하거나 요청할 때 쓸 수 있다.
예 샐러드를 먼저 먹어 주세요.
② '먹지 마세요(먹다+-지 말다+세요)'는 먹기를 금지하거나 허용하지 않을 때 쓸 수 있다.
예 찬 물은 먹지 마세요.
④ '먹으러 가요(먹다+-으러 가다+요)'는 먹으러 가자고 제안할 때 쓸 수 있는 표현이다. 질문에서 무엇을 먹을지 먼저 제안을 받은 상태에서 대답하는 사람이 '저는'이라고 먹고 싶은 메뉴를 말하는 상황에서는 '먹으러 가요'와 호응이 맞지 않다.
예 우리 같이 김밥을 먹으러 가요.

문법 제안과 소망의 표현

'무엇을 할까요?'라는 질문은 함께 무엇을 하자는 제안의 의미를 포함한다. 이 질문의 대답으로는 함께 무엇을 하자는 제안을 하거나 자신이 무엇을 하고 싶은지 바람을 나타낼 수 있다.

제안	소망
가: 어디로 갈까요?	가: 어디로 갈까요?
나: 남산에 갑시다.	나: 남산에 가고 싶어요.

16 ④

출제유형 형용사 '크다'의 연결표현 활용

언니는 키가 크며, 동생도 키가 크냐는 물음에 '아니요'로 대답하고 있다. 언니와 동생의 키를 비교하면서 '동생은 작다'고 하고 있으므로 앞뒤가 서로 반대 의미를 나타내도록 '언니는 키가 크지만'이 적절하다.

오답 해설

① '커서(크다+-어서)'는 큰 것이 이유나 원인이 될 때 쓸 수 있다.
예 키가 커서 바지가 짧아졌어요.
② '크면(크다+-(으)면)'은 키가 큰 것을 가정할 때 쓸 수 있다.
예 키가 크면 좋겠어요.
③ '크니까(크다+-니까)'는 키가 큰 것이 원인이나 근거가 될 때 쓸 수 있다.

예 키가 크니까 높은 곳에 손이 잘 닿네요.

17 ①

출제 유형 형용사 '아프다'의 연결표현 활용

머리가 아플 때 어떤 약이 좋냐는 환자의 질문에 의사가 약을 권하고 있다. 머리가 아픈 경우에 먹는 약을 권하는 상황에서는 '머리가 아플 때는'의 표현이 적절하다.

오답 해설

② '아프고 나면(아프다+-고 나면)'은 아픈 이후의 상황에 쓸 수 있다.
예 이렇게 아프고 나면 한동안 기운이 없어요.

③ '아픈 와중에(아프다+-는 와중에)'는 아픈 상황이 진행 중이며 다른 일이 함께 일어날 때 쓸 수 있다.
예 아픈 와중에 출근까지 하느라 고생했어요.

④ '아플 텐데(아프다+-(으)ㄹ 텐데)'는 다른 사람이 아플 것이라고 추측할 때 쓸 수 있다.
예 독감으로 많이 아플 텐데 오늘은 집에서 쉬세요.

18 ①

출제 유형 동사 '입다'의 연결표현 활용

옷을 입어 볼 수 있냐는 손님의 질문에 직원이 '그럼요'라고 대답하면서 손님의 사이즈를 묻고 있다. 따라서 가능한지를 확인할 수 있는 '-어 보다'와 허락의 의미를 포함한 '-도 되다'를 활용한 '입어 봐도 돼요?'가 적절하다.

오답 해설

② '입지 않아도(입다+-지 않다+-(어)도)'는 부정의 의미를 나타낼 때 쓴다.
예 밖이 따뜻하니 겉옷은 입지 않아도 돼요.

③ '입을 줄 알아도(입다+-(으)ㄹ 줄 알다+-(어)도)'는 알고 있는 것을 말할 때 쓴다.
예 춥다고 하길래 따뜻하게 입을 줄 알았어요.

④ '입은 적이 있어도(입다+-ㄴ 적이 있다+-(어)도)'는 경험이 있음을 나타낼 때 쓴다.
예 지난 번에도 이 코트를 입은 적이 있어요.

19 ③

출제 유형 동사 '출석하다'의 종결표현 활용

내일도 수업에 늦으면 안 된다는 말에 죄송하다고 대답하고 있으므로 내일은 늦지 않겠다는 의미를 가진 대답을 해야 한다. 따라서 '일찍'과 호응하면서 자신의 의지를 나타내는 표현인 '-겠습니다'와 결합한 '꼭 일찍 출석하겠습니다'가 적절하다.

오답 해설

① '출석했습니다(출석하다+었+습니다)'는 과거에 출석했음을 말할 때 쓸 수 있다. '내일'과 시제 호응이 맞지 않다.
예 어제는 제시간에 출석했습니다.

② '출석해 보세요(출석하다+-해 보다+세요)'는 출석하기를 권하거나 요청할 때 쓸 수 있다.
예 더 이상 늦지 말고 이제는 정각까지는 출석해 보세요.

④ '출석해도 됩니다(출석하다+-도 되다+ㅂ니다)'는 출석하는 것을 허락할 때 쓸 수 있다.
예 정각까지는 출석해도 됩니다.

20 ②

출제 유형 동사 '마치다'의 종결표현 활용

오늘 만날 수 있냐는 질문에 미안하다고 거절하며 주말에 만나자고 대답하고 있다. '일을 끝내는 것'을 만나지 못하는 이유로 들었으므로 어떤 행동을 반드시 할 수밖에 없다는 의미를 담은 표현인 '-어야 하다', '-어야 되다' 등을 활용하는 것이 좋다. 따라서 '오늘까지 이 일을 다 마쳐야 해요'가 적절하다.

오답 해설

① '마쳐도 돼요(마치다+-어도 되다+어요)'는 마치는 것이 반드시 해야 하는 상황이 아니므로 허용된다는 의미일 때 쓸 수 있다.
예 이 일은 제가 마쳐도 돼요(≒ 마쳐도 괜찮아요).

③ '마칠 수 있어요(마치다+-(으)ㄹ 수 있다+어요)'는 마치는 것이 가능할 때 쓸 수 있다.
예 오늘까지는 이 일을 마칠 수 있어요.

④ '마칠 것 같아요(마치다+-(으)ㄹ 것 같다+아요)'는 마칠 것을 추측할 때 쓸 수 있다.
예 오늘까지는 이 일을 마칠 것 같아요.

> **문법** '-어야 돼요'
> 반드시 해야만 하는 상황을 나타낼 때 쓴다. '돼요'는 피동 표현이지만 이 경우 능동 표현인 '해요'와 별 차이가 없기 때문에 대부분의 상황에서 '-어야 해요'와도 바꾸어 쓸 수 있다.
> 예 스마트폰을 반드시 찾아야 돼요(= 찾아야 해요).

21 ③

출제 유형 동사 '일하다'의 연결표현 활용

일요일도 일을 하냐는 질문에 '네'라고 대답하고 있다. 이어서 월요일에 쉰다고 했으므로, 일요일은 일하는 날이 된다. 따라서 일요일은 일을 하고, 월요일에 쉬는 반대 상황을 나타내는 표현으로는 '일요일에 일하는 대신에'가 적절하다.

오답 해설

① '일하면서(일하다+-면서)'는 일하는 동시에 다른 행동을 할 때 쓸 수 있다.
예 일하면서 노래를 들어요.

② '일하려면(일하다+-려면)'은 일하는 것에 대한 조건을 제시할 때 쓸 수 있다.
예 일하려면 체력을 잘 관리해야 해요.

④ '일하는 데다가(일하다+-(으)ㄴ 데다가)'는 일하는 것에 어떤 행동이 더해질 때 쓸 수 있다.
예 일하는 데다가 퇴근하고 운동까지 열심히 하고 있어요.

22 ①

출제 유형 동사 '오다'의 종결표현 활용

커피숍에 도착했냐는 질문에 '네'라고 하면서 지금 커피숍이라고 대답하고 있다. '지금 커피숍'이라고 대답한 것은 커피숍에 도착했다는 상황이므로 이미 도착한 상태를 나타낼 수 있는 '와 있어요'가 적절하다.

오답 해설

② '오고 있어요(오다+-고 있다+어요)'는 오는 중일 때 쓸 수 있다.
예 친구가 커피숍으로 오고 있어요.

③ '온다고 해요(오다+-ㄴ다고 하다+어요)'는 온다는 것을 다른 사람에게 전할 때 쓸 수 있다.
예 친구가 커피숍으로 온다고 해요.

④ '오면 좋겠어요(오다+-(으)면 좋겠다+어요)'는 오기를 희망할 때 쓸 수 있다.
예 친구가 어서 오면 좋겠어요.

23 ③

출제 유형 문맥에 맞는 연결표현

옷을 입고 있는 상태가 계속 지속되고 있을 때는 '-고 있다'를 써야 한다. 따라서 '바지를 입고 있는'이 자연스러운 표현이다.

> **문법** 진행의 표현
> • -어 있다: 앞말의 행동이 끝난 상태가 지속될 때 쓴다.
> 예 꽃이 피어 있다.
> • -고 있다: 앞말의 행동이 계속 진행되고 있거나 그 행동의 결과가 지속될 때 쓴다.
> 예 밥을 먹고 있다.

24 ④

출제 유형 문맥에 맞는 종결표현

동사 '잘하다'를 당하는 의미를 넣어서 피동형으로 만들 때는 '-게 되다'를 활용해야 한다. 따라서 '잘하게 되었어요'가 적절하다.

> **문법** 형용사와 동사의 피동형
> 행동을 당하는 것을 피동이라고 한다. 형용사와 동사는 각각 다른 피동형으로 활용된다.
>
> | 형용사+-어지다 | 예쁘다 – 예뻐지다/좋다 – 좋아지다 |
> |---|---|
> | 동사+-게 되다 | 가다 – 가게 되다/잘하다 – 잘하게 되다 |

25 ③

출제 유형 동사 '내리다'의 연결표현 활용

비가 그쳤냐는 질문에 '네'라고 하면서 지금은 화창하다고 대답하고 있다. '오전에는 폭우가 내렸다'와 '지금은 날씨가 화창하다'를 연결해야 하므로 과거의 상황과 뒤이어 일어난 상황을 이어줄 수 있는 '폭우가 내리더니'가 적절하다.

오답 해설

① '내리도록(내리다+-도록)'은 내리는 것이 목적, 결과, 방식 등일 때 쓸 수 있다.
예 비가 내리도록 기우제를 지낸다.

② '내리므로(내리다+-(으)므로)'는 비가 내린 것이 근거나 이유가 될 때 쓸 수 있으며, 구어체보다는 주로 뉴스, 회의, 발표 등의 공식적인 상황에서 사용하는 표현이다.
예 비가 내리므로 빗길 운전을 조심하십시오.

④ '내린 나머지(내리다+-(으)ㄴ 나머지)'는 비가 내린 것의 결과로 어떤 일이 일어났을 때 쓸 수 있다.
예 비가 많이 내린 나머지 도로가 침수되었어요.

> **문법** '-더니'
> 이유, 원인, 앞뒤 상황을 이어줄 때(주로 반대될 때) 쓸 수 있다.
> 예 옷을 얇게 입고 다녔더니 감기에 걸렸어요.
> → 옷을 얇게 입은 것이 감기 걸림의 원인
> 예 매일 저 장난감을 가지고 놀더니 이제는 쳐다보지도 않네요.
> → 과거에는 장난감을 가지고 놀았지만 이제는 가지고 놀지 않음

26 ①

출제 유형 동사 '끝나다'의 종결표현 활용

투이 씨가 아직 안 온 이유를 대답하고 있다. 아까 회의를 하고 있다고 했으므로 아직 회의가 안 끝났다는 것을 추측할 수 있다. 따라서 추측을 나타내는 '안 끝났나 봐요'가 정답으로 적절하다.

오답 해설

② '끝난 척했어요(끝나다+-(으)ㄴ 척하다+었+어요)'는 실제로는 끝나지 않았지만 그런 것처럼 꾸밀 때 쓸 수 있다.
예 거래처 전화를 받느라 회의가 <u>끝난 척했어요</u>.

③ '끝날 수밖에 없어요(끝나다+-(으)ㄹ 수밖에 없다+어요)'는 의무이거나 어떤 일을 반드시 할 수 밖에 없는 상황일 때 쓸 수 있다.
예 이제 퇴근 시간이 다 되어서 회의가 <u>끝날 수밖에 없어요</u>.

④ '끝난 줄 알았어요(끝나다+-ㄴ 줄 알다+았+어요)'는 알고 있는 사실을 말할 때 쓸 수 있다.
예 부장님이 일어나셔서 회의가 <u>끝난 줄 알았어요</u>.

27 ②

출제 유형 문맥에 맞는 연결표현

'-(으)ㄹ 뿐만 아니라'는 앞뒤에 연결되는 내용이 동일해야 한다. 즉, '긍정+-(으)ㄹ 뿐만 아니라+긍정' 또는 '부정+-(으)ㄹ 뿐만 아니라+부정'의 구조로 와야 한다. 따라서 '이곳은 시설이 좋다+-(으)ㄹ 뿐만 아니라 교통도 불편하다'의 결합은 틀린 결합이다. '이곳은 시설이 나쁠 뿐만 아니라 교통도 불편해요' 또는 '이곳은 시설이 좋을 뿐만 아니라 교통도 편리해요'가 되어야 문맥상 자연스러운 표현이 된다.

28 ④

출제 유형 문맥에 맞는 종결표현

'자주 요리하곤 했다'는 과거에 여러 번 이 음식을 요리했다는 의미이다. 따라서 '음식을 만든 것이 처음이다'와 '예전에 자주 요리하곤 했다'는 호응이 맞지 않다. 앞의 내용을 그대로 두면서 '만든 것은 처음인데 예전에는 자주 먹곤 했다'와 같이 만든 것과 먹은 것의 경험을 나타내는 표현을 구분해야 문맥상 자연스러워진다.

한국어 활용+읽기

29 ①

출제 유형 문맥에 맞는 연결표현

도서관에서 공부하는 시간이 많고, 매일 아침 도서관에 도착해서 자리를 잡는다고 하였다. '도서관'이라는 장소에 가서 그 이후에 하는 '자리를 잡다'까지 자연스럽게 연결되야 하므로 '도서관에 와서'가 적절하다.

오답 해설

② '도서관에 다녀서'는 도서관에 다니는 것이 원인이 되어 이어지는 결과를 말할 때 쓸 수 있다.
예 요즘 도서관에 <u>다녀서</u> 집에서는 공부를 하지 않아요.

③ '도서관에 들러서'는 도서관에 가서 하는 일을 말할 때 쓸 수 있다. 단, '들르다'는 동사는 잠시 머무른다는 의미를 담고 있기 때문에 글의 내용과 같이 도서관에서 여러 가지 일을 하는 경우에는 문맥상 의미가 어색할 수 있다.
예 도서관에 <u>들러서</u> 책만 반납하고 오려고 해요.

④ '도서관에 드나들어서'는 도서관에 다니면서 이어지는 결과를 말할 때 쓸 수 있다. 단, '들르다'와 같이 '드나들다'도 도서관을 방문하는 것 자체에 더 의미를 둔 동사이기 때문에 글의 문맥상 의미가 어색할 수 있다.
예 도서관에 <u>드나들어서</u> 책을 빌리는 것에 익숙해졌어요.

> **어휘** 장소에 '가다'와 '오다'의 차이
> 도서관에 '가는' 것과 도서관에 '오는' 것이 동일하게 해석될 때가 있다. 이는 행위를 하는 주체를 어디에 두느냐에 따라 달라진다고 할 수 있다.
> 예 나는 매일 아침 일찍 <u>도서관에 간다</u>. → 도서관에 '가는 나의 행위'에 초점
> 나는 매일 아침 일찍 <u>도서관에 온다</u>. → 도서관이라는 '공간에 와서' 무언가는 하는 행위에 초점

30 ④

출제 유형 문맥에 맞는 종결표현

전시된 사진을 볼 때 쓸 수 있는 표현은 '감상하다', '바라보다', '응시하다', '쳐다보다' 등이 있다. 따라서 '사진을 한참 바라보았습니다'가 적절하다.

31 ③

출제 유형 문맥에 맞는 응용 표현

시장, 마트, 편의점 등에서 한국의 물가를 체험하고 익숙해지는 과정에 대해 이야기하는 글이다. 판매하는 곳이나 상품에 따라 금액의 차이가 있음을 점점 알아가는 내용이 앞에 제시되었으므로 한국의 물가를 '꾸준히 비교해 보니' 익숙해지게 되었다는 표현이 적절하다.

오답 해설

① '자세히 들여다보다'는 알고자 하는 것을 꼼꼼하게 살펴본다는 의미이다.
② '무심코 지나치다'는 큰 관심을 두거나 신경쓰지 않고 흘려보낸다는 의미이다.
④ '천천히 적응하다'는 시간을 가지고 차근히 어떤 것을 익힌다는 의미이다.

32 ②

출제 유형 문맥에 맞는 응용 표현

판소리를 감상한 경험에 대해 이야기하면서 소리꾼의 역할과 목소리를 중심으로 글이 전개되고 있다. 빈칸 앞의 '소리꾼이 공연 전체를 이끌어가기 때문에'라고 이유를 제시하고 있으므로 문맥상 자연스러운 표현으로는 '소리꾼이 표현하는 목소리를 집중해서 듣는 것이 중요하다'가 적절하다.

> **오답 해설**
> ① 북을 치는 고수의 장단이 소리의 흐름을 이끌어준다고 하였지만 공연에서 가장 중요한 부분으로 보기는 어렵다.
> ③ 공연장에서 지켜야 할 예절에 대해서는 제시되지 않았다.
> ④ 이야기를 이해하려면 가사의 뜻을 잘 들어야 한다고 하였지만 소리꾼의 소리에 대해서 더 중점적으로 말하고 있다.

읽고 이해하기

33 ③

출제 유형 문맥에 맞는 지시어와 명사

자주 가는 카페가 하나 있다고 하면서 그곳은 분위기가 편하고 조용하여 공부하기 좋다고 하였다. 따라서 그곳은 카페이다.

34 ③

출제 유형 맞는 내용 고르기

자주 가는 카페가 조용해서 공부하기 좋다고 하면서 집보다 이 카페에서 공부하는 시간이 길다고 하였다. 따라서 글의 내용과 같은 것은 '카페에서 공부하는 것을 선호한다'라고 할 수 있다.

> **문화 이해하기**
> 카페에서 오랜 시간 자리를 잡고 공부를 하거나 일을 하는 사람들을 '카공족'이라고 부른다. 그런데 너무 오래 카페를 이용해서 다른 손님에게 불편을 주는 경우가 있어 문제가 되기도 한다. 그래서 최근에는 '카공족'을 위한 1인 좌석을 만들어 두고 노트북이나 스마트폰을 충전할 수 있도록 해 놓은 카페도 늘고 있다.

35 ④

출제 유형 맞는 내용 고르기

가장 자주 시켜 먹는 음식은 치킨과 김밥이라고 하였다.

> **오답 해설**
> ① 처음에는 앱 사용이 어려웠지만 익숙해졌다고 하였으므로 앱 사용법을 알고 있다고 볼 수 있다.
> ② 배달이 빠르고 음식도 따뜻하다고 하였다.
> ③ 앱으로 주문까지 할 수 있어서 편리하다고 하였다.

> **문맥 이해하기**
> ① 아직 배달 앱을 사용하지 못합니다.
>   → 글에서 "처음에는 앱 사용이 어렵게 느껴졌지만", "금방 익숙해졌습니다."라고 하였으므로 일치하지 않는다.
> ② 배달 음식은 항상 식어서 아쉽습니다.
>   → 글에서 "음식도 따뜻하게 와서 만족스러웠습니다."라고 하였으므로 일치하지 않는다.
> ③ 한국의 배달 문화가 불편하다고 생각합니다.
>   → 글에서 "바로 주문할 수 있다는 점이 편리했습니다."라고 하였으므로 일치하지 않는다.
> ④ 배달 음식으로 김밥과 치킨을 자주 먹습니다.
>   → 글에서 "가장 자주 시켜 먹는 음식은 김밥과 치킨입니다."라고 하였으므로 일치한다.

> **문화 이해하기**
> 한국에서는 전날 밤에 주문하면 그 다음날 새벽 또는 아침에 배송을 받는 서비스가 있다. 이를 새벽 배송이라고 하는데 주로 신선 식품을 구입할 때 이용한다.

36 ④

출제 유형 맞는 내용 고르기

친구가 목욕탕 이용방법을 자세히 알려줘서 어려움이 없었다고 하였다.

> **오답 해설**
> ① 때밀이는 시원한 느낌이었다고 하였다.
> ② 목욕탕이 깨끗하고 따뜻해서 편안하다고 하였다.
> ③ 피곤할 때는 피로를 풀러 혼자서 목욕탕에 간다고 하였다.

> **문맥 이해하기**
> ① 때밀이는 불편하고 아픈 경험이었습니다.
>   → 글에서 "때밀이 문화도 처음 경험했는데, 시원한 느낌이었습니다."라고 하였으므로 일치하지 않는다.
> ② 목욕탕은 불편하고 시끄러워서 가지 않습니다.
>   → 글에서 "목욕탕 안은 깨끗하고 따뜻해서 생각보다 편안했습니다."라고 하였으므로 일치하지 않는다.
> ③ 지금도 목욕탕이 불편해서 혼자 가지 못합니다.
>   → 글에서 "요즘은 피곤할 때 혼자서 목욕탕에 가서"라고 하였으므로 일치하지 않는다.
> ④ 친구가 도와줘서 목욕탕을 이용할 수 있었습니다.
>   → 글에서 "이용 방법은 친구가 하나하나 알려줘서"라고 하였으므로 일치한다.

> **문화 이해하기**
> 한국의 대중 목욕탕에는 때밀이 문화가 있다. 때밀이는 이태리타월로 몸에 있는 때를 벗겨 내는 것으로 직접 때를 밀거나, 대중 목욕탕에 있는 세신사한테 때밀이를 맡길 수도 있다.

37 ④

출제 유형 중심 내용 고르기

한국의 초·중·고등학교에서는 학생이 실내화를 신는 것이 일반적이며, 실내화를 신음으로써 학교의 청결을 지킬 수 있다고 하였다. 따라서 글의 중심 내용으로는 '학교에서 실내화를 신는 것은 청결에 중요하다'가 적절하다.

오답 해설

① 실내화가 멋을 내는 패션이라는 내용은 제시되지 않았다.
② 실내화는 교내에서 신는 신발이다.
③ 외부에서 신는 신발을 신고 교실을 출입할 수 없다.

중심 내용 파악하기

중심 내용은 보통 글의 앞부분이나 뒷부분에 있다. 그런데 이 글처럼 앞이나 뒤에 분명하게 드러나지 않는 글도 있다. 제시항의 내용이 맞지 않는 것을 찾는 것도 중요하지만 어떤 문장이 글 전체를 나타낼 수 있는지를 찾는 것이 제일 중요하다. 이때 구체적인 사실이 아닌 조금 넓게 쓰인 표현을 찾아보면 좋다. 이 글에서는 '한국 학생들은 교실에서 실내화를 신는다.'가 제일 넓은 표현이라고 할 수 있다.

문화 이해하기

한국에서는 어렸을 때부터 실내에서는 신발을 신으면 안 된다고 교육을 받는다. 이는 흙이나 밖에서 묻는 더러운 먼지 등이 실내에 들어오는 것을 막기 위해서이다. 실내화는 보통 신발주머니에 넣어서 가지고 다니거나 학교 사물함에 보관한다.

38 ④

출제 유형 제목 찾기

친구 집에서 김장을 함께 하면서 느낀 것들에 대해 말하고 있다. 온 가족의 노력이 들어간 한국의 김장 문화가 인상 깊었으며 김장이 하나의 가족 문화로 느껴졌다고 하였으므로 글의 제목으로는 '김장에 담긴 한국의 가족 문화'가 적절하다.

글의 제목 파악하기

글의 제목은 중심 문장에서 파악해야 한다. 이때 제시항의 내용들은 글의 내용과 일치할 수 있다. 이 경우 중심문장에 있는 내용으로서, 글의 세부적인 내용을 전체적으로 포함하여 나타낼 수 있는 단어를 찾으면 좋다.

중심 문장 ❶ 온 가족의 노력이 들어간 한국의 김장 문화가 인상 깊었다.
❷ 한국의 김장은 단순한 전통 요리를 만드는 활동이 아니라 하나의 가족 문화처럼 느껴졌다.
→ 글의 제목: 김장에 담긴 한국의 가족 문화

문맥 이해하기

김장은 긴 겨울 동안 먹을 김치를 미리 대량으로 만들어 놓는 것을 말한다. 주로 11월이나 12월에 김치를 담근다. 김치는 집집마다, 지역에 따라 맛이 다른데 각 지역의 다양한 재료를 활용하여 만든다.

한국 문화

39 ①

출제 유형 법과 제도

대한민국은 사법부, 입법부, 행정부로 국가 권력을 나누어 서로 견제하며 균형을 맞추도록 하고 있다.

한국 사회 문화

사법부와 입법부, 행정부는 각자 권한을 가지며 서로의 권한을 침해할 수 없다. 사법부는 재판을 담당하고 입법부는 법률을 만들고 예산을 심사한다. 그리고 행정부는 국가를 운영하는데 대통령이 행정부의 대표가 된다.

40 ④

출제 유형 법과 제도

국민의 4대 의무는 국방의 의무, 교육의 의무, 납세의 의무, 근로의 의무이다. 선거의 의무는 4대 의무가 아닌 국민의 권리이다.

한국 사회 문화

국민의 4대 의무는 대한민국 헌법에 명시되어 있다.

납세의 의무	국민이 법률에 따라 세금을 납부할 의무
국방의 의무	국민이 국가를 지킬 의무
교육의 의무	국민이 자녀에게 초등교육과 법률이 정하는 교육을 받게 할 의무
근로의 의무	국민이 국가의 발전을 위해 근로할 의무

41 ④

출제 유형 정치와 경제

대한민국의 중앙은행은 한국은행이다.

한국 사회 문화

1950년 설립된 한국은행은 나라의 돈(화폐)을 찍어 내고 금융, 지급 시스템을 관리한다. 그리고 통화량과 물가를 조절하는 등 국가의 경제 발전에 중요한 역할을 담당하고 있다.

42 ③

출제 유형 지리와 기후

기상청에서는 나라의 기후와 날씨를 알아보고 예보하는 일을 한다.

한국 사회 문화

법원은 사법권을 가지고 있는 국가기관으로 대법원, 고등법원, 지방법원 등이 있다. 시청은 시의 업무를 맡아서 하는 곳이고 우체국은 우편, 예금, 보험 등의 업무를 하는 곳이다.

43 ③
출제유형 **사회문화**

친구나 동료, 가족 앞에서 부부가 되는 서약을 하는 것을 결혼식이라고 한다.

오답해설
① 환갑은 태어난 지 60년째가 된 것을 축하하는 날이다.
② 돌잔치는 태어난 지 1년이 된 것을 축하하는 날이다.
④ 장례식은 죽은 사람의 장례를 지내는 의식을 말한다.

44 ④
출제유형 **전통**

태극기의 4괘 중 하나인 '리'는 생명이 아닌 불을 의미한다.

한국 전통 문화
태극기의 흰색은 순수함, 평화를 사랑하는 마음을 나타낸다. 태극 문양의 파랑과 빨강은 음과 양의 조화를 상징한다. 검은색 4괘인 '건곤감리'는 각각 '하늘, 땅, 물, 불'을 의미한다.

45 ④
출제유형 **법과 제도**

국가의 의사 결정 과정에 참여할 수 있는 권리는 청구권이 아닌 참정권이다. 청구권은 국가에 재판을 청구할 권리 및 국가로부터 손해를 받았을 때 손해 배상을 청구할 수 있는 권리이다.

한국 사회 문화
대한민국 헌법에서 보장하는 5대 기본권은 자유권, 평등권, 참정권, 사회권, 청구권이다.

자유권	개인의 자유를 침해받지 않을 권리
평등권	인종·성별·종교 등의 조건에 의해 차별받지 않을 권리
참정권	국가의 의사 결정 과정에 참여할 수 있는 권리
사회권 (=생존권)	국가로부터 인간다운 생활을 보장받을 권리
청구권	국가에 재판을 청구할 권리 및 국가로부터 손해를 받았을 때 손해 배상을 청구할 수 있는 권리

46 ③
출제유형 **법과 제도**

한국이 식민지배에서 벗어나 일본으로부터 나라를 되찾고 독립한 것을 기념하는 날은 광복절이며, 개천절(10월 3일)은 단군이 고조선을 세운 것을 기념하는 날이다.

오답해설
① 한글날(10월 9일)은 한글을 만든 세종대왕을 기억하고 한글의 우수성을 알리는 날이다.
② 제헌절(7월 17일)은 대한민국의 헌법이 만들어진 것을 기념하는 날이다.
④ 3·1절(3월 1일)은 1919년 3월 1일 시작된 독립운동을 기념하는 날이다.

47 ④
출제유형 **한국문화 읽고 이해하기**

예전에는 남자가 제사를 주관하였지만 요즘은 성별과 상관없이 모두가 함께 참여한다고 하였다.

오답해설
① 형태는 달라졌지만 조상을 기리는 마음은 여전히 남아 있다고 하였다.
② 차례는 가족이 함께 모여 지낸다고 하였다.
③ 차례상은 지역과 가정에 따라 음식 구성이 다르다고 하였다.

한국 전통 문화
한국에서는 전통적으로 설이나 추석 낮에 차례를 지내면서 조상에게 감사의 마음을 전한다. 그리고 조상이 돌아가신 날 조상을 기리는 날은 제사라고 하고 주로 돌아가신 날 밤 12시(자정)에 지낸다.

48 ④
출제유형 **한국문화 읽고 이해하기**

무인 가게가 빠르게 퍼지고 있으며 새로운 소비 문화로 자리 잡아가고 있다고 하였으므로 글의 주제로는 '무인 가게의 증가와 새로운 소비문화'가 적절하다.

한국 사회 문화
무인 가게가 늘어나면서 문제점도 늘고 있다. 무인 가게에 주인이 없다는 점을 악용해 물건을 훔치는 도난 사건이 뉴스에 자주 보도되고 있다.

한국어 활용 기본 (주관식)

49 알게/이해하게
출제유형 **문맥에 맞는 연결표현 활용**

설명 덕분에 지식이 늘었다고 말해야 하므로 동사 '알다', '이해하다'와 피동의 종결 표현 '-게 되다'를 결합한 '알게 되었어요', '이해하게 되었어요' 등이 적절하다.

한국 역사 문화

한국은 음력 설날(음력 1월 1일)에 떡국을 먹는다. 떡국을 먹어야만 한 살을 더 먹는다고 믿는 문화가 있기 때문이다. 떡국을 안 먹어도 한 살을 더 먹는 것은 맞고 떡국을 두 그릇 먹는다고 해서 두 살을 먹는 것도 아니다.

50 받으면 좋겠어요/받고 싶어요

출제 유형) 문맥에 맞는 종결표현 활용

시험 성적을 말할 때는 '높은 점수', '좋은 점수'와 같은 표현과 함께 소망을 나타내는 '-(으)면 좋겠다', '-고 싶다' 등의 표현을 활용할 수 있다. 따라서 시험 점수나 결과가 좋기를 바라는 표현으로는 '좋은 점수를 받으면 좋겠어요', '좋은 점수를 받고 싶어요' 등이 적절하다.

구술시험 [01~05]

01
참고 발음과 띄어쓰기에 유의하여 정확하고 큰 목소리로 읽으세요.

02
모범답안

[1] 학원을 다니면 학교에서 조금 모자란 공부 시간을 채우고 자신이 부족한 과목을 집중해서 공부할 수 있습니다.
[2] 미술, 음악, 체육처럼 연습을 많이 해야 하는 과목은 학원에서 공부할 수 있습니다.

03
모범답안

[1] 저희 고향에서도 많은 학생들이 학원을 다닙니다. 그런데 일요일이나 밤 늦게까지는 수업을 하지 않습니다.
[2] 저희 고향에서는 언어를 배우거나 예체능 관련 강의를 듣는 학원만 있습니다. 수학, 과학처럼 입시를 위해서 학원을 다니지는 않습니다.

04
모범답안

[1] 저는 경주에 가 보고 싶습니다. 경주는 불국사와 석굴암 등 유네스코 세계 문화 유산이 많다고 들었습니다.
[2] 저는 독립기념관에 가 보고 싶습니다. 충청남도 천안시에 위치한 역사박물관으로서 독립운동의 역사를 기리고 전시하는 공간으로 알고 있습니다. 독립기념관도 한국의 문화 유산이라고 생각합니다.

05
모범답안

[1] 대한민국 헌법 제31조는 모든 국민은 능력에 따라 균등하게 교육을 받을 권리를 가진다고 했습니다. 그리고 보호하는 자녀에게 적어도 초등교육과 법률이 정하는 교육을 받게 할 의무를 진다고 규정하고 있습니다. 이것이 교육의 의무입니다.
[2] 대한민국 헌법 제32조는 모든 국민은 근로의 권리를 가지며, 국가는 근로자의 고용 증진과 적정 임금 보장에 노력해야 한다고 규정하고 있습니다. 근로의 의무는 이 조항에 따라 모든 국민이 지는 의무입니다. 국가는 근로의 의무와 조건을 민주주의 원칙에 따라 법률로 정하도록 규정되어 있습니다. 즉, 모든 국민은 근로의 권리를 가지는 동시에 근로의 의무를 지게 됩니다.

고객의 꿈, 직원의 꿈, 지역사회의 꿈을 실현한다

펴낸곳 (주)에듀윌 **펴낸이** 양형남 **출판총괄** 김기철 **에듀윌 대표번호** 1600-6700
주소 서울시 구로구 디지털로 34길 55 코오롱싸이언스밸리 2차 3층
© 2025 eduwill. Created with AI assistance.
협의 없는 무단 복제는 법으로 금지되어 있습니다.

에듀윌 도서몰
book.eduwill.net
- 부가학습자료 및 정오표: 에듀윌 도서몰 > 도서자료실
- 교재 문의: 에듀윌 도서몰 > 문의하기 > 교재(내용, 출간) / 주문 및 배송

꿈을 현실로 만드는
에듀윌

DREAM

공무원 교육
- 선호도 1위, 신뢰도 1위! 브랜드만족도 1위!
- 합격자 수 2,100% 폭등시킨 독한 커리큘럼

자격증 교육
- 9년간 아무도 깨지 못한 기록 합격자 수 1위
- 가장 많은 합격자를 배출한 최고의 합격 시스템

직영학원
- 검증된 합격 프로그램과 강의
- 1:1 밀착 관리 및 컨설팅
- 호텔 수준의 학습 환경

종합출판
- 온라인서점 베스트셀러 1위!
- 출제위원급 전문 교수진이 직접 집필한 합격 교재

어학 교육
- 토익 베스트셀러 1위
- 토익 동영상 강의 무료 제공

콘텐츠 제휴 · B2B 교육
- 고객 맞춤형 위탁 교육 서비스 제공
- 기업, 기관, 대학 등 각 단체에 최적화된 고객 맞춤형 교육 및 제휴 서비스

부동산 아카데미
- 부동산 실무 교육 1위!
- 상위 1% 고소득 창업/취업 비법
- 부동산 실전 재테크 성공 비법

학점은행제
- 99%의 과목이수율
- 17년 연속 교육부 평가 인정 기관 선정

대학 편입
- 편입 교육 1위!
- 최대 200% 환급 상품 서비스

국비무료 교육
- '5년우수훈련기관' 선정
- K-디지털, 산대특 등 특화 훈련과정
- 원격국비교육원 오픈

에듀윌 교육서비스 **AI 교육** AI 프롬프트 연구소/AI CLASS(ChatGPT/AICE/노션 AI/중개업 AI 등) **공무원 교육** 9급공무원/소방공무원/계리직공무원 **자격증 교육** 공인중개사/주택관리사/손해평가사/감정평가사/노무사/전기기사/경비지도사/검정고시/소방설비기사/소방시설관리사/사회복지사1급/대기환경기사/수질환경기사/건축기사/토목기사/직업상담사/청소년상담사/전기기능사/산업안전기사/산업위생관리기사/건설안전기사/위험물산업기사/위험물기능사/설비보전기사/에너지관리기사/유통관리사/물류관리사/행정사/한국사능력검정/한경TESAT/매경TEST/KBS한국어능력시험·실용글쓰기/국제무역사/무역영어 **어학 교육** 토익 교재/토익 동영상 강의 **금융/IT/비즈니스** 전산세무회계/ERP정보관리사/재경관리사/정보처리기사/컴퓨터활용능력/SQLD/ADsP **대학 편입** 편입 영어·수학/연고대/의약대/경찰대/논술/면접 **직영학원** 공무원학원/공인중개사 학원/주택관리사 학원/전기기사 학원/편입학원 **종합출판** 공무원·자격증 수험교재 및 단행본 **학점은행제** 교육부평가인정기관 원격평생교육원(사회복지사2급/경영학/CPA) **콘텐츠 제휴·B2B 교육** 교육 콘텐츠 제휴/기업 맞춤 자격증 교육/대학취업역량 강화 교육 **부동산 아카데미** 부동산 창업CEO/부동산 경매 마스터/부동산 컨설팅 **주택취업센터** 실무 특강/실무 아카데미 **국비무료 교육(국비교육원)** 전기기능사/전기(산업)기사/소방설비(산업)기사/IT(빅데이터/자바프로그램/파이썬)/게임그래픽/3D프린터/실내건축디자인/웹퍼블리셔/그래픽디자인/영상편집(유튜브) 디자인/온라인 쇼핑몰광고 및 제작(쿠팡, 스마트스토어)/전산세무회계/컴퓨터활용능력/ITQ/GTQ/직업상담사

교육문의 **1600-6700** www.eduwill.net

• 2022 소비자가 선택한 최고의 브랜드 공무원·자격증 교육 1위 (조선일보) • 2023 대한민국 브랜드만족도 공무원·자격증·취업·학원·편입·부동산 실무 교육 1위 (한경비즈니스) • 2017/2022 에듀윌 공무원 과정 최종 환급자 수 기준 • 2023년 성인 자격증, 공무원 직영학원 기준 • YES24 공인중개사 부문, 2025 에듀윌 공인중개사 이영방 필살키 부동산학개론 (2025년 9월 월별 베스트) 그 외 다수 • YES24 한국산업인력공단 부문, 2025 에듀윌 산업안전기사 필기 한권끝장 (2025년 7월 월별 베스트) 그 외 다수 • 교보문고 취업/수험서 부문, 2025 에듀윌 공기업 코레일 한국철도공사 실전모의고사 9+2+4회(2025년 2월 1일~2월 28일, 인터넷 월간 베스트) 그 외 다수 • 알라딘 시사/상식 부문, 2025 최신판 에듀윌 취업 공기업 기출 일반상식 (2025년 6월 5주 주별 베스트) 그 외 다수 • YES24 컴퓨터활용능력 부문, 2024 컴퓨터활용능력 1급 필기 초단기끝장(2023년 10월 3~4주 주별 베스트) 그 외 다수 • YES24 신규자격증 부문, 2025 에듀윌 SQL 개발자 SQLD 2주끝장+무료특강(2025년 7월 월별 베스트) 그 외 다수 • YES24 eBook 부문, 2025 에듀윌 취업 SKCT SK그룹 종합역량 통합 기본서 (2025년 4월 2주 주별 베스트) 그 외 다수 • YES24 국어 외국어사전영어 토익/TOEIC 기출문제/모의고사 분야 베스트셀러 1위 (에듀윌 토익 READING RC 4주끝장 리딩 종합서, 2022년 9월 4주 주별 베스트) • 에듀윌 토익 교재 입문~실전 인강 무료 제공 (2022년 최신 강좌 기준/109강) • 2024년 종강반 중 모든 평가항목 정상 참여자 기준, 99% (평생교육원 기준) • 2008년~2024년까지 234만 누적수강학점으로 과목 운영 (평생교육원 기준) • 에듀윌 국비교육원 구로센터 고용노동부 지정 "5년우수훈련기관" 선정 (2023~2027) • KRI 한국기록원 2016, 2017, 2019년 공인중개사 최다 합격자 배출 공식 인증 (2025년 현재까지 업계 최고 기록)